HANS WALLNER, ALFRED VOGEL
UND FRIEDRICH FIRNEIS

ÖSTERREICHISCHE AKADEMIE DER WISSENSCHAFTEN
UND STREITKRÄFTE
1847 BIS 2009
ZUSAMMENARBEIT IM STAATSINTERESSE

Österreichische Akademie der Wissenschaften
Kommission für die Wissenschaftliche Zusammenarbeit
mit Dienststellen des BM für Landesverteidigung und Sport

Projektberichte
Herausgegeben von Hans Sünkel

Verlag der Österreichischen Akademie der Wissenschaften
Wien 2009

Hans Wallner, Alfred Vogel
und Friedrich Firneis

Österreichische Akademie der Wissenschaften und Streitkräfte
1847 bis 2009
Zusammenarbeit im Staatsinteresse

Austrian Academy of Sciences and Armed Forces
1847 – 2009
Co-operation in the National Interest

Verlag der Österreichischen Akademie der Wissenschaften
Wien 2009

Vorgelegt bei der Sitzung
der math.-nat. Klasse
am 10. Dezember 2009

ISBN 978-3-7001-6795-2

IMPRESSUM

Medieninhaber und
Herausgeber:
Österreichische
Akademie der
Wissenschaften

Kommissionsobmann:
o. Univ.-Prof. DI Dr. Hans Sünkel, w. M.

Layout:
Dr. Katja Skodacsek

Lektorat:
DDr. Josef Kohlbacher

Druck:
„agensketterl" Druckerei GmbH
A-3001 Mauerbach/Wien

Wien, im Dezember 2009

Editorial

Die Kommission der Österreichischen Akademie der Wissenschaften für die wissenschaftliche Zusammenarbeit mit Dienststellen des Bundesministeriums für Landesverteidigung und Sport wurde auf Initiative von Herrn Altpräsidenten em. o. Univ.-Prof. Dr. Dr. h. c. Otto HITTMAIR und Herrn General i. R. Erich EDER in der Gesamtsitzung der Österreichischen Akademie der Wissenschaften am 4. März 1994 gegründet.

Entsprechend dem Übereinkommen zwischen der Österreichischen Akademie der Wissenschaften und dem Bundesministerium für Landesverteidigung und Sport besteht die Zielsetzung der Kommission darin, für Projekte der Grundlagenforschung von Mitgliedern der Österreichischen Akademie der Wissenschaften, deren Fragestellungen auch für das Bundesministerium für Landesverteidigung und Sport eine gewisse Relevanz besitzen, die finanzielle Unterstützung des Bundesministeriums zu gewinnen. Von Seiten des Bundesministeriums für Landesverteidigung und Sport wird andererseits die Möglichkeit wahrgenommen, den im eigenen Bereich nicht abgedeckten Forschungsbedarf an Mitglieder der höchstrangigen wissenschaftlichen Institution Österreichs vergeben zu können.

In der Sitzung der Kommission am 16. Oktober 1998 wurde der einstimmige Beschluss gefasst, eine Publikationsreihe zu eröffnen, in der wichtige Ergebnisse von Forschungsprojekten in Form von Booklets dargestellt werden.

Meiner Vorgängerin in der Funktion des Kommissionsobmanns, Frau em. o. Univ.-Prof. Dr. DDr. h. c. Elisabeth LICHTENBERGER, sind die Realisierung und die moderne, zweckmäßige Gestaltung dieser Publikationsreihe zu verdanken.

Das Bundesministerium für Landesverteidigung und Sport hat dankenswerterweise die Finanzierung der Projektberichte übernommen, welche im Verlag der Österreichischen Akademie der Wissenschaften erscheinen.

Hiermit wird

* Projektbericht 11:
  Hans Wallner, Alfred Vogel und Friedrich Firneis: Österreichische Akademie der Wissenschaften und Streitkräfte 1847 bis 2009 – Zusammenarbeit im Staatsinteresse. Wien 2009.

vorgelegt.

Wien, im Dezember 2009   Hans Sünkel

Grußwort des Kommissionsobmannes

Zusammenarbeit zwischen Landesverteidigung und Wissenschaft steht im öffentlichen Verständnis etwas außerhalb der üblichen Wissenschaftskooperationen. Eine derartige Zusammenarbeit eröffnet jedoch zusätzliche Möglichkeiten zur Erreichung von Forschungszielen, welche im Rahmen üblicher Forschungsprojekte kaum oder nur unter großen Schwierigkeiten erzielbar wären.

Die sich nun über knapp mehr als 15 Jahre erstreckende gemeinsame wissenschaftliche Kommissionsarbeit umfasst so unterschiedliche Felder wie Strategie und Sicherheitspolitik, Geowissenschaften einschließlich der Geographie, Medizin, Psychologie, mathematische Kryptologie und Weltraumforschung, Geoinformatik und Bauingenieurwesen, Sicherheitsforschung, Politik- und Geschichtswissenschaften sowie schließlich Militärwissenschaften.

Eine solche Fächervielfalt bietet die notwendige Breite und interdisziplinäre Spannweite zivil-militärischer wissenschaftlicher Zusammenarbeit und führt im Erfolgsfall zu besonderer wissenschaftlicher Ergiebigkeit. Spitzenvertreter des Österreichischen Bundesheeres und herausragende Akademiemitglieder aus ganz Österreich haben sich über eineinhalb Dekaden zu gemeinsamen Forschungen zusammengefunden und Ergebnisse erzielt, wie sie nur im Rahmen dieser gemeinsamen Kommission möglich waren. Getreu dem Wahlspruch der Landesverteidigungsakademie – *„Viribus Unitis"* – entstand im Staatsinteresse bedeutsamer Nutzen für beide Partner. Der Informations- und Erfahrungsaustausch zur strategischen Entwicklung Österreichs im europäischen und globalen Umfeld hat auf der höchsten militärischen und wissenschaftlichen Ebene Sichtweisen und Horizonte erweitert, wechselseitiges Verständnis und Kooperationsbereitschaft gefördert sowie die Einführung von Neuerungen begünstigt.

Als wesentlichster Punkt der Zusammenarbeit im Staatsinteresse darf wohl das Entstehen persönlicher Kontakte betrachtet werden, die auf der menschlichen Ebene fortdauern. Es trifft sich glücklich, dass die Weiterführung der wissenschaftlichen Kommissionsarbeit parallel zu einem neuen Abschnitt europäischen Zusammenwirkens aller Mitgliedsstaaten im Rahmen des *Europavertrages* verlaufen wird. Die Verpflichtung aller EU-Mitglieder, ihre jeweiligen Fähigkeiten auch im Bereich der militärischen Sicherheit zur Förderung eines selbstbestimmten Europas auf der Weltbühne fortzuentwickeln, schließt auch die Weiterentwicklung unseres nationalen Beitrags mit ein. Hiefür bietet unsere Kommission in ihrer einzigartigen Zusammensetzung aus Spitzenvertretern des Militärs und der Wissenschaften beste Voraussetzungen für erfolgversprechende Ansätze zur Bewältigung zukünftiger Herausforderungen.

Die Flexibilität unserer gemeinsamen Forschungseinrichtung erlaubt, gegebene Rechtsgrundlagen für ÖAW-Kommissionen zur Beiziehung beliebiger geeigneter Fachleute voll zu nutzen. Solche Einbindungen, die von der Mitbefassung von korrespondierenden Mitgliedern der Österreichischen Akademie der Wissenschaften im Ausland bis zur hilfreichen Nutzung von Attachédiensten des Österreichischen Bundesheeres reichen können, bieten beste Gewähr für eine weiter intensivierbare Zusammenarbeit.

Als Kommissionsobmann freue ich mich auf die Fortsetzung unseres gemeinsam so erfolgreich beschrittenen Weges und verbinde mit *„Viribus Unitis"* auch den Kurs des Schiffes auf der Titelseite des Berichtsbandes in eine heute nur in groben Umrissen erahnbare Zukunft.

Ich danke allen, deren Beiträge im Rahmen der Kommissionszusammenarbeit zu den großen Erfolgen geführt haben und wünsche unserer gemeinsamen Kommission weitere interessante und wissenschaftlich fruchtbare Jahre.

Graz, im Dezember 2009

Magnifizenz o. Univ. Prof. Dipl.-Ing. Dr. techn. Hans SÜNKEL. w. M.,
Rektor TU Graz, Kommissionsobmann

Geleitwort des ÖAW-Präsidenten

Die Kooperation zwischen der Österreichischen Akademie der Wissenschaften und Dienststellen des Bundesministeriums für Landesverteidigung und Sport währt bereits 15 Jahre und hat für beide Seiten sehr bemerkenswerte Ergebnisse gezeitigt.

Zwei Beispiele aus einer langen Zusammenarbeit im Staatsinteresse zeigen, wie sich diese von der Vergangenheit bis herauf in die Gegenwart ganz erstaunlich entwickelt hat.

Die Akademie unterhält zur Bearbeitung wissenschaftlicher Fragestellungen unterschiedliche, die jeweiligen Vorhaben bestmöglich unterstützende Einrichtungen wie Institute, Selbständige Einrichtungen, Wissenschaftliche Zentren, Wissenschaftliche Beratungsgremien sowie Kommissionen, entweder einer der beiden Klassen oder der Gesamtakademie. Die Kommission für die wissenschaftliche Zusammenarbeit mit Dienststellen des Bundesministeriums für Landesverteidigung und Sport ist wegen ihrer fachlich sich über beide Klassen erstreckenden Breite eine wissenschaftliche Einrichtung der Gesamtakademie mit administrativer Zuordnung zur mathematisch-naturwissenschaftlichen Klasse. Wissenschaftliche Forschungsvorhaben, die überwiegend von Mitgliedern fachlich betreut werden und an der Schnittstelle zwischen Gelehrtengesellschaft, Forschungsträgereinrichtungen und Gesellschaft liegen, werden in der Akademie von gewählten Akademiemitgliedern und zugewählten Fachleuten im institutionellen Rahmen einer Akademiekommission bearbeitet. Diese ist auf begrenzte Zeitdauer eingerichtet, bei wissenschaftlicher Notwendigkeit verlängerbar und bezüglich ihrer Zusammensetzung veränderbar. Diese Organisationsform hat sich auch für die wissenschaftliche Zusammenarbeit zwischen Forschern und Militärs über die letzten 15 Jahre aus Sicht der Akademie bewährt.

Das Titelbild dieses Berichtsbandes zeigt die Fregatte NOVARA, die mit ihrer gemeinsam von der k.k. Kriegsmarine und der Kaiserlichen Akademie der Wissenschaften zu Wien organisierten und durchgeführten Weltumseglung Geschichte geschrieben hat. Ebenso hat die gemeinsame österreichisch-ungarische Expedition von PAYER und WEYPRECHT in die nördlichen Polargebiete mit dem Dreimast-Segelschiff ADMIRAL TEGETTHOFF unbekanntes Terrain erforscht, neues Land entdeckt und die Polarforschung als wissenschaftliches Fachgebiet angestoßen.

Die nach heutigem Wissensstand unzureichende Zusammenstellung der seinerzeit ausgewählten Essensvorräte für die ADMIRAL TEGETTHOF, welche hauptsächlich aus Roggenbrot und Erbswurst bestanden, lässt im Nachhinein nicht erstaunen, dass schon bald nach dem Start der Expedition Skorbut auftrat.

Trotzdem erreichte die Mannschaft nach vielen Mühen ihren nördlichsten Punkt und entdeckte dabei Franz-Joseph-Land. Nach ihrer Rückkehr, unter Zurücklassung des Schiffes, formulierte WEYPRECHT wissenschaftliche Ziele der Polarforschung: das Studium des Nordlichts und die Einrichtung von bemannten Polstationen. 14 nationale Polstationen wurden unmittelbar danach eingerichtet und bildeten den Ausgangspunkt von bis heute zahlenmäßig laufend anwachsenden, das wissenschaftliche Rückgrat für die Erforschung der Polgebiete bildenden Basen, nicht zuletzt auch zur Erforschung der aktuell brennenden Frage des Klimawandels.

Dabei zeigt sich, dass die traditionelle Trennung zwischen ziviler und militärischer wissenschaftlicher Forschung sowie die getrennte Nutzung gewonnener Erkenntnisse in neuen Technikanwendungen, Verfahren und Prozessen immer weniger zeitgemäß und sinnvoll sind.

In diesem Sinne wünsche ich der gemeinsamen Kommission eine weiter voranschreitende Vertiefung der Zusammenarbeit, fruchtbringenden Gedankenaustausch und Ergebnisse im Interesse Österreichs und der Europäischen Union.

Wien, im Dezember 2009
Em. o. Univ.-Prof. Dr. med. Helmut DENK, FRC Path.,
Präsident der Österreichischen Akademie der Wissenschaften

Grußwort des Chefs des Generalstabes des ÖBH

 Die Beobachtung der Lage des internationalen Umfeldes und die Beurteilung von Herausforderungen für die Republik Österreich zählen traditionell zu den dauernden Aufgaben des Österreichischen Bundesheeres. Mit dem Wandel in der Weltpolitik von der Bipolarität des ausgelaufenen 20. Jahrhunderts in die Multipolarität des 21. Jahrhunderts sind auch Komplexität, thematische Breite und Tiefe der zu beobachtenden, auf militärische Überlegungen rückkoppelnden Gesellschafts- und Politikbereiche stetig angewachsen. Dies erforderte auch für das Österreichische Bundesheer (ÖBH) einen zunehmend engeren Schulterschluss mit zivilen Bildungs- und Forschungseinrichtungen zur Abdeckung eigenen Wissens- und Beurteilungsgrundlagenbedarfes. Aus solchen Überlegungen entstanden bereits vor zirka zwei Jahrzehnten die Wissenschaftskommission beim Bundesministerium für Landesverteidigung und Sport (BMLVS) und gemäß Verwaltungsübereinkommen vom 11. April 1994 die Kommission der Österreichischen Akademie der Wissenschaften für die wissenschaftliche Zusammenarbeit mit Dienststellen des BMLVS. Mit dieser Einrichtung begründete das ÖBH eine enge Zusammenarbeit mit der führenden wissenschaftlichen Forschungseinrichtung Österreichs für anwendungsoffene Grundlagenforschung. In dieser gemäß ÖAW-Recht konstituierten Kommission treffen führende Wissenschafter Österreichs und die militärische Spitze des Landes in gemeinsamen Sitzungen zum Gedankenaustausch auf politisch-strategischer Ebene, der Begründung und Lenkung von Projektvorhaben, welche die Kommission aufgrund erkannter Bedeutung für die Republik ausführen lässt, und zur Aussprache über wechselseitige Unterstützungsmaßnahmen zusammen.

Seit nunmehr 15 Jahren finden regelmäßig Sitzungen der Kommission statt und es werden gemeinsame Projekte abgewickelt. Diese haben rückblickend für das Österreichische Bundesheer wesentliche Impulse gegeben, die zwischenzeitlich als Selbstverständlichkeit in zahlreiche Regelabläufe des ÖBH eingeflossen sind.

In meiner Funktion als Chef des Generalstabes des ÖBH und Stellvertretender Obmann der gemeinsamen Kommission habe ich nicht nur persönlich mehrfach aus den Kommissionssitzungen wertvolle Anregungen und Informationen in meinen militärischen Alltag mitnehmen können, sondern habe auch mit Genugtuung hilfreiche Unterstützung durch die Kommission und ihre Mitglieder in für das ÖBH noch neuen, aber zukunftsweisenden Bereichen erlebt.

Die Zusammenarbeit zwischen der ÖAW und dem ÖBH hat zweifelsohne in Bereichen wie offener EDV-Vernetzung, Weltraumanwendungen, Beiträgen zur strategischen Lage Österreichs, Gesundheitsuntersuchungen und geowissenschaftlichen Anwendungen, besonders aber in weiterführenden nationalen und internationalen Verbindungen in die Welt der Wissenschaft höchst positive Auswirkungen für das ÖBH gezeitigt.

Die Kooperation mit der ÖAW hat zweifelsohne das wechselseitige Verständnis für die Kulturen, Vorgänge, Abläufe sowie Anliegen beider Partner stark erweitert und über die Jahre gefördert. Wesentliche Ergebnisse der Zusammenarbeit der vergangenen eineinhalb Jahrzehnte werden im vorliegenden Berichtsband vorgestellt. Darüber hinaus findet sich eine in dieser Form einmalige Darstellung der historischen Grundlagen dieser heute etwas außerhalb der üblichen Wissenschaftskooperationen angesiedelt scheinenden Zusammenarbeit ebenso wie eine Präsentation herausragender Leistungen österreichischer Offiziere in der Wissenschaft und österreichischer Wissenschafter als Offiziere.

Als Chef des Generalstabes des Österreichischen Bundesheeres danke ich allen Mitträgern dieser Kooperation für ihren Einsatz und ihre über die Jahre so bedeutenden Leistungen. Ich bekräftige für das BMLVS, dass diese Zusammenarbeit mit dem weiteren Anstieg der Bedeutung der Wissenskomponente in unserer modernen Gesellschaft wachsenden Raum für weitere Kooperationen in neu entstehenden Wissensbereichen und Vertiefung in fortzusetzenden Bereichen unseres bisherigen Wirkens finden wird.

Ich wünsche unserer gemeinsamen Arbeit für die Sicherheit Österreichs im Staatsinteresse weiterhin erfolgreichen Gedankenaustausch und Fortschritt, besonders im Hinblick auf den nunmehr in Kraft getretenen Europavertrag sowie die damit auch verstärkt notwendige gesamteuropäische und partiell globale Dimension unserer Sichtweise.

Wien, im Dezember 2009

General Mag. Edmund ENTACHER,
Chef des Generalstabes des Österreichischen Bundesheeres,
Stellvertretender Kommissionsobmann

Vorwort

Bei der wissenschaftlichen Festveranstaltung des zehnjährigen Bestehens der Kommission der Österreichischen Akademie der Wissenschaften (ÖAW) für die wissenschaftliche Zusammenarbeit mit Dienststellen des Bundesministeriums für Landesverteidigung im Juni 2004 hat der damalige Präsident der ÖAW, Herbert MANG, festgehalten: *„Fraglos steht die Kooperation zwischen Verteidigung und Wissenschaft außerhalb der üblichen Wissenschaftskooperationen. Außer Zweifel steht aber auch, dass damit Freiheitsgrade verfügbar gemacht werden und wurden, welche zusätzliche Möglichkeiten eröffnen, die im üblichen Forschungsrahmen nur mit großem Aufwand oder gar nicht zugänglich sind. Solche Kooperationen, im Newsspeak der heutigen Zeit als Konfluenz der Synergien apostrophiert, hat es schon immer gegeben."* Und Kommissionsobmann Hans SÜNKEL sprach darüber, dass es *„Kooperationen zwischen der damals noch Kaiserlichen Akademie der Wissenschaften in WIEN und den Streitkräften der Monarchie ganz besonders im Rahmen der Erkundungen von Neuland, der Expeditionen, mit dem Ziel, die Neugier zu befriedigen und ferne Gebiete unseres Globus zu erforschen"* gegeben hat und er dokumentierte dies mit einigen wenigen Beispielen.

Es war daher naheliegend, die Kooperation der ÖAW mit den Streitkräften anlässlich des 15-jährigen Bestehens der gemeinsamen Kommission etwas genauer anzusehen. Ein erster Blick in die umfangreichen Schriften der Akademie [jährlicher Almanach, seit 1851; Denkschriften der Gesamtakademie ab 1947; Denkschriften der mathematisch-naturwissenschaftlichen Klasse und der philosophisch-historischen Klasse ab 1850; Sitzungsberichte (ab 1848) und Anzeiger (ab 1864) der beiden Klassen] zeigte jedoch sehr rasch, dass es sich lediglich um einen ersten und groben Überblick der Zusammenarbeit der beiden staatlichen Institutionen handeln kann.

Darüber hinaus wurde klar, dass im Bereich der Streitkräfte die höhere technisch-wissenschaftliche Ausbildung mit der im Dezember 1717 gegründeten „k.k. Ingenieurakademie" (der ersten höheren technischen Bildungsanstalt der Monarchie) begonnen hat, was beweist, dass man frühzeitig im österreichischen Heerwesen die hohe Bedeutung der Technik, als Faustpfand des militärischen Erfolges, erkannt hatte. Auch die Herausgabe einer militärwissenschaftlichen Zeitschrift zur Förderung der Auseinandersetzung mit militärischen und militärtechnischen Fragen auf wissenschaftlicher Grundlage erfolgte schon sehr früh, sodass heute die 1808 gegründete „Österreichische Militärische Zeitschrift" (ÖMZ) das älteste seit dieser Zeit noch existierende Periodikum für den militär-wissenschaftlichen Bereich darstellt. Schließlich hatte die Einrichtung einer Akademie der Wissenschaften in WIEN eine längere Gründungsphase: selbst von der Bittschrift der zwölf Gelehrten an den kaiserlichen Hof im Jahre 1837 hat es noch zehn Jahre bis zur Gründung der Akademie gedauert. Es war daher erforderlich, die vorliegende Abhandlung der Zusammenarbeit zwischen den Streitkräften und der Akademie der Wissenschaften mit dem Kapitel „Vorgeschichte" zu beginnen und dabei auch kurz auf die Person Erzherzogs JOHANN einzugehen, war er doch einerseits Kurator und Mitbegründer der Akademie und andererseits General-Geniedirektor, wodurch er ein halbes Jahrhundert lang großen Einfluss auf das militärische Bildungswesen hatte. Schon in dieser Phase der „Vorgeschichte" gab es eine Reihe von Persönlichkeiten, die für die eine oder/und die andere Seite von Bedeutung waren: seien es Absolventen oder Lehrer der Ingenieurakademie, die dann zu Mitgliedern der Akademie gewählt wurden, oder seien es Offiziere, die ihre wissenschaftlichen Arbeiten in den Sitzungen der Akademie präsentierten.

Das zweite Kapitel behandelt die Zeit der Monarchie von 1857 bis 1918 und zeichnet die Zusammenarbeit der beiden Institutionen anhand der Kriegsmarine und der (umbenannten) Ingenieurakademie nach. Die Kurzdarstellung von acht willkürlich und subjektiv ausgewählten Persönlichkeiten bietet ein Bild dieser Zeitspanne. Anlässlich der Jahrhundertfeier der Akademie der Wissenschaften im Jahre 1947 hat der damalige Vizepräsident Richard MEISTER festgehalten: *„Ihre Aufgabe ist die Forschung allein: neue Methoden zu finden und zu erproben und den Kreis des gesicherten Wissens menschlicher Erkenntnis zu mehren. Dieser Aufgabe hat die Akademie vor allem zu dienen, und sie darf nicht irgendwelche Nebenaufgaben aufnehmen, es sei denn, dass sie als Forschungsinstitut zur Tätigkeit an solchen Aufgaben mitberufen und verpflichtet ist."* Und genau dies ist in der zweiten Hälfte des 19. Jahrhunderts immer wieder geschehen: Die Akademie bekam Aufträge der Regierung, bei denen es um die Teilnahme an großen Unternehmungen ging, die das damalige Österreich ausführte. Es handelte sich um die wissenschaftliche Begleitung von Expeditionen und die Veröffentlichung ihrer (wissenschaftlichen) Ergebnisse. Dazu MEISTER: *„So waren es eine ganze Reihe von wertvollen Unternehmungen und zugleich auch Aufgaben, die von staatlicher Seite in die Hände der jungen Akademie gelegt waren, an denen die Kräfte der Akademie erwuchsen, an denen sie sich zur Forschungsstätte wissenschaftlicher Gemeinschaftsarbeit entfalten konnte."* Es war also eine „Zusammenarbeit im Staatsinteresse", von der alle Bereiche profitierten: Die Großmacht ÖSTERREICH-UNGARN konnte auf den Weltmeeren „Flagge zeigen", womit die Politik zufrieden war. Die Kriegsmarine hatte eine höchst sinnvolle Beschäftigung: Handelswege wurden gesichert, Handelsverträge wurden abgeschlossen und die Akademie der Wissenschaften stellte die wissenschaftlichen Teilnehmer der militärisch gesicherten Expeditionen, bearbeitete und veröffentlichte die Ergebnisse. Alle gemeinsam trugen damit erheblich zur Erweiterung des Wissensstandes über unseren Planeten und des Ansehens der Monarchie, aber auch der beiden Institutionen, in der Welt bei.

Die Zeit von 1918 bis 1955 behandelt das dritte Kapitel: Es ist jene Zeitspanne, in der – aufgrund der politischen, wirtschaftlichen und finanziellen Verhältnisse – Akademie und Streitkräfte weitgehend mit sich selbst beschäftigt waren und um das Überleben kämpften. Deshalb war auch die Zusammenarbeit der beiden Institutionen stark eingeschränkt, aber es gab sie noch. Ein Detail sei an dieser Stelle angeführt: 1937 erhielt Oberst i. R. Max HAITINGER in WIEN für seine Arbeiten über Fluoreszenz-Mikroskopie den Fritz-PREGL-Preis für Mikrochemie der Akademie der Wissenschaften. Auch für diesen Abschnitt wurden Persönlichkeiten ausgewählt, die Besonderes für die eine oder/und die andere Seite geleistet haben.

Im vierten Kapitel geht es um die Zeit von 1955 bis zur Gründung der gemeinsamen Kommission im Jahre 1994. Es handelt sich dabei um eine Phase der Konsolidierung, des Aufbaues und des Aufbruches. Nach einer kurzen Abhandlung über Wesen und Wert der militärischen Landesverteidigung im Zeitalter der Europäischen Union, der Strukturentwicklung der österreichischen Streitkräfte und der Darstellung von Wissenschaft und Forschung im Österreichischen Bundesheer wird die Vorgeschichte und Gründung der gemeinsamen Kommission erläutert.

Das fünfte Kapitel schließlich dient der Dokumentation der gemeinsamen Kommission: Wer hat die Kommission geführt, wer waren ihre Mitglieder, welche Sitzungstermine und größeren Vorträge bei den Sitzungen hat es gegeben? Nach fünfzehn Jahren des Bestehens der Kommission sollte dies alles einmal festgehalten werden. Abgeschlossen wird das Kapitel mit der „Nutzenstiftung", wobei eine Darstellung und Einordnung der durchgeführten Forschungsprojekte in verschiedene Nutzen-Kategorien versucht wird.

Es sei dem geneigten Leser überlassen, nach der Durchsicht dieser Abhandlung darüber zu urteilen, ob es mit der 15-jährigen Tätigkeit der gemeinsamen Kommission gelungen ist, an die jahrzehntelang gepflogene „Zusammenarbeit im Staatsinteresse" erfolgreich anzuschließen, oder ob dies nicht der Fall ist. Mit dem Titelbild „Fregatte NOVARA auf hoher See" soll jedenfalls unser stetes Bestreben veranschaulicht werden, unser Wissen und unser Verständnis bis zu den Grenzen unserer Welt und darüber hinaus in den Kosmos unablässig zu erweitern.

Wien, im Dezember 2009   Hans Wallner

Inhaltsverzeichnis

Summary

At the Science Gala celebrating the tenth anniversary of the Austrian Academy of Sciences (AAS) Commission for Scientific Co-operation with the Austrian Federal Ministry of Defence, the AAS president at that time, Herbert MANG, stated: *"Without question the co-operation between defence and science stands outside conventional scientific co-operations. It is, however, out of question that degrees of freedom are and were thus made available, which opened up additional opportunities not accessible or only accessible with much effort within the customary scientific framework. Such co-operations, apostrophized as confluence of synergies in the current newspeak, have always existed."* The Commission Chairman, Hans SÜNKEL, mentioned *"co-operations between the Imperial Academy of Sciences in Vienna and the military of the Monarchy, in particular within the framework of the exploration of new territories, the expeditions, with the aim of satisfying the peoples' curiosity and exploring remote territories on the globe"*, and he documented them with a few examples.

It seemed only natural, therefore, to take a closer look at the co-operation between the AAS and the Armed Forces on the occasion of the 15th anniversary of the Joint Commission. A first glance at the Academy's ample writings [Annual Almanac since 1851, Memoranda of the Academy as from 1947, Memoranda of the Mathematics and Natural Sciences Section and of the Humanities and Social Sciences Section as of 1850, Conference Minutes (as from 1848) and journals (as from 1864) of both classes], however, showed very soon that this could only be a broad overview of the co-operation between the two state institutions.

Beyond that it became clear that in the military field the higher technical-scientific education started with the "Imperial Engineer's Academy" (the monarchy's first higher technical educational establishment) in December 1717, which gives proof of the fact that the Austrian military very soon recognised the importance of technology for military success. The publication of a military-scientific journal for the advancement of the discussion of questions pertaining to the military and military technology on a scientific basis started very early. Accordingly, the "Austrian Military Journal" (ÖMZ Journal) constitutes the oldest periodical for the military-scientific field still existing since that time. After all, the establishment of an Austrian Academy of Sciences in Vienna took some time: ten years went by from the petition by the twelve scholars to the Imperial Court in 1837 until the Academy was finally founded. It was, therefore, necessary to start this overview of the co-operation between the Austrian Armed Forces and the Academy of Sciences with the chapter "Prehistory" and to shortly elaborate on Archduke Johann, since he was on the one hand trustee and co-founder of the Academy of Sciences and on the other Director-general of engineering, thus wielding a lot of influence on military education. Even in this early phase of "prehistory" there were a number of personalities who were of significance for one and/or the other party: graduates or teachers of the Engineer's Academy who were later elected members of the Academy or officers who presented their scientific papers in the sessions of the Academy.

Chapter Two deals with the time of the Monarchy, from 1857 to 1918, and traces the co-operation of the two institutions by the example of the Imperial Navy and the (renamed) Engineer's Academy. The short portrayal of eight, arbitrarily and subjectively selected personalities presents a picture of this period. At the centenary of the Academy of Sciences in 1947 the then vice-president Richard MEISTER stated: *"Her task is research alone: to find and test new methods and to expand the circle of verified human knowledge. The Academy has to serve this task over and above all, and it must not take in any extra tasks whatsoever, unless it is appointed and tasked to work on such responsibilities as a research institute."* Exactly that happened again and again in the second half of the 19th century: the Academy was given tasks by the government, comprising the participation in larger activities, which the Austrian Monarchy conducted. It involved the scientific supervision of expeditions and the publication of its (scientific) results. MEISTER commented: *"A number of valuable undertakings and at the same time also tasks were laid into the hands of the young Academy by the state, which made the members of the Academy grow in expertise, helping her to develop into a research institution of scientific cooperation."* It was, therefore, a "co-operation in the interest of the state", from which everyone profited: the major power Austria-Hungary was able to fly its colours on the oceans to the satisfaction of politics, the Imperial Navy had to fulfil highly useful missions, trade routes were secured, trade contracts were concluded, and the Academy of Sciences provided the scientists taking part in expeditions under the protection of the military, and it processed and published the results. This all together considerably contributed to the expansion of the standard of knowledge about our planet and the prestige of the Monarchy, but also about the two institutions.

The period between 1918 and 1955 is covered by Chapter Three: it is the time in which – because of the political, economic and financial conditions – both the Academy and the Armed Forces were largely occupied with themselves, fighting for their survival. For that reason the co-operation between the two institutions was very limited, even if it still existed. One detail should be mentioned at this point: In 1937 Colonel (ret.) Max HAITINGER was awarded the Fritz PREGL-Award for Microchemistry of the Austrian Academy of Sciences for his work on fluorescence microscopy in Vienna. For this section, too, personalities were selected who achieved something special for the Forces and/or the Academy.

Chapter Four deals with the period between 1955 and the foundation of the joint commission in 1994, a phase of consolidation, construction and new departures. After a short overview of the essence and value of military defence in the age of the European Union, of the structural development of the Austrian Armed Forces and the presentation of Science and Research in the Austrian Armed Forces, the prehistory and foundation of the Joint Commission is outlined.

Chapter Five eventually deals with the documentation of the Joint Commission: former Heads of the Commission, its members, meeting dates and important speeches. After fifteen years of the Commission's existence all this should be put down in writing. The chapter is finished off with the benefits of the research projects and an attempt at presenting and classifying them into various categories of usefulness.

It shall be left to the reader to judge, after perusing this work, whether the Commission, in the fifteen years of its existence, was successful or not in continuing the decade-long "co-operation in the national interest". In any event, the cover picture "Frigate NOVARA on the high sea" shall demonstrate our continuous effort to extend our knowledge and our understanding as far as to the boundaries of our world, and even the cosmos.

1 Vorgeschichte

1.1 Die k.k. Ingenieurakademie ab 1717

Der Schwerpunkt der Kriegstechnik verlagerte sich im 17. Jahrhundert in Richtung des Festungsbaues und des -krieges. Die Festung war im Gegensatz zu den mittelalterlichen Burgen eine großräumige Anlage, im Unterschied zu den befestigten Städten stellte sie ein Verteidigungsobjekt dar, das insbesondere unter militärischen Voraussetzungen errichtet wurde. Die Anlage von Erdwällen mit Brustwehren und halbrunden Bastionen, die weit in die Gräben vorsprangen, um sie flankierend unter Feuer nehmen zu können, erwies sich als zweckmäßiger als senkrechte Burgmauern und -türme. Der bastionierte Grundriss rund um eine Stadt bestimmte den Festungsbau bis ins 18. Jahrhundert, dann folgte der sternförmige Grundriss mit langen Wällen und abwechselnd ein- und ausspringenden Winkeln. Vereinfachend, aber keineswegs verharmlosend dargestellt, ging es im Krieg, taktisch ausgedrückt, um den Besitz dieser Festungen. Man streifte im gegnerischen Gebiet, machte Beute und Gefangene, zerstörte, brannte nieder und – baute wieder neue Befestigungen.

Dazu kamen Änderungen in der Waffentechnik: Es war der Übergang von der Muskete mit Luntenschloss zur Flinte mit Stein- bzw. Batterieschloss, der zu einer beachtlichen Erhöhung der Feuergeschwindigkeit führte. Auch bei der Artillerie (bisher zunftmäßig gegliedert, nun militärisch organisiert) kam es zu Fortschritten, was Reichweite und Feuer- bzw. Zerstörungskraft betraf, wenn auch Kanonen und Mörser durchwegs noch Vorderlader waren. Man unterschied die Stamm- und Feldartillerie („leichte" Artillerie, dem Fußvolk beigegeben), schwere Geschütze wurden fallweise zur Belagerungsartillerie zusammengezogen. Im 18. Jahrhundert kam es durch Reformen zu weiteren Verbesserungen der Artillerie: Durch die Verkürzung der Rohre und die Regulierung des Geschoßkalibers wurde die Beweglichkeit der Feldartillerie vergrößert, die schwere Artillerie durch großkalibrige Kanonen, Haubitzen und Bombenmörser gestärkt. Durch die Vereinfachung der Bedienungsarbeit konnte ein Feldgeschütz (ohne Zieländerung) einige Schüsse pro Minute abfeuern.

Die Erneuerung und Modernisierung der Festungsarchitektur musste den neuen Kampfbedingungen angepasst werden, da die mittelalterlichen Festungswerke den verbesserten Feuerwaffen und der Artillerie nicht mehr Widerstand leisten konnten. Das Hauptproblem am Beginn der geschützgerechten Befestigungsgestaltung lag weniger in der Erhöhung der Widerstandskraft der Umfassungen, welche durch Erdanschüttungen an der feindwärtigen Seite der Festungsmauer relativ leicht erreicht werden konnte, als vielmehr darin, sie derart einzurichten, dass von ihnen aus Feuerwaffen zur Bekämpfung der Belagerungsgeschütze sowie zur Abwehr der Sturmangriffe eingesetzt werden konnten.

Österreich war gezwungen, zur Leitung von Kriegsbauten sogenannte „Kriegsbaumeister" (in den romanischen Ländern als „Ingeneros" bezeichnet) aus Staaten herbeizuholen, die über Erfahrungen oder bekannte Fachleute im Festungsbau verfügten.

In Frankreich beispielsweise hatte HEINRICH IV. diese Festungsbauer zu einem militärischen Korps vereinigt, das seinen Höhepunkt um 1700 unter Sebastian le Prestre de VAUBAN (1633–1707; Marschall und Festungsbaumeister) erreichte.

In Österreich war es kein Geringerer als der Feldherr Prinz EUGEN von Savoyen, der in dieser Zeit des Kampfes um Festungen den Mangel an technischen Offizieren und Kriegsbaumeistern besonders empfand. Wenn ihm auch an Militärbaumeistern ein Lukas von HILDEBRAND und ein Donato d' ALLIO zur Verfügung standen, so entbehrten diese, wie auch besonders die sonstigen inländischen Militärbaumeister, einer geregelten militärtechnischen Schulung. So stellte Prinz EUGEN im Jahre 1710 den Antrag auf Errichtung einer Schule „von der militärischen Architektur", der allerdings erst 1717 durch die Gründung der Ingenieurakademien in WIEN und BRÜSSEL seine Erfüllung fand.

Die am 24. Dezember 1717 durch ein Dekret Kaiser KARLs VI. ins Leben gerufene „k.k. Ingenieurakademie" zu WIEN war die erste kaiserliche Militärschule überhaupt und zugleich die erste höhere technische Schule der Monarchie. Ihre Einrichtung war der Beginn der höheren technischen Ausbildung in den österreichischen Streitkräften. (Anmerkung: Das k.k. Polytechnische Institut, aus dem später die Wiener Technische Hochschule hervorging, wurde im November 1815 eröffnet.)

Die Errichtung der k.k. Ingenieurakademie sollte auf dem „Chaos'schen Stiftgartengrund" (heute: Amtsgebäude Stiftgasse) auf der „Laimgrube" erfolgen. Hier befand sich ein seit 1693 in Vollbetrieb stehendes Waisenhaus zur Ausbildung von Waisenkindern und „Extraknaben" (Söhne wohlhabender oder adeliger Eltern). Zwölf der Stiftsknaben (wie die Waisenkinder genannt wurden) sind ab 1715 schon im bürgerlichen Bauwesen und der Kriegsbaukunst unterrichtet worden. Der Beginn der Wiener Akademie war allerdings dürftig, denn die Schüler waren anfänglich mangels entsprechender Räumlichkeiten in der Dienstwohnung des Lehrers unterrichtet worden. Dieser Unterricht erstreckte sich auf die Gegenstände Mathematik, Geometrie, Feldmesskunst, Mechanik und bürgerliche sowie Kriegsbaukunst. Die Studiendauer betrug drei Jahre, die Schüler waren größtenteils erwachsene Männer, zum Teil Offiziere. Unterrichtet wurde vom Hofmathematiker und Astronomen Dr. Johann MARINONI (1670–1755), der auch an der Niederösterreichischen Landschaftlichen Akademie lehrte und niederösterreichischer Landesingenieur war. MARINONI leitete die erste Katastermessung in Europa (1722 Vermessung MAILANDs) und führte das einheitliche Klaftermaß mit dezimaler Unterteilung ein. In seinem Haus auf der Mölker Bastei erbaute er um 1720 einen zweistöckigen Turm, den er mit Unterstützung des Kaisers als Sternwarte einrichtete. Es war dies die erste Sternwarte Österreichs und gleichzeitig die modernste auf dem Kontinent. Nicht nur astronomisch und geodätisch leistete MARINONI Einzigartiges. Er war es auch, der den 1740 erbauten Linienwall zur Befestigung der Wiener Vorstädte und die 1728 erbaute erste Straße auf den SEMMERING projektierte. Unterstützt wurde MARINONI in der k.k. Ingenieurakademie vom niederösterreichischen Oberingenieur Leander Conte ANGUISOLA (1652–1720) als zweitem Lehrer. ANGUISOLA war Oberstleutnant und schuf als Kartograph Pläne von WIEN (1683, 1704 bis 1706) sowie den ersten Plan zur Donauregulierung (1688).

Doch noch immer konnte die k.k. Ingenieurakademie den Bedarf der Armee nicht decken und so stiftete Georg Franz von GRIENER 1735 ein Vermögen von 20.000 Gulden, das der Ausbildung von 50 Chaos'schen Stiftsangehörigen in den Grundlagen der technischen Wissenschaften (Ingenieurwissenschaft, Fortifikation und Kriegsbaukunst, Feuerwerks- und Büchsenmeisterkunst, Mechanik) dienen sollte. Dies erfolgte nach der Bestätigung des Stiftungsbriefes durch Kaiser KARL VI. Ende 1736, und die k.k. Ingenieurakademie bekam nun Räumlichkeiten im 1732 aufgestockten Bau des Waisenhauses, welcher seither die Bezeichnung „Mosertrakt" (benannt nach dem Stiftungsadministrator Karl von MOSER) trägt. Das freie Akademieareal wurde nun von den Zöglingen dazu genutzt, die für die Ausbildung und die militärtechnischen Übungen notwendigen Gräben, Fortifikationsanlagen, Brustwehren, Redouten und Werke in verkleinertem Maßstab zu errichten (siehe Abb. 1).

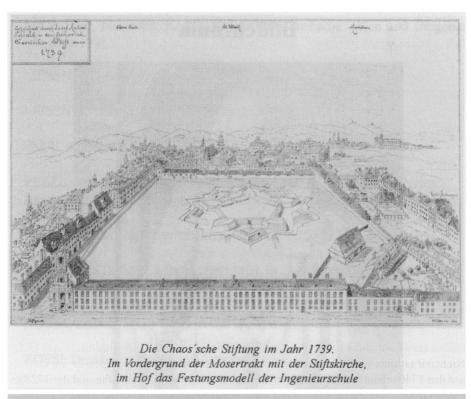

Die Chaos'sche Stiftung im Jahr 1739.
Im Vordergrund der Mosertrakt mit der Stiftskirche,
im Hof das Festungsmodell der Ingenieurschule

Abb. 1: Chaos'sche Stiftung im Jahre 1739
(aus: Festschrift 30 Jahre Landesverteidigungsakademie)

Die k.k. Ingenieurakademie wurde 1754 in eine „ k.k. Ingenieurschule" umgewandelt und, weil die Räumlichkeiten auf der „Laimgrube" für anderweitige Zwecke benötigt wurden, in das Palais Königsegg in GUMPENDORF verlegt. Dies hatte den Vorteil, dass der Schule nun ein Internat mit zum Teil unentgeltlicher Unterbringung angeschlossen war.

Mit kaiserlichem Dekret wurde die Schule 1760 der zivilen Leitung (Innenministerium) entzogen und dem (militärischen) Geniewesen unterstellt; damit war aus der „halbmilitärischen" Ausbildungsstätte eine „militärische" geworden. Sie hatte bald einen so guten Ruf, dass sich bereits fertig ausgebildete Offiziere anderer Waffengattungen um einen Studienplatz bewarben. Die „Studenten" genossen auch eine umfangreiche praktische Ausbildung, indem sie beispielsweise bei der Trockenlegung der Sümpfe im TEMESER BANAT, beim Bau des Wiener Neustädter Kanals oder bei wichtigen Straßenbauten Verwendung fanden. Ebenfalls im Jahre 1760 wurde das „k.k. Sappeur-Korps" gegründet; die Sappeure legten Belagerungsgräben („Sappen" = Laufgräben) und Fortifikationen an.

Auf dem Chaos'schen Stiftgartengrund wurde 1746/49 entlang der Stiftgasse der sogenannte „Akademietrakt" und anschließend in der Siebensterngasse eine Reitschule erbaut. In diesem Gebäude wurde 1749 eine „Adelige Ritterakademie für Zöglinge katholischer Religion" gegründet, welche die Herzogin Maria Theresia Anna Felicitas von SAVOYEN-CARIGNAN gestiftet hatte. Die Zöglinge trugen Uniformen und logierten in Einzelzimmern mit angeschlossenen Dienstbotenkammern. Sie erhielten Unterricht vorwiegend in den Kriegswissenschaften, in Mathematik, Geometrie, Physik, Festungsbau und Mechanik. Die Ritterakademie war unter der adeligen Jugend allerdings nicht sehr gefragt, so dass – auch aufgrund finanzieller Schwierigkeiten – nach nur 20 Jahren ihres Bestehens das Ende für diese Institution kam. Sie wurde letztlich mit dem Theresianum auf der WIEDEN zusammengelegt.

Neben der Ingenieur- und der Ritterakademie wurde auf dem Chaos'schen Stiftgartengrund noch eine dritte militärische Ausbildungsstätte ins Leben gerufen: die von Kaiserin Maria Theresia 1752 gegründete „Militärpflanzschule". Um Platz für die Pflanzschule zu schaffen, mussten die Chaos'schen Stiftsknaben weichen. Nach mehreren Zwischenaufenthalten fanden die Waisen eine neue Heimat im Waisenhaus am Rennweg, wo die heutige „Waisenhauskirche" noch daran erinnert. Die Pflanzschule sollte Kinder armer, adeliger Offiziere im Alter von sieben bis dreizehn Jahren auf das Studium an der (ebenfalls von Maria Theresia 1751 gegründeten) Militärakademie in WIENER NEUSTADT vorbereiten. Die Zöglinge wurden von Militärpersonen, Zivillehrern und Geistlichen unterrichtet. Als Schulgebäude wurde vom Mosertrakt ins Innere des Areals 1754 ein eigener Trakt, das Pflanzschulgebäude, errichtet. Nach nur 17 Jahren ihres Bestandes wurde die Pflanzschule mit der Militärakademie in WIENER NEUSTADT zusammengelegt.

Im Herbst 1769 zog die Ingenieurschule wieder in den Mosertrakt auf der „Laimgrube" ein und wurde – bis 1851 – wieder „k.k. Ingenieurakademie" genannt. Das dadurch frei gewordene Königsegg'sche Gartenpalais in GUMPENDORF wurde ein Garnisonsspital. Der 1754 für die Militärpflanzschule errichtete Block nahm als

Lehrtruppe der Ingenieurakademie eine Sappeurkompanie auf. Der Name „Sappeurtrakt" hat sich für diesen Gebäudeteil bis heute erhalten.

Im Jahre 1778 zog die Ingenieurakademie vom Mosertrakt in das frühere Gebäude der Ritterakademie um, musste sich aber das Gebäude mit einer neuen militärischen Institution, dem „Artillerie-Lyceum" (welches 1786 dem neu geschaffenen Bombardierkorps unterstellt und als „Bombardierkorps-Schule" bezeichnet wurde), teilen. Der Plan Kaiser JOSEPHs II., auf der „Laimgrube" eine höhere Ingenieur- und Artillerieakademie zu gründen, wurde damit verwirklicht. Mit Kapitänleutnant Sebastian von MAILLARD (1746–1822; Feldmarschallleutnant) kam 1782 ein hervorragender Ingenieuroffizier als Lehrer an die Akademie. MAILLARD war von toskanischen Diensten in das k.k. Ingenieurkorps übergetreten, zeichnete sich 1789 bei der Belagerung von BELGRAD aus und wurde zum korrespondierenden Mitglied der Akademie der Wissenschaften zu SANKT PETERSBURG ernannt. Er begann 1798 mit dem Bau des Wiener Neustädter Kanals und war Lehrer des Erzherzogs KARL.

Von den Absolventen der Ingenieurakademie dieser Periode seien genannt:
- *Generalmajor Andreas SORIOT (1767–1831) war seit 1793 Lehrer für Mathematik an der Akademie und unterrichtete auch die Erzherzoge ANTON, JOHANN (dessen Generaladjutant er später wurde) und RAINER. SORIOT widmete sich stark der Wissenschaft und verfertigte eine Karte von EUROPA, wodurch er unter den Kartographen bekannt wurde.*
- *Feldmarschallleutnant Ludwig de TRAUX (1773–1855) war ein im Krieg und Frieden hervorragender Ingenieuroffizier und eine Kapazität auf dem Gebiet der Numismatik sowie Sammler und Kenner von Altertümern und Kunstgegenständen.*
- *Oberst Maximilian de TRAUX (1766–1817) erwarb sich als militärischer Schriftsteller und Kartograph einen geachteten Namen. Er war Lehrer an der Theresianischen Militärakademie in WIENER NEUSTADT.*

Die Ingenieurakademie wurde 1784 von der „Laimgrube" in das Theresianum auf der WIEDEN verlegt, wo sie bis zum Jahre 1797 verblieb. Die Raumgestaltung machte es nun möglich, auch eine Sappeurkompanie zur Beaufsichtigung der Schüler in der Akademie unterzubringen. 1787 erfolgte eine Änderung des Lehrplanes durch die Ausschaltung der lateinischen Sprache und Vertiefung der naturwissenschaftlichen Fächer. Im Jahre 1790 wurde zum ersten Male ein Absolvent der Akademie zu ihrem Lokaldirektor: Ingenieurobrist Josef TOUSSAINT-BOURGEOIS (1745–1821; Feldmarschallleutnant) war wegen seiner ungewöhnlichen Sprachkenntnisse vorerst Hofsekretär im geheimen Kabinett des Kaisers und Begleiter desselben zur Armee nach SYRMIEN. Er war 21 Jahre lang Lokaldirektor der Ingenieurakademie, zwischendurch (in den Kriegsjahren 1805 und 1809) wurde er mit diplomatischen Missionen betraut.

Von den Absolventen der Ingenieurakademie dieser Periode seien genannt:
- *Generalmajor Alexander BRASSEUR (1776–1844) war von 1802 bis 1834 Lehrer für Mathematik und Physik an der Akademie (Herausgabe eines Lehrbuches) sowie von 1834 bis 1842 ihr Lokaldirektor.*

- *Feldzeugmeister Graf Bernhard CABOGA (1785–1855) führte militärische (kartographische) Aufnahmen in den Alpenländern und bei TRIEST durch, wurde 1849 General-Geniedirektor (als Nachfolger von Erzherzog JOHANN) und reformierte die Genietruppe.*
- *Feldzeugmeister Graf Theodor BAILET de LATOUR (1780–1848) bewährte sich als Offizier des Ingenieurskorps in mehreren Schlachten, wurde 1831 Stellvertreter des General-Geniedirektors Erzherzog JOHANN. BAILET de LATOUR trat 1848 das Amt des Kriegsministers an und wurde während der Oktoberrevolution in WIEN gelyncht.*
- *Feldmarschallleutnant Franz von SCHOLL (1774–1838) war einer der genialsten und am meisten beschäftigten Kriegsbaumeister der Armee, weshalb man ihn als „den österreichischen VAUBAN" bezeichnete. Er leitete nicht nur den Bau österreichischer Befestigungen, sondern auch solche in Ländern des Deutschen Bundes, wobei er selbst die Entwürfe herstellte.*

Die Rückkehr der k.k. Ingenieurakademie auf die „Laimgrube", diesmal in das ehemalige Ritterakademiegebäude, erfolgte im Jahre 1797. Die Räumung des Gebäudes auf der WIEDEN geschah innerhalb weniger Wochen, die Einrichtung auf der „Laimgrube" dauerte aufgrund der notwendigen Behebung einiger Mängel etwas länger. 1801 wurde Erzherzog JOHANN zum General-Geniedirektor („Chef" über die Technische Truppe: Ingenieur-, Mineur- und Bombardierkorps sowie Pontonnierbataillon) sowie zum Oberdirektor der k.k. Ingenieurakademie in WIEN und der k.k. Theresianischen Militärakademie in WIENER NEUSTADT ernannt. Dadurch erlebte nicht nur das gesamte Genie- und Fortifikationswesen, sondern auch die Ingenieurakademie einen großen Aufschwung. Bereits 1802 stieg die Zahl der Zöglinge auf 240 und jährlich konnten 40 ausgebildete Kadetten der Armee zugeführt werden. Im Jahre 1803 bestand die Akademie aus acht Klassen; in den vier unteren Klassen wurden Gegenstände allgemeinen Wissens, in den vier Oberklassen die mathematische und Fachausbildung gelehrt. Für den Reitunterricht wurde 1804 die Reitschule der Ritterakademie wieder instandgesetzt und ein Stallgebäude errichtet. Die Zeit der Franzosenkriege und die dadurch bedingte Geldentwertung, zunehmende Teuerung und Lebensmittelmangel zwangen auch die Ingenieurakademie zu vielen Einschränkungen, wie beispielsweise zur Erhöhung des Kostgeldes oder zur Nichtbesetzung von Stiftungsplätzen. 1811 wurde der Lokaldirektor BOURGEOIS pensioniert und als sein Nachfolger Graf Johann NOBILI (1758–1823; Feldmarschallleutnant) ernannt. NOBILI war zweifelsfrei ein angesehener, erfahrener Offizier und Theresienritter, er war auch selbst Absolvent der Ingenieurakademie, aber für die Position des Direktors offenbar weniger geeignet. Deshalb wurde er 1820, als es in der Akademie zu tumultartigen Auseinandersetzungen und Ausschreitungen (sogenannter „Jänner-Aufstand") gekommen war, durch August HERZOGENBERG ersetzt, welcher binnen kurzer Zeit wieder für Ordnung sorgte. HERZOGENBERG (eigentlich: August PICOT de BECCADUC), gebürtiger Franzose, war 1797 in ein Emigrantenkorps eingetreten und nahm dann kurze Zeit später Dienst im österreichischen Heer, wo er es bis zum

SAVOYISCHES STIFTSGEBÄUDE   № 4?   LE COLLÉGE DE SAVOYE
AUF DER LAIMGRUBE.   À LA LAIMGRUBE.

*Die k.k. Ingenieurakademie, von der Stiftgasse aus gesehen im
Jahr 1820. Radierung von Eduard Gurk. Koloriert.*

**Abb. 2: Die k.k. Ingenieurakademie 1820
(aus: Festschrift 30 Jahre Landesverteidigungsakademie)**

Feldmarschallleutnant brachte. Er war von 1820 bis zu seinem Tode 1834 Lokaldirektor der Ingenieurakademie (siehe Abb. 2).

Zu den Lehrern der Ingenieurakademie zählten im Jahre 1827 u. a.:

- *die auf militärwissenschaftlichem Gebiet schriftstellerisch tätigen Majore LEUCKER, Freiherr von HAUSER und WEISS;*
- *Franz Ritter von HAUSLAB (1798–1883; Feldzeugmeister), der mit 11 Jahren als Zögling in die Akademie kam, wurde 1819 Leutnant im Ingenieurkorps und Lehrer des Situationszeichnens sowie der Terrainlehre an der Ingenieurakademie. Er entwickelte die Methode der Terraindarstellung durch mehrfach gefärbte Schichtlinien und dehnte dieselbe auf die Darstellung des Meeresbodens aus (Landkarten: je höher, desto dunkler; Seekarten: je tiefer, desto dunkler). In der österreichischen Kartographie führte er die Flächenfarbentechnik (Farbskalen für Höhenschichtlinien, um Eindrücke der Höhenplastik zu erzeugen) ein. Durch Erzherzog JOHANN wurde HAUSLAB zur Aufnahme des Erzberges und der le-*

vantinischen Küste kommandiert und kehrte nach zweijährigem Aufenthalt in KONSTANTINOPEL wieder an die Ingenieurakademie zurück. Ab 1834 war er für den Unterricht der Söhne des Erzherzogs KARL, der Erzherzoge ALBRECHT, KARL FERDINAND und FRIEDRICH, verantwortlich. 1848 wurde HAUSLAB zum Generalmajor befördert, zum k. M. der kaiserlichen Akademie der Wissenschaften ernannt und kehrte in den rein militärischen Dienst zurück. Neben seinen geographischen und kartographischen Arbeiten hinterließ er eine reiche Bibliothek und mehrere wertvolle Sammlungen. HAUSLAB war als Maler, Kartograph, Geologe, Archäologe, Kostümfachmann und Linguist einer der gelehrtesten Offiziere der Armee.

Nach dem Tode HERZOGENBERGs im Jahre 1834 wurde Oberst BRASSEUR zum Lokaldirektor bestellt. Auf Initiative des Erzherzogs JOHANN setzte eine Reform im Lehrplan der Ingenieurakademie ein, welche die Einführung der Gegenstände Naturlehre und Chemie sowie die Errichtung eines chemischen Labors bedeutete. Auch wurden weitere Lehrbücher erstellt und die Schulstufen (Klassen) mit sieben festgelegt. Das Eintrittsalter in die Akademie wurde mit 12 bis 15 Jahren festgesetzt, als praktischer Unterricht erfolgte in der 4. bis 7. Klasse Feldmesskunst, in der 6. Klasse Taktik, Exerzieren, Artillerieübungen, Besichtigung von Bauten und in der 7. Klasse die Teilnahme an Sappeurübungen. Aufgrund eines Antrages von Oberst BRASSEUR wurde 1836 der Unterricht in Fechten, Militärgeographie und Kriegsgeschichte eingeführt sowie die Absolventen der Ingenieurakademie, die nicht ins Ingenieurkorps übernommen wurden, den Zöglingen der Theresianischen Militärakademie gleichgestellt (das bedeutete: Ausmusterung zu Offizieren und nicht zu Kadetten).

Von den Lehrern der Ingenieurakademie dieser Periode seien angeführt:
- *der auch schriftstellerisch tätige Major WÜSTEFELD (Lehrer des Erzherzogs FRANZ JOSEF);*
- *die Lehrer in Mathematik und Darstellender Geometrie Ingenieur-Hauptmann ZBYSZEWSKI und Ingenieur-Hauptmann STAMPEL (selbst Absolvent der Akademie) sowie*
- *der als Lehrer für Physik und Chemie tätige Kapitänleutnant Moritz EBNER von ESCHENBACH (1815–1898; Feldmarschallleutnant). Er begann seine Ausbildung am Theresianum auf der WIEDEN, nach dem Abschluss schlug er gegen den Willen seiner Familie die Soldatenlaufbahn ein und besuchte ab 1834 die Ingenieurakademie. 1837 zum Leutnant im Ingenieurkorps ausgemustert, wurde er schon 1840 als Professor für Chemie und Physik an die Ingenieurakademie berufen. EBNER setzte nebenbei seine Studien als außerordentlicher Hörer ETTINGHAUSENs und SCHRÖTTERs fort. Die Aufgabe, welcher sich EBNER zeitlebens stellte, war die Verwertung der modernen Naturwissenschaft für militärische Zwecke. Ein Gespräch mit dem 1853 die Akademie inspizierenden Feldzeugmeister Graf CABOGA ergab für EBNER drei große Aufgaben, die einer Lösung zuzuführen waren: 1. die veraltete Minenzündung durch die elektrische zu ersetzen, 2. die elektrische Telegraphie*

für den Felddienst verwendbar zu machen, und 3. einen Scheinwerfer zu konstruieren, der dem Feind den Vorteil der ungestörten Nachtarbeit entziehen sollte. Alle drei Aufgaben hat EBNER nacheinander in ausgezeichneter Weise gelöst. Er wurde 1863 zum k. M. der kaiserlichen Akademie der Wissenschaften ernannt und hat seine Konstruktionen und Erfindungen teils in den Sitzungsberichten der Akademie, teils in selbständig publizierten Schriften beschrieben. EBNER veranlasste auch die Beschickung der Weltausstellungen von 1867 zu PARIS und von 1873 zu WIEN mit einer militärischen Ausstellung, die allgemeinen Beifall fand. (Seit 1848 war Moritz EBNER von ESCHENBACH mit Marie, geborene Gräfin DUBSKY, der unter dem Namen von EBNER-ESCHENBACH berühmten Schriftstellerin, verheiratet.)

Im Revolutionsjahr 1848 übernahm wieder ein Absolvent der Ingenieurakademie ihre Lokaldirektion: Generalmajor Felix STREGEN, der sich große Verdienste um den Bau der Eisenbahn WIEN-TRIEST erworben hat. Seine Aufgabe als Lokaldirektor (1848–1851) war es, die Ingenieurakademie aus den Wirren dieser Zeit herauszuhalten, was ihm auch leidlich gelang. Als Anfang Oktober 1848 nach der Ermordung des Kriegsministers, des Grafen LATOUR, die Revolution wieder aufflammte, wurde die Ingenieurakademie in die Ereignisse mit hineingezogen. Zivilpersonen suchten Schutz im Akademieareal, Offiziere der auf der Seite der Aufständischen kämpfenden Akademischen Legion untersuchten das Akademiegebäude nach „Reaktionären" und hielten es fast einen Monat lang besetzt. Am 31. Oktober wurde die Ingenieurakademie von kaiserlichen Kroaten (kampflos) entsetzt, von da an ging alles wieder seinen gewohnten Gang.

Nachdem 1848 der Mathematiker und Physiker, Professor Andreas ETTINGSHAUSEN, als Lehrer an die Ingenieurakademie gekommen war, fand ein Jahr darauf neuerlich eine Verstärkung des Lehrkörpers mit zwei namhaften Professoren statt:

- *den Architekten Georg MÜLLER (Erbauer der Altlerchenfelder Kirche) und*
- *Theophil HANSEN (zu seinen wichtigsten Bauten gehören: das Heeresgeschichtliche Museum im Arsenal, der Heinrichshof, das Musikvereinsgebäude, das Parlament, die Börse usw.).*

Dieses Jahr – 1849 – brachte aber auch den Rücktritt des Erzherzogs JOHANN von der Stelle des General-Geniedirektors, sein Nachfolger wurde ein Absolvent der Ingenieurakademie, Feldmarschallleutnant Graf Bernhard CABOGA.

Von den Zöglingen der Ingenieurakademie dieser Periode seien genannt:
- *Ingenieurmajor Ferdinand ARTMANN (1830–1883), der als Lehrer für Physik an der Genieakademie wirkte. Er errichtete in der Gumpendorfer Kaserne die erste Konservenfabrik sowie das Militärverpflegsmagazin und war Vizepräsident der von ihm projektierten Aspangbahn. 1871 plante ARTMANN eine Wiener Stadtbahn als Gürtellinie.*

- *Graf Anton AUERSPERG (1806–1876), der einige Jahre an der Ingenieurakademie verbrachte und dann in WIEN und GRAZ seinen juristischen Studien nachging. Unter dem Pseudonym Anastasius GRÜN war er als politischer Lyriker und Vorkämpfer der Freiheit im Vormärz bekannt. AUERSPERG wurde 1864 Ehrenbürger WIENs, 1865 Ehrendoktor der Wiener Universität und 1871 Ehrenmitglied der Akademie der Wissenschaften.*

- *Freiherr Ferdinand von BAUER (1825–1893), von 1888 bis zu seinem Tode Feldzeugmeister und Kriegsminister; er führte das 8-mm-Repetiergewehr und das rauchlose Pulver ein, schuf die Einheits-Pioniertruppe und reorganisierte die Artillerie.*

- *János (= Johann) BOLYAI (1802–1860; Kapitänleutnant), Sohn des ungarischen Mathematikers Farkas (= Wolfgang) BOLYAI (1775–1856), war immer der Beste in seiner Klasse an der Ingenieurakademie und wurde zum populären Ahnherrn der ungarischen Mathematik durch seine Abhandlung über die „Nichteuklidische Geometrie" (z.B. hyperbolische Geometrie; „Satteloberfläche"). Er war auch ein guter Violinist, sicherer Lateiner und hervorragender Fechter. BOLYAI wurde früh pensioniert und lebte fortan als Privatgelehrter in SIEBENBÜRGEN. Nach ihm sind nicht nur die ungarische militärtechnische Fakultät in BUDAPEST oder die Universität in KLAUSENBURG (heute: CLUJ-NAPOCA) in RUMÄNIEN benannt, sondern auch ein Krater auf dem Mond. In der Landesverteidigungsakademie in WIEN wurde 2004 eine Büste von János BOLYAI „in Erinnerung an die jahrhundertelange gemeinsame Tradition und Geschichte von UNGARN und ÖSTERREICH", gewidmet von der militärtechnischen Fakultät János BOLYAI und der Militärstiftung János BOLYAI BUDAPEST, aufgestellt.*

- *Hermann von CHIOLICH (*1825, 1888 pensioniert; Feldmarschallleutnant) wirkte ab 1859 als Lehrer für Baukunst an der Genieakademie, verfasste 1865 ein Werk über den Wasserbau und hatte die Leitung des Baus der Ennsbefestigung inne.*

- *Gustav Ritter von CONRAD (*1811, 1872 pensioniert; Oberst) wirkte ab 1849 als Lehrer für Befestigungskunst an der Ingenieurakademie und erstellte das Reglement für die Geniewaffe. Von 1859 bis 1861 war CONRAD Kommandant der k.k. Genieakademie.*

- *Karl Edler von FROSSARD (1805–1862; Hauptmann) war Adjutant des Erzherzogs JOHANN.*

- *Professor Josef GIERSTER (*1834) diente bis zum Hauptmann in der Geniewaffe, wirkte dann mit dem Rang eines Hochschulprofessors an der k.u.k. Theresianischen Militärakademie.*

- *Karl Edler von KOERBER (1801–1853; Generalmajor) war ab 1841 beim Festungsbau in VENEDIG beschäftigt und erwarb sich besondere Verdienste um den Bau des Hafens von FIUME.*

- *Alexander Freiherr von KOLLER (1813–1890; General der Kavallerie) wurde Leutnant in einem Husarenregiment und stieg im Rahmen der Kavallerie auf. Als Generalmajor war er 1859 Kommandant einer Infanteriebrigade, 1866 als Feldmarschallleutnant Kommandant der 9. Truppendivision. 1874 wurde KOLLER Reichskriegsminister, musste aber bald aus gesundheitlichen Gründen zurücktreten.*
- *Conrad PETRASCH (1807–1863; Generalmajor) war 1861 bis 1863 Kommandant der Genieakademie und bekannt durch seine Fürsorge für die Zöglinge.*
- *Franz PIDOLL (1820–1881; Feldmarschallleutnant) erwarb sich durch die Einführung des Kriegsspieles und die Gründung des Wiener Militärwissenschaftlichen Vereines besondere Verdienste.*
- *Wilhelm Ritter von ROESSLER (1832–1878; Oberst) war Lehrer der Erzherzoge RUDOLF, JOHANN SALVATOR und FRIEDRICH.*
- *Julian von ROSZKOWISKI (1834–1897; Feldmarschallleutnant) war von 1885 bis 1887 Kommandant der k.u.k. Technischen Militärakademie.*
- *Daniel Freiherr von SALIS-SOGLIO (*1826; Feldzeugmeister) war zuerst Adjutant des General-Genieinspektors, dann Stellvertreter des General-Genieinspektors und schließlich selbst General-Genieinspektor.*
- *Heinrich Freiherr von SCHOLL (*1815; Generalmajor) entwarf die Pläne für die projektierte (aber nie zustande gekommene) Zentralakademie in WIENER NEUSTADT und führte das Präsidium in der DONAU-Regulierungs-Kommission.*
- *Josef SINGER (1797–1871; Feldmarschallleutnant) war vor allem sprachlich begabt, vertiefte seine Fremdsprachenkenntnisse durch zahlreiche Reisen in fast alle Teile der Erde.*
- *Professor Josef STAMPEL (*1807) war längere Zeit als Lehrer an der Ingenieurakademie tätig.*
- *Professor Franz TILSCHER (*1825) war am Polytechnischen Institut PRAG und kam 1864 als Lehrer an die Genieakademie.*
- *Andreas TUNKLER, Ritter von TREUIMFELD (1820–1873; Oberst) wurde bereits in jungen Jahren zu den verschiedensten Baudiensten verwendet. Er war von 1852 bis 1862 Lehrer an der Genieakademie und verfasste eine Reihe wissenschaftlicher Werke, die ihn bekannt machten. 1867 wurde TUNKLER Abteilungsleiter im Reichskriegsministerium und führte die Reorganisation der Geniewaffe und des gesamten Fortifikations- und Bauwesens durch.*
- *Wolfgang WELSPERG, Graf zu RAITENAU (*1820, 1876 pensioniert; Oberst) war von 1861 bis 1869 Lehrer an der Genieakademie.*
- *Johann WOLTER (1791–1857; Feldmarschallleutnant) war von 1842 bis 1848 als Oberst Lokaldirektor der Ingenieurakademie*
- *Julius WURMB (*1804; Feldmarschallleutnant) schrieb ein „Lehrbuch der Kriegsbaukunst für die k.k. Genieakademie".*

1.2 Österreichische Militärische Zeitschrift (ÖMZ) seit 1808

Die Napoleonischen Kriege brachten eine Zeit großer Umbrüche in Europa, die auch das Heerwesen und die Kriegswissenschaft betrafen. Zunächst erfolgte der Umbau vom „Berufsheer" der Barockzeit hin zum Wehrpflichtigenheer der sich zusehends entwickelnden Nationalstaaten und die Aufgabe der Linientaktik zugunsten des „zerstreuten Fechtens", wie dies Erzherzog KARL (1771–1847) in seinen „Grundsätzen der höheren Kriegskunst für die Generäle der österreichischen Armee" aus dem Jahre 1806 treffend niedergeschrieben hat. In der Folge wurde Erzherzog KARL mit seinem Bruder, Erzherzog JOHANN, zur treibenden Kraft für die Reorganisation der Streitkräfte und die Verbesserung von Führung und Ausbildung in der Armee. Darüber hinaus sah KARL die dringende Notwendigkeit, die fachliche Qualifikation der Offiziere zu heben und die Auseinandersetzung mit militärischen und militärtechnischen Fragen auf wissenschaftlicher Grundlage zu fördern. Dies sollte auch durch eine militärwissenschaftliche Zeitschrift ermöglicht werden, um allen Offizieren den Zugang zu diesen Themen zu eröffnen und zur Mitwirkung an der geistigen Auseinandersetzung anzuregen.

So erschien am 1. Jänner 1808 das erste Heft einer „Österreichisch-militärischen Zeitschrift" (ÖMZ) unter der Leitung des damaligen Direktors des Kriegsarchives, Feldmarschallleutnant Moritz Georg GOMEZ de Parientos. In einem „Vorbericht" zu diesem Heft wurde erklärend ausgeführt:

„Kriegswissenschaft in allen ihren Zweigen, österreichische Kriegsgeschichte mittlerer und neuer Zeit, Ländererkenntnis, vorzüglich einheimische, sind die Hauptgegenstände dieser Zeitschrift. [...] Was immer die Kriegswissenschaft im Allgemeinen und Einzelnen erweitert, ja selbst entfernt auf sie einwirkt, was das Bestehende befördert oder neue Aussichten eröffnet, sogar Hilfs- und Vorbereitungswissenschaften, gehören zum Gebiete dieser Zeitschrift; [...]".

Ganz im Gegensatz zu den Vorschriften der Armee jedoch sollte dieses Medium viel mehr sein als deren Ersatz auf wissenschaftlichem Niveau. Gerade in dieser Zeit der Umbrüche erschien es notwendig, eine Diskussionsplattform zu schaffen, die im Zuge dessen eine Weiterentwicklung der Kriegskunst ermöglichen sollte. Als Wahlspruch für diese jährlich mit vier Heften vorgesehene Zeitschrift hatte man eine Feststellung des Cornelius Tacitus gewählt: *„Omnia quae vetustissima creduntur, nova fuere, et quod hodie tuemur exemplis, inter exempla erit."*

Die Kriegswirren des Jahres 1809 unterbrachen die Produktion der Zeitschrift, erst 1811 konnte sie wieder erscheinen. Im „Vorbericht" zu diesem Heft ist ihre Bestimmung angeführt: *„ [...] wissenschaftliche Kenntnis unter den Offizieren der k.k. Armee zu verbreiten und jeden derselben, der auf höhere Kultur Anspruch macht, aufzumuntern, seinen Geist auf nützliche Art zu beschäftigen. [...]".* Von diesem Zeitpunkt an war, von wenigen Ausnahmen in Kriegs- und Revolutionszeiten abgesehen, dem Medium ein Erscheinen bis ins Jahr 1914 beschieden.

Nach der Revolution 1848 sah sich die Schriftleitung der ÖMZ zunehmenden Schwierigkeiten und Einengungen gegenüber, daher legten die Verantwortlichen mit Ende

1849 ihre Funktionen nieder. Damit ergab sich für zehn Jahre die Unterbrechung des Erscheinens einer ÖMZ. Nach den Niederlagen im Krieg des Jahres 1859 wurde die erneute Herausgabe einer militärischen Zeitschrift mit der Notwendigkeit begründet, durch ein modernes und gut geleitetes Militärjournal den geistigen und moralischen Aufschwung der Armee zu fördern. Mit 10. November 1859 verfügte der Kaiser die Herausgabe einer „Militärischen Zeitschrift" und ernannte Valentin Ritter von STREFFLEUR (1807–1870) zum Leiter, der 1847 als Major im Infanterieregiment Nr. 27 Lehrer des damaligen Erzherzogs FRANZ JOSEF gewesen war. STREFFLEUR veröffentlichte selbst Beiträge, u. a. zur Statistik, Geländekunde und Kartographie. Auf ihn ist auch die hervorragende Qualität der zahlreich eingebrachten Pläne und Karten zurückzuführen. Nach dem Tode STREFFLEURs wurde die ÖMZ bis zu ihrer Einstellung Ende 1914 unter dem Titel „Streffleur's Österreichische Militärische Zeitschrift" (SÖMZ) herausgegeben, im letzten Heft (12/1914) findet sich ein Beitrag von Major d. R. Franz HINTERSTOISSER über „25 Jahre Luftfahrt".

Der Erste Weltkrieg brachte die Zeitschrift, wie dies in Kriegszeiten vernünftig erscheint, zur Einstellung. Erst in den 1920er Jahren begann man im „Österreichischen Bundesministerium für Heerwesen" wieder „Militärwissenschaftliche Mitteilungen" herauszugeben. Nach der Annexion Österreichs im März 1938 durch Hitlerdeutschland erschienen die Hefte bis zum Jahr 1944 als „Militärwissenschaftliche Mitteilungen der Zweigstelle Wien". Es handelte sich um Publikationen der Besatzungsmacht, die mit der Tradition des österreichischen militärischen Schrifttums, außer derselben Bezeichnung im Titel, keine Gemeinsamkeiten aufwiesen. Nach dem Zweiten Weltkrieg und der Besatzungszeit begann 1955 General Dr. Emil LIEBITZKY im Rahmen der Österreichischen Offiziersgesellschaft, militärwissenschaftliche Erkenntnisse in der Zeitschrift „Landesverteidigung" herauszugeben. Diese trug bereits den Untertitel „Österreichische Militärische Zeitschrift", der dann ab Jänner 1963 zum Haupttitel gemacht wurde.

Heute befindet sich das Bundesheer in einem Transformationsprozess, der es an die gegebenen sicherheitspolitischen Notwendigkeiten anpassen soll. Gerade in solchen Zeiten des Umbaues besteht ein besonderer Bedarf an qualifizierter Fachinformation über neue Entwicklungen in den Bereichen Sicherheitspolitik, Polemologie und Militärwissenschaft. Und zeitlos ist nicht nur die Forderung an den Soldaten nach der Beherrschung des militärischen Handwerks, sondern auch die Beschäftigung mit den Human-, Sozial- und Geisteswissenschaften sowie das Einbeziehen der Realitäten des gesellschaftlichen Umfeldes in die Beurteilung der Lage in Friedens- und Krisenzeiten. Das Nachdenken über politisch-strategische Entwicklungen im In- und Ausland sowie das Mitwirken in politisch-militärischen Partnerschaften und Bündnissen erfordert Umgangsformen, Bildung und immer öfter diplomatische Fähigkeiten.

Ohne die Bedeutung und den Wert anderer militärwissenschaftlicher Zeitschriften auch nur im Geringsten schmälern zu wollen, ist aber die von Erzherzog KARL 1808 gegründete „Österreichische Militärische Zeitschrift" tatsächlich das älteste seit dieser Zeit noch existierende Periodikum für den militärisch-wissenschaftlichen Bereich.

Brigadegeneral Karl Heinrich SCHREINER, Direktor für Lehre an der Führungsakademie der Bundeswehr in HAMBURG, schrieb zum 200-jährigen Jubiläum der ÖMZ:

„Die ‚Österreichische Militärische Zeitschrift' (ÖMZ) hat seit 200 Jahren eine wesentliche Funktion erfüllt und in einem breiten Spektrum qualifizierte, wissenschaftlich fundierte Beiträge geliefert. Im deutschsprachigen Raum ist sie einzigartig und auch in Zukunft nicht ersetzbar. Ihre besonderen Stärken sind der hohe wissenschaftliche Gehalt und die zukunftsfähige Vielfalt der Beiträge sowie die systematische Analyse der sicherheitspolitisch und militärisch relevanten globalen und regionalen Ereignisse. [...] Das Themenspektrum der ÖMZ deckt sich zu einem signifikant hohen Anteil mit den Ausbildungsinhalten in der deutschen (General-/Admiral-)Stabsoffiziersausbildung. Ich gratuliere der Österreichischen Militärischen Zeitschrift (ÖMZ) sehr herzlich zu ihrem Geburtstag und wünsche mir als langjähriger, unverändert begeisterter Leser, dass die herausragende Bedeutung dieser Zeitschrift und ihr Erscheinen – möglichst lange auch in der hervorragenden Druckausgabe – auf dem Weg in die Wissensgesellschaft erhalten werden kann."

Der Chefredaktor der Militärzeitschrift „SCHWEIZER SOLDAT", Oberst Dr. Peter FORSTER, hielt zum Jubiläum fest:

„[...]Ein leuchtendes Beispiel ist die jubilierende ÖMZ. Der Schreibende hat in den 90er-Jahren des vergangenen Jahrhunderts mehrere schwierige militärische Aufträge am Balkan erfüllt. Stets verließ er sich auf die vorzügliche Balkan-Berichterstattung der ÖMZ, ja man kann sagen: Ohne die gründlichen und verlässlichen Analysen der ÖMZ wären die Aufträge nur schwer zu erfüllen gewesen. Gleiches gilt für die vielen sachkundigen Artikel, die seit Jahrzehnten über den Nahen Osten erscheinen: sachlich, kompetent, aktuell, das Gegenteil vom Kampagnen- und Klagenjournalismus etlicher ziviler Medien."

1.3 Die Gründung der Akademie der Wissenschaften (ÖAW) 1847

Die Bemühungen um die Einrichtung einer kaiserlichen Akademie der Wissenschaften in WIEN sind seit dem Beginn des 18. Jahrhunderts nachweisbar. Bereits Gottfried Wilhelm LEIBNIZ (1646–1716), der im Jahre 1700 eine Akademie in BERLIN („Societät der Wissenschaften") gegründet hatte, versuchte ein ähnliches Unternehmen in WIEN, es kam aber zu keiner Realisierung. Dann versuchte eine Gruppe österreichischer Gelehrter (Vorsitz: Apostolo ZENO) die Idee weiterzuverfolgen, war aber auch erfolglos. Eine weitere Anregung kam vom Leipziger Professor Johann Christoph GOTTSCHED im Jahre 1749, zugleich erarbeitete der österreichische Freiherr Joseph von PETRASCH einen Antrag zur Gründung einer „Akademie der Wissenschaften, Künste und angenehmen

Kenntnisse". Beide Vorschläge kamen über das Entwurfsstadium nicht hinaus. Erfolglose Beratungen über eine Akademiegründung gab es auch in den Jahren 1774/75 im Zuge einer Neuordnung des gesamten Unterrichtswesens durch Maria Theresia.

Mit einer Bittschrift von zwölf Gelehrten an den kaiserlichen Hof im Jahre 1837, an ihrer Spitze der Orientalist und Historiker Joseph Freiherr von HAMMER-PURGSTALL (1774–1856), traten die Bestrebungen der Akademiegründung in eine konkrete Phase. Neben HAMMER-PURGSTALL waren Joseph ARNETH, Andreas BAUMGARTNER, Franz Ritter von BUCHHOLZ, Joseph CHMEL, Andreas von ETTINGSHAUSEN, Josef Franz Freiherr von JACQUIN, Bartholomäus KOPITAR, Joseph Johann von LITTROW, Johann Joseph PRECHTL, Karl Franz SCHREIBERS und Ferdinand WOLF die Unterzeichner der Bittschrift. Es kam aber, nicht zuletzt auch wegen Meinungsverschiedenheiten in Gelehrtenkreisen über die Zweckmäßigkeit einer Wiener Akademiegründung, zu keinem positiven Ergebnis.

Zehn Jahre nach dem Misserfolg von 1837 kam es doch zur Gründung und Einrichtung der Wiener Akademie, wobei einerseits die nunmehr positive Haltung des Staatskanzlers Clemens Fürst METTERNICH (er wurde 1848 zum Ehrenmitglied gewählt) eine entscheidende Rolle spielte, andererseits gerade die Zeitspanne zwischen 1837 und 1847 den Wissenschaften, und hier besonders den Naturwissenschaften und der Medizin, in Österreich einen erheblichen Wissenszuwachs verschaffte. Darüber hinaus gab es mittlerweile in fast allen europäischen Ländern derartige Einrichtungen.

Kaiser FERDINAND I. dekretierte mit Handschreiben an Erzherzog JOHANN bereits am 2. Juli 1846: *„[...] Ich habe Mich bewogen gefunden eine Akademie der Wissenschaften in Wien zu begründen, und ernenne Euer Liebden in Würdigung Ihrer umfassenden Kenntnisse in den bezüglichen gelehrten Fächern zum Curator der gedachten Akademie. [...]“.*

Nach mehreren Verhandlungsrunden mit dem Kurator und den Gelehrten unterbreitete am 6. Mai 1847 der Staatskanzler dem Kaiser den Entwurf für das Patent, die Fassung der Statuten und die Liste der 40 ausgewählten Kandidaten mit den Anträgen über deren Ernennung und die von ihnen vorzunehmenden Wahlen. Kaiser FERDINAND I. erteilte am 14. Mai 1847 diesen Anträgen seine Genehmigung und unterzeichnete das Gründungspatent, somit ist dieser Tag der Allerhöchsten kaiserlichen Entschließung der Gründungstag der kaiserlichen Akademie der Wissenschaften.

Zugleich erging ein Handschreiben Kaiser FERDINANDs I. an den Hofkammerpräsidenten Karl Friedrich Freiherr von KÜBECK, welches betreffend der (provisorischen) Unterbringung der Akademie festhielt: *„[...] Sollten der sofortigen definitiven Zuweisung der erforderlichen Localitäten an die Akademie Hindernisse in den Weg treten, so wird die Ausmittlung eines provisorischen Lokales in das Auge zu fassen seyn, welches geeignet wäre, der Akademie für ihre vorbereitenden Sitzungen zur Unterkunft zu dienen und ist hierbey vorzugsweise das Lokale des polytechnischen Gebäudes zu berücksichtigen. [...]“.*

Nachdem die Gründung der Akademie durch die kaiserliche Entschließung vom 14. Mai 1847 vollzogen und durch die Veröffentlichung des Patentes und der ernannten 40 wirklichen Mitglieder in der „Wiener Zeitung" am 17. Mai 1847 verlautbart worden war, bildeten die Wahl des Präsidiums und die Ausarbeitung der Geschäftsordnung die nächsten Aufgaben. Der Kurator der Akademie, Erzherzog JOHANN, lud mit Rundschreiben die ernannten Mitglieder zur konstituierenden Sitzung der Akademie am 27. Juni 1847 im k.k. polytechnischen Institut in Wien ein: *„Euer Wohlgeboren, verfehle ich nicht, davon zu benachrichtigen, wie es mir erforderlich scheint, daß die [...] ernannten Mitglieder [...] nunmehr sobald als thunlich die ihnen zunächst obliegende Aufgabe der Wahl ihrer Vorstände und Sekretäre zu lösen sich bestreben mögen. [...] Indem ich diese Mittheilung schließe, kann ich nur wünschen, daß die Mitglieder der Akademie sich am Eingangs erwähnten Tage recht zahlreich in Wien einfinden mögen, um ihr Interesse an dieser mit Allerhöchster Munifizenz ausgestatteten Institution zu bethätigen. [...]"* Bei dieser Sitzung wurden Joseph Freiherr von HAMMER-PURGSTALL zum Präsidenten, Andreas BAUMGARTNER zum Vizepräsidenten, Andreas von ETTINGSHAUSEN zum Generalsekretär und Ferdinand WOLF zum Sekretär gewählt.

Mit der Vollendung der Geschäftsordnung, vom Kaiser am 23. November 1847 genehmigt, war die Voraussetzung für den Beginn der ordentlichen Sitzungen der Akademie gegeben. Die Zahl der wirklichen Mitglieder wurde auf 48 (je 24 für die beiden Klassen) erhöht, dazu kamen 72 korrespondierende (je 36 im In- und im Ausland) sowie 24 Ehrenmitglieder (8 im Inland, 16 im Ausland).

Am 2. Februar 1848 fand unter Leitung des Kurators, Erzherzog JOHANN, die erste feierliche Sitzung der kaiserlichen Akademie der Wissenschaften im Festsaal des Niederösterreichischen Landhauses (WIEN, Herrengasse 13) statt. In seiner Eröffnungsansprache führte der Kurator aus: *„ [...] Groß ist die Erwartung von Ihrem gemeinsamen Wirken, groß ist die Forderung der Zeit, bedeutend sind die Leistungen älterer und neuerer wissenschaftlicher Vereine; mit diesen treten Sie als Vertreter der wissenschaftlichen Kräfte eines mächtigen Staates in die Schranken. An Ihnen ist es nun, die Aufgabe mit Ernst, Beharrlichkeit und einträchtigem Zusammenwirken zu lösen. [...]"*.

In seiner Festrede führte der Präsident, Joseph Freiherr von HAMMER-PURGSTALL, zur Funktion der Akademie aus: *„[...] Die Akademie ist keine Schule, sondern ein Richterstuhl wissenschaftlicher Leistungen in letzter Behörde; als solche beantwortet sie wissenschaftliche Fragen, welche ihr die Staatsverwaltung vorlegt, hilft keimenden Talenten zu ihrer Entwicklung und reifenden zu ihrer Vollendung; sie sendet Reisende zur Erforschung der Natur oder der Geschichte in wenig bekannte Länder oder Archive aus, prüft die von schöpferischen Geistern gemachten Versuche und stellt in Entdeckungen mit anderen Anstalten dieser Art rühmlichen Wettlauf an. [...] Der diplomatische Verkehr zwischen Reichen und Höfen wird durch Gesandtschaften, der des Handels und Wandels durch Straßen und Canäle unterhalten; die Organe des wissenschaftlichen Verkehres der Reiche sind die Akademien.[...] Demselben gibt Österreich das schönste Unterpfand vereinten brüderlichen Strebens zum hohen Ziele geistiger Herrschaft durch die Stiftung der kaiserlichen Akademie. [...]"*.

1.4 Erzherzog Johann von Österreich (1782–1859)

Erzherzog JOHANN wurde als Angehöriger des Kaiserhauses (natürlich) zum Soldaten erzogen, aber er hatte großen Einfluss auf die verschiedensten Lebensbereiche, vor allem aber auf die Bildung und auf die Wissenschaften. Für JOHANN hatte Wissenschaft immer auch die Aufgabe, das geistige und (vor allem) materielle Dasein des Volkes zu verbessern. In aller gebotenen Kürze wollen wir einige der Leistungen JOHANNs, eines Reformers, Modernisierers und Gründers großen Zuschnitts, anführen:

- Das Militärwesen spielte im Leben Erzherzog JOHANNs durch 50 Jahre eine wesentliche Rolle: als Armeebefehlshaber 1800, als Befehlshaber 1805 und wieder als Armeebefehlshaber 1809 sowie schließlich als Kommandant der Belagerungstruppen vor HÜNINGEN 1815 erlebte er die Franzosenkriege. Als **Oberdirektor der Ingenieurakademie** und des Wiener Neustädter Kadettenhauses (der späteren Theresianischen Militärakademie) nahm er Einfluss auf das militärische Bildungswesen eines halben Jahrhunderts. Und ebenso lange war er als **General-Geniedirektor** (siehe Abb. 3) **für das Befestigungswesen der Monarchie** verantwortlich. Dazu kommt seine maßgebliche Rolle bei der Gründung und Aufstellung der Landwehr (1808; eine Konzeption, die in der Zweiten Republik 1978 modernisiert umgesetzt wurde), so dass man fast sagen könnte, Erzherzog JOHANN sei ein Berufsoffizier gewesen.
- Seine bedeutendste Schöpfung war und ist das „Joanneum" in GRAZ, das älteste, der Öffentlichkeit gewidmete Museum und zugleich das größte Landesmuseum in Österreich. Es entstand 1811 als Lehranstalt für angewandte Naturwissenschaften, aus ihr gingen das Landesmuseum, die Landesbibliothek und das Landesarchiv hervor.
- Die Bemühungen Erzherzog JOHANNs, in der Steiermark eine „Lehrkanzel für Eisenhüttenkunde" zu schaffen, führten zur Eröffnung der „Montan-Lehranstalt" in VORDERNBERG (1840). Diese wurde nach LEOBEN übersiedelt (1849) und zur „Bergakademie" erhoben, seit 1975 heißt sie „Montanuniversität LEOBEN".
- **1843 wurde JOHANN zum Mitbegründer der Österreichischen Akademie der Wissenschaften, welche er als Kurator 1848 mit der ersten feierlichen Sitzung eröffnete.** Zum Freundeskreis JOHANNs zählten u. a. Joseph Freiherr von HAMMER-PURGSTALL und Anastasius GRÜN.
- Erzherzog JOHANN erkannte schon früh die Bedeutung der Eisenbahn für die Wirtschaft und das Militär. Er setzte durch, dass die Bahnlinie WIEN–TRIEST über den Semmering – und nicht, wie geplant war, durch Westungarn – gebaut wurde. 1844 eröffnete Erzherzog Johann höchstpersönlich die Teilstrecke MÜRZZUSCHLAG–GRAZ, die gesamte Strecke von WIEN bis TRIEST war ab 1857 befahrbar.
- Die von JOHANN gegründete Realschule in GRAZ (1845) führte 1870 zur Gründung der Technischen Hochschule, heute: Technische Universität GRAZ.

Abb. 3: Erzherzog JOHANN als Generalgeniedirektor

Erzherzog JOHANN verstand Sicherheit in einem umfassenden Sinne:

- die Armeereformen und die Einrichtung der Landwehr waren Schutz & Hilfe für das Land und sicherten die Freiheit;
- die Bemühungen um den Kartoffelanbau und die Verbesserung der Landwirtschaft dienten der Versorgungssicherheit;
- die Volksbildung, Errichtung von Spitälern und Wohnhäusern gaben soziale Sicherheit;
- die Gründung der Brandschadensversicherung und der Sparkasse dienten der materiellen Sicherheit.

2 Die Zeit von 1847 bis 1918

Die kaiserliche Akademie der Wissenschaften hatte die ersten zehn Jahre ihres Bestandes, provisorisch untergebracht in den Räumlichkeiten des Polytechnischen Institutes in WIEN, (heute: Technische Universität Wien am Karlsplatz, Bereich Böckl-Saal) zur Überwindung der Anfangsschwierigkeiten genutzt. In seinem Festvortrag anlässlich des 100-Jahr-Jubiläums der Akademie im Jahre 1947 hielt der damalige Vizepräsident Richard MEISTER über die Anfangsjahre fest:

„In dieser großen Tradition des Aufstiegs der Wissenschaft in den vierziger Jahren des vergangenen Jahrhunderts steht auch die Gründung unserer Akademie. Zwar umfaßte sie bei der Gründung noch nicht die Gesamtheit ihrer jetzigen Wissenschaften, sie war beschränkt auf das, was man damals die positiven Wissenschaften nannte, das heißt Mathematik und Naturwissenschaften einerseits, Geschichte, Geographie, Archäologie und die philologischen Disziplinen andererseits. Aber schon im Jahre 1848 errang sie die Einbeziehung der Philosophie, der Staatswissenschaften und der theoretischen Medizin. Damit war ausgesprochen, daß der Kreis der akademischen Wissenschaften kein geringerer sein darf als der Kreis der Wissenschaft überhaupt, die Akademie als die Stätte der Einheit und Gesamtheit der Wissenschaft ausgesprochen und erkannt. [...] Die Akademie war ja geschaffen als Stätte des Austausches von Ideen und Ergebnissen der österreichischen Wissenschaft, vor allem aber auch als Stätte wissenschaftlicher Gemeinschaftsarbeit zur Ausführung von Aufgaben, wie sie nur durch das Zusammenwirken einer Mehrheit von Forschern und deren wissenschaftlichen Hilfskräften verwirklicht werden und oft erst über Generationen hin vollbracht werden und zu Ende kommen können."

Schon in der ersten Sitzung der philosophisch-historischen Klasse oder, wie sie damals noch hieß, der historisch-philologischen Klasse, wurden *„jene zwei grundlegenden Publikationen geschaffen, in denen heute auch noch die Akademie vornehmlich ihre Arbeiten auf dem Gebiete der Geschichte niederlegt, das Archiv für österreichische Geschichte und die Fontes rerum Austriacarum, die Quellen zur österreichi-*

schen Geschichte." Und auf dem Gebiet der klassischen Philologie wurde ebenfalls ein auf Jahrzehnte hin angelegtes Werk, die Herausgabe eines Corpus lateinischer Kirchenschriftsteller, in Angriff genommen.

In der mathematisch-naturwissenschaftlichen Klasse war es die *„systematische Anstellung meteorologischer Beobachtungen",* wobei es durch Spenden an die Akademie ermöglicht wurde, *„eine Reihe von meteorologischen Beobachtungsstationen im damaligen Österreich zu schaffen".* Diese Tätigkeiten waren so erfolgreich, *„daß der Staat im Jahre 1851 bereits eine staatliche Anstalt für Meteorologie und Erdmagnetismus, wie sie damals hieß, geschaffen hat* (Anm.: heute Zentralanstalt für Meteorologie und Geodynamik; ZAMG). *Als zweite große Arbeit nahm die junge Akademie auf naturwissenschaftlichem Gebiet die Erschließung des Bodens Österreichs in seinem geologischen Aufbau in Angriff."*

2.1 Das Haus der ÖAW

Das Gebäude, das seit 1857 die Österreichische Akademie der Wissenschaften beherbergt, war unter Kaiserin Maria Theresia als „Neue Aula" der Wiener Universität errichtet worden. Der Bauplatz befand sich deshalb in jenem Stadtviertel, in dem seit dem späten 14. Jahrhundert die Universität angesiedelt war. Maria Theresia wollte die an Platznot leidende Universität in würdiger Weise unterbringen und forderte daher den Neubau eines Universitätshauses. Dieses Gebäude am damaligen Universitätsplatz wurde 1753–55 nach Plänen des lothringischen Architekten Jean Nicolas JADOT errichtet, die Ausführung besorgten Johann ENZENDORFER, Daniel Christoph DIETRICH und Johann Adam MÜNZER. Die feierliche Eröffnung des im Sommer 1755 vollendeten Baues fand am 5. April 1756 statt. Das neue Universitätsgebäude konnte nicht alle existierenden – und bisher verstreuten – Lokalitäten, die bereits seit längerem in universitärer Weise genutzt wurden, ersetzen. Der Neubau war in der Konzeption Maria Theresias gleichsam als „Universitätshauptgebäude" und als ideelles Zentrum anzusehen.

Das Gebäude, später „Aula der Alten Universität" genannt, wurde bis 1848 nur für Zwecke der Universität verwendet. Es war eines der Zentren der „bürgerlichen Revolution" von 1848 und der Hauptversammlungsort der am 14. März gegründeten „Akademischen Legion", das Wort „Aula" wurde zum Synonym für den studentischen Radikalismus. Die „Akademische Legion" war eine bewaffnete Vereinigung von Studenten und graduierten Mitgliedern der Universität. Sie war Teil der Nationalgarde und bestand aus fünf Korps (Juristen, Mediziner, Philosophen, Polytechniker und Kunstakademiker), die Gesamtstärke der „Akademischen Legion" betrug im Juli 31 Kompanien (rund 4.600 Mann), das Kommando hatte Ferdinand Graf COLLOREDO-MANNSFELD übernommen. Im Oktober betrieb ihr Ausschuss die Mitwirkung an der revolutionären „Verteidigung" Wiens gegen die Truppen des Fürsten Alfred WINDISCH-GRAETZ. Nach dem Fall der Stadt streckten die Legionäre ihre Waffen. Die Aula wurde am 31.10.1848 vom Militär besetzt und diente fortan bis Ende 1856 als Kaserne („Aulakaserne").

Am 3. Jänner 1857 konnte das Gebäude der kaiserlichen Akademie der Wissenschaften übergeben werden, die erheblichen Kosten für die Wiederherstellung und Adaptierung wurden vom Staat geleistet. Am 29. Oktober 1857 erfolgte eine offizielle Übergabefeier, bei der der Initiator, damalige Kurator und Ehrenmitglied der Akademie, Innenminister Alexander Freiherr von BACH, Folgendes formulierte: *„[...] Die kaiserliche Akademie der Wissenschaften [...] ziehet in die Hallen dieses herrlichen Gebäudes ein, um daselbst für immer ihren Sitz aufzuschlagen. [...] In der That konnte das Erbe der unsterblichen Kaiserin keine bessere Widmung erhalten als durch die Zuweisung an die Akademie. [...]“*. Franz GRILLPARZER, Akademie-Mitglied der ersten Stunde, kommentierte die Übersiedlung so: *„Man sucht euch eine Wohnung aus. Wer doch eine gleiche hätte! Die Wissenschaft hat nun ein Haus; doch hat sie drum eine Stätte?“* Den Festvortrag bei dieser Übergabefeier hielt Andreas ETTINGSHAUSEN, Gründungsmitglied und erster Generalsekretär der Akademie, zum Thema: „Die Principien der heutigen Physik".

Abb. 4: Haus der ÖAW (Foto: ÖAW)

Im Feuilleton kommentierte „Die Presse" vom 30.10.1857 auf Seite 1: „[...] *Eine würdigere Nachfolgerin [...] konnte unsere von dort durch Waffengeklirre verscheuchte [...] alma mater wirklich nicht finden, als gerade die Akademie der Wissenschaften. Möge dieses mit so reichen Mitteln ausgestattete gelehrte Institut im zweiten Decennium seiner Existenz sich daselbst bald zu einer erhöhten und weiter ausgreifenden Thätigkeit ermuntert fühlen, da seine bisherige zehnjährige Wirksamkeit, ohne Hintergedanken sei es gesagt, beinahe spurlos an dem vaterländischen Publicum vorübergegangen. [...]* ".

2.2 Akademie und Kriegsmarine oder „Flagge zeigen"

Kaiser FRANZ JOSEPH hatte in seiner langen Regierungszeit immer wieder deutlich gezeigt, dass er für keines seiner Herrscherrechte so bereit war bis zum Äußersten zu kämpfen, wie für sein Verfügungsrecht über die bewaffnete Macht. Dementsprechend war auch seine Einstellung zur Armee. Wenn er am Anfang seiner Regierung noch daran gedacht haben mochte, diese gegebenenfalls, so wie seine Vorgänger, auch als außenpolitisches Machtmittel zu gebrauchen, so war sein Glaube daran nach den Erfahrungen von 1859 (MAGENTA und SOLFERINO) und 1866 (KÖNIGGRÄTZ) wohl stark ins Wanken geraten. Aber als innenpolitischer Faktor, als Stütze der Herrschaft seines Hauses und vor allem als Klammer des Zusammenhalts der Völker schien ihm gerade im Hinblick auf die zunehmenden nationalen Spannungen eine verlässliche Armee unabdingbar. Durch den „Ausgleich" mit UNGARN von 1867 waren fast alle gesamtstaatlichen Institutionen vernichtet worden, wodurch sich die Armee von einem Machtmittel der Außenpolitik zu einem gewichtigen Faktor für den inneren Zusammenhalt gewandelt hatte.

Natürlich verfügte das Habsburgerreich als europäische Großmacht auch über eine Kriegsmarine (ab 1719 gab es eine ständige österreichische Kriegsmarine zum Schutz der Handelsschiffe gegen Mittelmeer- und Adriapiraten und die bewaffnete Donauflotte), aber sie wurde vom Kriegsministerium in WIEN eher als lästiges Anhängsel betrachtet und war darüber hinaus fest in italienischer, vor allem venezianischer, Hand. Sogar die Kommandosprache war italienisch. Die Kriegsereignisse 1848/49 in ITALIEN brachten ein vorsichtiges Umdenken und eine neue Zeit für die Kriegsmarine: der Zentralkriegshafen wurde von der (unsicheren) Lagunenstadt VENEDIG nach POLA verlegt, für die Reorganisation der Marine warb man Deutsche und Skandinavier, vor allem auch Dänen, als Spezialisten an. Mit der SMS „HUSAR" hatte man 1853 das erste Kriegsschiff mit einer rein nichtitalienischen Besatzung, im selben Jahr wurde die deutsche Kommandosprache eingeführt. Kaiser FRANZ JOSEPH betraute seinen Bruder Erzherzog FERDINAND MAXIMILIAN 1854 mit dem Kommando über die zu reorganisierende Kriegsmarine. Und dieser Erzherzog reorganisierte sie wirklich, er hatte vernünftige Pläne und Ideen sowie einen besonderen Widerpart in der Person des damaligen Linienschiffskapitäns (und späteren Admirals) Wilhelm von TEGETTHOFF. Noch im Jahre seiner Kommandoübernahme wurde die auf einer englischen Werft gebaute Schraubenfregatte „RADETZKY" in Dienst gestellt. Dem allgemeinen Trend (weg vom Holzschiff, hin zum gepanzerten Schiff) folgend, hatte Österreich 1861 sein erstes Panzerschiff, den „DRACHEN", auf Stapel gelegt. Bis 1866 wurden weitere sechs dieser Gattung in den Dienst gestellt.

Als europäische Großmacht musste man „Flagge zeigen", deshalb ordnete Erzherzog FERDINAND MAXIMILIAN als Oberkommandant der Marine im Jahre 1856 an, dass durch ein österreichisches Kriegsschiff eine Reise nach INDIEN und CHINA durchgeführt werde. Die unmittelbaren Zwecke dieser Expedition waren die militärische Schulung und die Förderung des österreichischen Handels. Der zum Befehlshaber ausersehene Freiherr von WÜLLERSTORF-URBAIR gewann den Erzherzog für den Plan, die Fahrt zu einer Erdumsegelung zu erweitern und auch Gelehrte zur Ausführung von Exkursionen und zur Anlage von Sammlungen einzuladen. Die Akademie der Wissenschaften wurde aufgefordert, wissenschaftliche Teilnehmer zu nennen und sie mit Instruktionen und Instrumenten zu versehen. Die „Bemerkungen und Anweisungen für die Naturforscher, welche die Expedition von S. k. und k. apostolischen Majestät Fregatte ‚Novara' unter dem Commando des Herrn Obersten Bernhard von Wüllerstorf-Urbair begleiten", wurden von der Akademie-Kommission zur Durchführung der Expedition „Novara" (ihr gehörten u. a. ETTINGSHAUSEN und SCHRÖTTER an) ausgearbeitet und umfassten 146 Seiten! So lief die Fregatte „NOVARA" [benannt nach der Schlacht bei NOVARA (1849)] als erstes kaiserliches Kriegsschiff zu einer Weltumsegelung und zur ersten großen wissenschaftlichen Mission der Kriegsmarine aus (30. April 1857 bis 26. August 1859). Sie stand unter dem Kommando von Commodore Bernhard von WÜLLERSTORF-URBAIR, die von der „Kaiserlichen Akademie der Wissenschaften in WIEN" bestimmten Fachgelehrten wurden vom Geologen Ferdinand von HOCHSTETTER und dem Zoologen Georg von FRAUENFELD angeführt.

Die Fregatte segelte über GIBRALTAR, MADEIRA, RIO DE JANEIRO zum KAP DER GUTEN HOFFNUNG. Im Indischen Ozean besuchte die Expedition die Inseln St. PAUL und AMSTERDAM. Es ging dann weiter über CEYLON und MADRAS nach SINGAPUR. Nächste Stationen der Reise waren JAVA, MANILA, HONGKONG, SHANGHAI und die SALOMON-Inseln. Die „NOVARA" segelte weiter nach SYDNEY, von wo aus AUCKLAND und TAHITI angelaufen wurden. Die Rückreise führte über VALPARAISO und um das KAP HOORN noch zu den AZOREN.

Bei der Landung in AUCKLAND ging Ferdinand von HOCHSTETTER von Bord, um gemäß eines Antrages der Regierung von NEUSEELAND die Kohlenfunde in diesem Gebiet näher zu untersuchen und einen Bericht darüber abzugeben. Dieser Bericht bewog die Regierung, mit dem Chef der NOVARA-Expedition, Freiherr von WÜLLERSTORF, ein Übereinkommen zu treffen, in Folge dessen HOCHSTETTER auf NEUSEELAND blieb, um die geologischen und physikalisch-geographischen Verhältnisse zu untersuchen. Nicht nur die erste geologische Kartierung der Inseln, sondern auch zahlreiche topographische Karten und das erste in deutscher Sprache geschriebene Werk über NEUSEELAND waren die Resultate dieser Arbeit. Gemeinsam mit dem deutschen Geographen Julius Ritter von HAAST wurden von HOCHSTETTER ausgedehnte Kohlelager und Goldvorkommen entdeckt. HOCHSTETTER studierte auch eingehend den Vulkanismus der beiden Inseln. Eine kostbare Sammlung, die unter anderem Überreste der ausgestorbenen Riesenvögel NEUSEELANDs enthielt, hatte HOCHSTETTER nach WIEN mitgebracht und 1862 ein Buch darüber veröffentlicht.

Die NOVARA-Mission war wissenschaftlich höchst erfolgreich: umfassende Untersuchungen, insbesondere auf der Sankt-PAUL-Insel, den NIKOBAREN und auf NEUSEELAND, schufen die Grundlagen für künftige geologische Forschungen. Die meereskundlichen Untersuchungen, besonders im südlichen PAZIFIK, erhoben die Ozeanographie zu einer eigenen Wissenschaft. Die mitgebrachten Sammlungen an botanischem, zoologischem (26.000 Präparate) und völkerkundlichem Material bereicherten die österreichischen Museen (insbesondere das Naturhistorische Museum). Die während des ganzen Expeditionsverlaufes gemachten erdmagnetischen Beobachtungen vermehrten die wissenschaftlichen Kenntnisse auf diesem Gebiet wesentlich.

Seitdem die NOVARA-Expedition 1859 erstmals Blätter des Koka-Strauches nach WIEN gebracht hatte, beschäftigten sich zahlreiche Wissenschaftler mit den geheimnisvollen Wirkungen des aus dieser Pflanze gewonnenen Kokains. Auch Sigmund FREUD experimentierte mit dieser Substanz, von der unter anderem bekannt war, dass sie bei der Einnahme zu einem tauben Gefühl auf der Mundschleimhaut führt. FREUD war es auch, der den befreundeten Augenarzt Karl KOLLER auf Kokain aufmerksam machte. KOLLER war nun der erste, der (aufgrund von Tierexperimenten) die Bedeutung des Kokains als lokales Betäubungsmittel bei Augenoperationen erkannte und somit als Begründer der Lokalanästhesie gilt.

Die Resultate der Forschungsreise wurden in einem 21-bändigen Werk der Akademie der Wissenschaften, „Reise der österreichischen Fregatte Novara um die Erde" (1861–76), veröffentlicht. Dieses wissenschaftliche Reisewerk umfasst einen reisebeschreibenden, nautisch-physikalischen, statistisch-kommerziellen, zoologischen, botanischen, medizinischen, anthropologischen, linguistischen und geologischen Teil. Darüber hinaus wurden auch viele Ergebnisse in den „Sitzungsberichten der Kaiserlichen Akademie der Wissenschaften" veröffentlicht. Die NOVARA-Kommission der kaiserlichen Akademie der Wissenschaften erstattete ihren Schlussbericht am 18. Dezember 1876, der des Sekretärs der mathematisch-naturwissenschaftlichen Klasse, Josef STEFAN, erfolgte in der Akademiesitzung vom 29. Mai 1880. Die Akademie hatte dann noch die umfangreichen Sammlungen in Verwahrung, bis sie 1888 an das Naturhistorische Hofmuseum abgegeben wurden.[1]

Von 1862 bis 1865 bestand ein eigenes Marineministerium, in dem TEGETTHOFF an der Organisation der Flotte mitwirkte. Dann wurde die Marine als eigene Sektion in das Kriegsministerium eingegliedert und 1868 TEGETTHOFF Chef der Marinesektion. Dennoch lag das Schwergewicht des Reiches weiterhin am Lande und nicht auf der See. Außerdem hatte ja gerade die Seeschlacht von LISSA (1866) den Beweis erbracht, dass

---

[1] Anmerkung: Die SMS „NOVARA" transportierte Erzherzog FERDINAND MAXIMILIAN im Mai 1864 nach VERACRUZ, wo er zum Kaiser von MEXIKO gekrönt wurde. Nach seiner Absetzung und Erschießung wurde der Leichnam MAXIMILIANs auf ihr wieder zurück über den Atlantik in die Heimat transportiert (1867).

auch eine kleine Flotte (pikanterweise unter dem Kommando TEGETTHOFFs) bei guter Führung und Taktik Erstaunliches zu leisten vermag. Die Wünsche TEGETTHOFFs nach einer modernen Flottenrüstung blieben auch deswegen weitgehend unerfüllt. So wurden in den siebziger Jahren noch immer drei Fregatten und sechs Korvetten alten Stils, das heißt also Holzschiffe, gebaut, in derselben Zeit liefen nur vier Kasemattschiffe neuer Konstruktion vom Stapel. Erst 1887 erhielt die Kriegsmarine ihre ersten Turmschiffe, wieder sechs Jahre danach ihren ersten Panzerkreuzer. 1875 war Anton Freiherr BOURGUIGNON von BAUMBERG als erster Offizier der österreichischen Marine zum „Admiral" befördert worden. Er schuf die Grundlagen der neuen Seetaktik für Schraubenschiffe.

ÖSTERREICH-UNGARN verfolgte keine dynamische Außenpolitik und keine imperialistischen Ziele, vielmehr war die Beibehaltung des „Status quo" nach außen hin angesichts der gespannten innenpolitischen Lage der Mittelpunkt ihrer Bemühungen. Die Flotte war im Sinne dieser Bestrebungen ein geeignetes und willkommenes Instrument, um eine europäische Großmacht ohne Kolonien außerhalb des Kontinents zu repräsentieren.

Der für den Begriff Großmacht recht bescheidenen k.u.k. Kriegsmarine erwuchs damit eine gewaltige Friedensaufgabe, der sie sich von 1866 an mittels eines beachtlichen Missionsprogramms mit bemerkenswertem Erfolg unterzog. Angefangen von der Ostasienreise der Fregatte „DONAU" und der Korvette „ERZHERZOG FRIEDRICH" in den Jahren 1868 bis 1871 hatte die Marine bis zum Ausbruch des Ersten Weltkrieges zur Ausbildung ihres Nachwuchses, zu Zwecken der wissenschaftlichen Forschung, zur Anknüpfung und Erneuerung von Handelsbeziehungen oder auch nur aus dem einfachen Grund, um „Flagge zu zeigen", rund 85 große Missionsreisen durchgeführt, davon nicht weniger als 34 nach Ostasien beziehungsweise Australien. Dazu zählten auch die Reise des Kaisers FRANZ JOSEPH 1869 zur Eröffnung des SUEZ-Kanals und ins Heilige Land, die erneute Weltumsegelung, diesmal jene der Korvette „ERZHERZOG FRIEDRICH" (1874–1876; mit der Beobachtung des VENUS-Durchganges in YOKOHAMA am 8. Dezember 1874) und jene Weltreise, die der Thronfolger Erzherzog FRANZ FERDINAND in den Jahren 1892 und 1893 an Bord des Torpedorammkreuzers „KAISERIN ELISABETH" unternommen hatte.

Im Rahmen dieser großen Missionsreisen wollen wir noch beispielhaft auf drei eingehen: Admiral Maximilian Freiherr DAUBLEBSKY von STERNECK bereitete 1871 mit Graf Hans WILCZEK durch eine Erkundungsfahrt ins Nördliche Eismeer eine Nordpolexpedition vor. Diese führte in den Jahren 1872 bis 1874 Linienschiffsleutnant Carl WEYPRECHT (1838–1881) mit Oberleutnant Julius von PAYER (1842–1915) an Bord der „Admiral TEGETTHOFF" durch. WEYPRECHT war Wahlösterreicher, er trat 1856 als Seekadett in die österreichische Marine ein und wurde 1861 zum Offizier befördert. Vor seiner Polarexpedition mit PAYER, bei der er für die seemännischen Belange verantwortlich war, bereiste er den Orient sowie Teile AMERIKAs und zeichnete sich als Kartograph bei der Küstenaufnahme DALMATIENs aus. PAYER erhielt seine Ausbildung an der Militärakademie in WIENER NEUSTADT, war als junger Offizier in Norditalien stationiert und erforschte bzw. kartierte von dort aus einzelne Teile der Alpen. Dann begann er sich für die Erforschung der Polargebiete zu interessieren und nahm an der zweiten deutschen Nordpolarexpedition 1869/70 teil. Er war Mitglied der 17 Mann starken Besatzung des Hauptschiffes „GERMANIA", seine Aufgabe bestand in der kartographischen Landaufnahme und der Durchführung von Erkundungsfahrten mit Schlitten. Im Jahre 1871 startete PAYER unter der seemännischen Leitung von WEYPRECHT mit dem kleinen norwegischen Segelschiff „ISBJÖRN" die Erkundungsfahrt über das Meer zwischen SPITZBERGEN und NOWAJA SEMLJA. So konnte dann die große Nordpolexpedition 1872 starten: WEYPRECHT hatte als Kapitän das Kommando über das Schiff und PAYER für den Fall eines Rückzuges das unabhängige Weisungsrecht bei Landreisen. Zwei weitere Marineoffiziere, ein Regimentsarzt und 18 Mann Besatzung (alle ausnahmslos unverheiratet) vervollständigten die Mannschaft. Ziel der Nordpolexpedition war die „Erforschung der Meeresteile oder Länder im Norden von Nowaja Semlja" und – im besonderen Glücksfall – die Bewältigung der Nordostpassage. Am 13. Juni 1872 verließ die „Admiral TEGETTHOFF" (ein 220-t-Segelschiff mit 100-PS-Hilfsmotor) BREMERHAVEN, und die „ISBJÖRN", auf der sich der „gute Geist" Graf WILCZEK befand, begleitete sie bis zu den BARENTS-Inseln, nachdem auf SPITZBERGEN und NOWAJA SEMLJA Vorratslager angelegt worden waren. Am 20. August trat die „ISBJÖRN" die Rückreise an. Wenige Tage später, nördlich von NOWAJA SEMLJA, wurde die „Admiral TEGETTHOFF" überraschend von Eis eingeschlossen und mit diesem langsam nach Nordwesten in damals unbekannte Polargebiete abgetrieben. Man musste zur Kenntnis nehmen, nunmehr von der Drift des Eises und nicht von der eigenen seemännischen Kunst abhängig zu sein. Nach monatelanger Gefangenschaft im Treibeis entdeckten PAYER und WEYPRECHT das Franz-Joseph-Land (30. August 1873) mit der nördlichsten erreichten geographischen Breite von 81 Grad 38 Minuten, genannt „CAP SCHRÖTTER". Im Mai 1874 verließen die beiden Forscher ihr Schiff im Packeis und gelangten mit ihren Booten, die sie größtenteils über das Eis ziehen mussten, nach einem überaus mühseligen, fast dreimonatigem Marsch zur Küste von NOWAJA SEMLJA. Dort traf man nach zwei Wochen auf ein russisches Schiff, das die Mitglieder der Expedition nach NORWEGEN brachte. Die wissenschaftlichen Resultate der Nordpolexpedition (meteorologische, astronomische, geodätische und zoologische Ergebnisse) wurden 1878 im 35. Band der Denkschriften der mathematisch-naturwissenschaftlichen Klasse der Akademie veröffentlicht, die breite Öffentlichkeit erfuhr von ihnen durch PAYERs Buch „Die österreichisch-ungarische Nordpolexpedition in den Jahren 1872–74" (1876) und durch seine Gemälde, die einzigen, die je ein Polarforscher selbst von seinen Eindrücken und Taten gemalt hat (z.B. „Nordpolexpedition: Nie Zurück", 1892, Heeresgeschichtliches Museum, WIEN). WEYPRECHT hatte während der Expedition immer wieder das „Nordlicht" beobachtet. Glücklicherweise hat er trotz der unfreundlichen Bedingungen darüber regelmäßige Aufzeichnungen geführt, die viel zum späteren Verständnis des Nordlichtes beigetragen haben. Es kommt tatsächlich dadurch zustande, dass die vom Magnetfeld der Erde zu den Polen hin abgelenkte Teilchenstrahlung der Sonne Atome in der hohen Erdatmosphäre (100 km Höhe) zum Leuchten bringt. In WIEN häuften sich nach der Rückkehr der Expeditionsteilnehmer die Zweifel an der Wahrheit ihrer Erzählungen, worauf PAYER frustriert die Stadt verließ (nachdem er als Honorar für die

Entdeckung des Franz-Joseph-Landes 44 Gulden erhalten hatte) und sich ganz der Malerei widmete. Um die meist auf autobiographischen Erlebnissen beruhenden Bilder realistisch gestalten zu können, hat er dabei zur Übung einen Winter lang in der Münchener Anatomie nur Leichen gezeichnet. Seine Bilder waren jedenfalls so gut, dass PAYER als Maler besser bekannt wurde, denn als Forscher und Entdecker. In Ostgrönland wurde eine 2000 Meter hohe Bergspitze nach PAYER benannt, WEYPRECHT regte später die Einrichtung internationaler wissenschaftlicher Beobachtungsstationen in der Arktis an.[2]

Im Juni 1889 wandte sich Admiral Maximilian Freiherr DAUBLEBSKY von STERNECK mit der Anregung an die Akademie der Wissenschaften, *„werktätige Förderung einem Unternehmen angedeihen zu lassen, welches als aus der Initiative des ersten wissenschaftlichen Institutes der Monarchie entstanden und von demselben zu leiten, die Gewähr des Gedeihens in sich trägt und geeignet ist, dem Namen der Monarchie neue Ehren auf dem Gebiete wissenschaftlicher Forschung zuzuführen. "* Die mathematisch-naturwissenschaftliche Klasse hatte kurz zuvor eine Kommission für Meeresforschungen im östlichen Mittelmeer gewählt und nahm das Angebot des Marinekommandanten an. In den Jahren 1890 bis 1893 wurden nun durch das von der Kriegsmarine beigestellte Schiff „POLA" vier Kreuzungsfahrten im östlichen Mittelmeer durchgeführt und dabei durch Tiefenlotungen das Relief des Meeresbodens festgestellt, Untersuchungen der Temperatur des Wassers in der Tiefe, der chemischen Beschaffenheit des Wassers und ausgedehnte Erforschungen der Tiefseefauna vorgenommen. 1894 wurden zwei Expeditionen veranstaltet: die eine ging mit dem Kriegsmarineschiff „TAURUS" nach dem MARMARA-Meer, die zweite wieder mit dem Schiff „POLA" in die ADRIA, wo Messungen der Intensität der Schwere der Erde und zoologische Forschungen durchgeführt wurden. Eine weitere Expedition wurde in den Wintern 1895/96 und 1897/98 im Roten Meer veranstaltet, ihre Erforschungen betrafen hydrographische, meteorologische und geophysikalische Beobachtungen. Die Ergebnisse dieser Expeditionen sind in den Reihen der „Berichte der Kommission zur Erforschung des östlichen Mittelmeeres" (1892–1896) und „Berichte der Kommission für ozeanographische Forschungen" (1898–1909) gesammelt.

Am 2. Oktober 1895 lief das S.M. Kanonenboot „ALBATROSS" von POLA zu einer Forschungsreise nach den nordöstlich von Australien gelegenen SALOMON-Inseln aus, da – wie offiziell verlautbart – die Akademie der Wissenschaften in WIEN ein Interesse an der geologischen und biologischen Erforschung dieser Inseln hatte. Der wahre, aber streng

---

[2] Anmerkung: Das österreichische Bundesheer hat die Liegenschaft in der Leyserstrasse 19–21, 1140 WIEN, als „VEGA-PAYER-WEYPRECHT-Kaserne" benannt. PAYER und WEYPRECHT zur Erinnerung an die Arktis-Expedition, VEGA nach dem Mathematiker und Erfinder der Logarithmentafeln, Oberstleutnant Georg Freiherr von VEGA (1754–1802; war Navigationsingenieur in INNERÖSTERREICH, trat 1780 bei einem Feldartillerieregiment ein und wurde als Lehrer für Mathematik verwendet. VEGA ließ seine „Vorlesungen über Mathematik" in zwei Bänden im Buchhandel erscheinen und gab 1783 seine „Logarithmisch-trigonometrischen Tafeln" heraus. Er wurde 1786 Mathematikprofessor im Bombardierkorps und gab 1788 den dritten Band seiner mathematischen Vorlesungen heraus. Er konstruierte Mörser mit gesteigerter Schussweite und neuen Richtmitteln, die später auch als Küstenbatterien Verwendung fanden. 1794 bis 1797 wurde er zum Mitglied mehrerer wissenschaftlicher Gesellschaften ernannt. 1802 zum Oberstleutnant beim 4. Artillerieregiment befördert, konnte er seinen Dienst nicht mehr antreten, da er ermordet wurde.).

geheim gehaltene Zweck war ein anderer: Schon seit den Missionsreisen der Korvetten „SAIDA" (1892/94) und „FASANA" (1893/95) nach Australien hatte sich bei österreichischen Stellen die Hoffnung verstärkt, in MELANESIEN rentable Nickelerzlager auffinden zu können.

Bevor man sich, nach wochenlanger Seereise, dem Erkundungsgebiet näherte, nahm die „ALBATROSS" bei einer Zwischenlandung in SYDNEY den dort bereits wartenden k.u.k. bosnisch-herzegowinischen Bergrat Heinrich Freiherr FOULLON de NORBEECK mit einigen Herren seiner Begleitung an Bord. FOULLON war ein bekannter Geologe und hatte das Gebiet der SALOMONEN auch schon früher bereist. Am 6. August 1896 landete die „ALBATROSS" ein Landungsdetachement auf der Insel GUADALCANAR, mit dem FOULLON landeinwärts vorstieß. Die Expedition wurde am 10. August von den Einheimischen überfallen, FOULLON, ein Seekadett und zwei Matrosen wurden getötet, vier weitere schwer sowie zwei leicht verwundet. Mit dem Tode FOULLONs als dem Hauptexperten war das Unternehmen gescheitert, der Rückzug wurde angetreten und am 7. März 1898 lief die „ALBATROSS" wieder in POLA ein.

Bleibt noch Folgendes anzumerken: Erzherzog FERDINAND MAXIMILIAN war 1856 zum Ehrenmitglied der Akademie der Wissenschaften gewählt worden. Nach seinem Tode wurde diese Ehre im Jahre 1868 Admiral Wilhelm von TEGETTHOFF (der als Sieger von HELGOLAND und LISSA „*den Prinzipien der Wissenschaft, welche die Grundlage der heutigen Kriegskunst bilden, in genialer Weise bei der Verwendung seiner verhältnismäßig geringen Kräfte Rechnung getragen*" habe) zuteil; der Generalsekretär der Akademie, Anton Ritter von SCHRÖTTER-KRISTELLI, führte in der feierlichen Sitzung 1871 anlässlich des Todes TEGETTHOFFs wie folgt aus:

„Die Akademie besitzt das schöne Vorrecht Ehrenmitglieder zu wählen, welche nicht eben einer der beiden Classen, sondern der Gesammt-Akademie angehören. Sie wählt hiezu Männer, die in hervorragender Stellung, sich namhafte Verdienste um den Staat, sei es auf politischem Gebiete, sei es durch indirecte Förderung der Wissenschaft, oder durch sonstige das Gemeinwohl begünstigende und den Ruhm des Vaterlandes erhöhende Thaten erworben haben. Konnte da die Wahl der Akademie bei der durch den erschüttern- den Tod Kaiser Maximilian's dargebotenen Gelegenheit im Jahre 1868 zweifelhaft sein? Hatte die Wissenschaft nicht auch ihren Antheil an den Siegen von Helgoland und Lissa? Weder das Heldenherz Tegetthoff's noch sein eiserner Arm würden diese Siege erfochten haben, hätte er nicht den Principien der Wissenschaft, welche die Grundlage der heutigen Kriegskunst bilden, in genialer Weise bei der Verwendung seiner verhältnißmäßig gerin- gen Kräfte Rechnung getragen. Der Tod hat ihn uns in der Blüte seiner Manneskraft ent- rissen! Österreich, die Welt weiß, was sie an ihm verloren! Wenn heute der Name Tegetthoff als Symbol des höchsten Kriegsruhmes gilt, so wissen wir, daß mit diesem sein ganzes Verdienst noch lange nicht erschöpft ist. [...] Er machte die Marine stark, weil er sie nach einem einheitlichen Gedanken organisierte, dem sein eben so unglücklicher als edler kai- serlicher Freund, an dessen Stelle er in die Akademie trat, den ersten Ausdruck gab."

Vize-Admiral Bernhard Freiherr von WÜLLERSTORF-URBAIR, Kommandant der NOVARA-Expedition, hatte sich neben seiner militärischen Laufbahn auf das Studium der nautischen Astronomie verlegt, was zur Folge hatte, dass er der Sternwarte in WIEN zugeteilt wurde. Hier verbrachte er unter Karl LITTROWs Leitung zwei Jahre, wurde dann zum Linienschiffsfähnrich befördert sowie zum Direktor der Marine-Sternwarte in VENEDIG ernannt. Dies war mit der Verpflichtung, Unterricht in Astronomie und höherer Nautik zu erteilen, verbunden. Von der Berliner Akademie wurde WÜLLERSTORF mit der Herstellung der Karte des Sternbildes Orion beauftragt, welche – nahezu vollendet – beim Ausbruch der Revolution 1848, die zur raschen Abreise aus der Lagunenstadt zwang, leider verloren gegangen ist. Nach seinem Ausscheiden aus der Marine 1864 hat WÜLLERSTORF die staatsmännische Aufgabe des Handelsministers übernommen. Mit der von ihm initiierten Politik der mäßigen, nach allen Seiten hin (außer Russland) gleich gehaltenen Schutzzölle und dem Abschluss liberaler Handelsverträge (auf Basis der meistbegünstigten Nationen) schuf er eine neue wirtschaftliche Ära für Österreich. Im Postwesen wurden unter seiner Amtsführung die Portogebühren reduziert und die Korrespondenzkarten (nach einem Vorschlag des Emanuel HERRMANN, Professor an der Theresianischen Militärakademie in WIENER NEUSTADT und an der Technischen Hochschule WIEN) eingeführt. Nach seinen Plänen wurde der Dockhafen in Triest gebaut und er stellte die Weichen für ein umfassendes Eisenbahnbauprogramm. Schließlich berief unter seiner Führung das Handelsministerium die kaiserliche Akademie der Wissenschaften zur Leitung der vollständig neuen kartographischen Aufnahme und hydrographischen Untersuchung der physikalischen Verhältnisse des adriatischen Meeres. Rund dreißig Schiffe der Kriegsmarine waren an dieser Zusammenarbeit mit der Akademie der Wissenschaften beteiligt, die Ergebnisse wurden zwischen 1869 und 1880 in fünf Bänden der ADRIA-Kommission publiziert. Die Tätigkeit der Kommission fand durch die Verleihung von Auszeichnungen anlässlich der internationalen maritimen Ausstellung in NEAPEL 1871, der Ausstellung in TRIEST und der Weltausstellung in PARIS 1873 sowie des internationalen geographischen Kongresses in PARIS 1875 die verdiente Anerkennung. WÜLLERSTORF-URBAIR wurde 1867 zum Ehrenmitglied der Akademie ernannt.

Ferdinand HOCHSTETTER, einer der beiden wissenschaftlichen Leiter der NOVARA-Expedition, hatte das Studium der Theologie, Mineralogie und Geologie absolviert und 1852 die philosophische Doktorwürde erlangt. Anschließend arbeitete er vorerst als Hilfs-, dann als Chefgeologe bei den Aufnahmen der k.k. Geologischen Reichsanstalt im Böhmerwald, im Fichtel- und im Karlsbader Gebirge. Seine Arbeiten über diese Gebiete machten *„seinen Namen rasch in den weitesten Kreisen bekannt. Sie zeichnen sich durch eine genaue, von vorgefassten Theorien nicht beeinflusste Beobachtung der Thatsachen, durch vorsichtige Verwerthung derselben zu allgemeinen Schlüssen und durch eine musterhafte Darstellung aus"* (so der Bericht des Sekretärs der mathematisch-naturwissenschaftlichen Klasse Eduard SUESS bei der feierlichen Sitzung 1885 der Akademie). Nach der NOVARA-Mission und seinem Aufenthalt in NEUSEELAND kam HOCHSTETTER 1860 wieder nach WIEN und wurde zum Professor der Mineralogie und Geologie am polytechnischen Institut berufen. Dann wurde er 1865 zum korrespondierenden und schließlich 1870 zum wirklichen Mitglied der Akademie der Wissenschaften ernannt. Bei der feierlichen Akademiesitzung am 30. Mai 1874 hielt HOCHSTETTER den Festvortrag zum Thema „Die Fortschritte der Geologie".

Im Jahre 1868 hat HOCHSTETTER herausgefunden, dass ein Erdbeben in PERU am 13. August die Ursache für eine gewaltige Flutwelle an der Ostküste NEUSEELANDs am 14. August gewesen ist. Aus der „Reisegeschwindigkeit" dieser Welle durch den PAZIFIK war es ihm darüber hinaus gelungen, erstmals die mittleren Meerestiefen dieser Gebiete zu berechnen. Auf seinen zahlreichen Reisen stellte sich HOCHSTETTER die Frage nach der Entstehung der Vulkane. Da es nicht möglich war, wirkliche Lava künstlich herzustellen, suchte er eine vergleichbare Substanz, die bei niedrigerer Temperatur und unter verhältnismäßig niedrigem Druck im Wasser schmelzbar ist. Zufällig entdeckte er, dass Schwefel all diesen Anforderungen gerecht wurde. Anhand der Versuche mit seinen Miniatur-Schwefel-Vulkan-Modellen, über die HOCHSTETTER 1870 der Akademie der Wissenschaften berichtete, gelang es ihm, die Bildung von Vulkanen erstmals täuschend echt nachzuahmen und so deren Mechanismen zu erforschen. Im Jahre 1876 wurde HOCHSTETTER zum Intendanten des k.u.k. Naturhistorischen Hofmuseums ernannt und hatte die Aufgabe, die bisher getrennten Hofkabinette (das zoologische, botanische und mineralogische) zu einem einheitlichen Institut im neuen Gebäude an der Ringstraße zusammenzuführen. Er löste diese Aufgabe und erweiterte das Museum um die anthropologisch-ethnographische Abteilung, die auch die Sammlungen der prähistorischen Altertümer aufgenommen hat. Nach ihm sind der „Hochstetter-Dom" auf NEUSEELAND und der „Hochstetter-Fjord" auf GRÖNLAND benannt.

Johann Graf von WILCZEK (1837–1922), der die Nordpol-Expedition finanziell unterstützt, die Vorexpedition (Erkundungsfahrt) ausgerüstet und 1882, als Vorkämpfer der Ideen WEYPRECHTs zur internationalen Polarforschung, aus eigenen Mitteln die österreichische Beobachtungsstation auf der Insel JAN MAYEN (zwischen ISLAND und SPITZBERGEN) eingerichtet hatte, wurde als Dank für die großzügige Unterstützung der wissenschaftlichen Unternehmungen 1884 die Ehrenmitgliedschaft der Akademie der Wissenschaften verliehen. WILCZEK wurde 1875 Präsident der Geographischen Gesellschaft in WIEN und gründete nach dem Ringtheaterbrand (1881) die „Wiener Freiwillige Rettungsgesellschaft", deren Präsident er über viele Jahre war. 1908 leitete er nach dem Erdbeben von MESSINA die österreichische Hilfsexpedition und führte im Ersten Weltkrieg einen Lazarettzug, der rund 40.000 Verwundete in Sicherheit bringen konnte. Auf dem nordöstlich von SPITZBERGEN und nördlich von NOWAJA SEMLJA gelegenen Archipel, der aus rund 60 Inseln besteht und von PAYER und WEYPRECHT „Franz-Joseph-Land" genannt wurde, ist eine Insel nach WILCZEK benannt.

In seinem Festvortrag zur 100-Jahr-Feier der Akademie im Jahre 1947 hielt der damalige Vizepräsident Richard MEISTER über diese Zusammenarbeit im Staatsinteresse zwischen der Akademie und den Streitkräften fest: *„Aber auch an großen Unternehmungen, die das damalige Österreich ausführte, nahm die Akademie teil, so an der Expedition der von der österreichischen Kriegsmarine durchgeführten Erdumseglung durch das Schiff „Novara", wofür die Akademie die wissenschaftlichen Teilnehmer stellte und in einem stattlichen Sammelwerk die Ergebnisse alsbald veröffentlichen konnte. Als das*

Handelsministerium die Erforschung der physikalischen Verhältnisse der Adria verfügte, wurde die wissenschaftliche Leitung wiederum in die Hand der Akademie gelegt. Endlich hat die Akademie auch die Ergebnisse der österreichischen Nordpolexpedition aus den Jahren 1872 bis 1874 wissenschaftlich bearbeitet und veröffentlicht. So waren es eine ganze Reihe von wertvollen Unternehmungen und zugleich auch Aufgaben, die von staatlicher Seite in die Hände der jungen Akademie gelegt waren, an denen die Kräfte der Akademie erwuchsen, an denen sie sich zur Forschungsstätte wissenschaftlicher Gemeinschaftsarbeit entfalten konnte."

2.3 Von der k.k. Genieakademie zur k.u.k. Technischen Militärakademie

Im Rahmen der geplanten Neuorganisation der Armee wurde 1850 das Ingenieur-, Sappeur- und Mineurkorps zu einem „Geniekorps" vereinigt sowie die k.k. Ingenieurakademie deshalb folgerichtig in „k.k. Genieakademie" umbenannt.

Das Jahr 1851 brachte die Verlegung der k.k. Genieakademie von WIEN in das Kloster BRUCK bei ZNAIM und die Einrichtung einer Kommission zur einheitlichen Reform aller Militärbildungsanstalten.

Diese Reform trat 1852 in Kraft und es bestanden innerhalb der Streitkräfte nunmehr vier Akademien:

- die Theresianische Militärakademie in WIENER NEUSTADT,
- die Genieakademie im Kloster BRUCK bei ZNAIM,
- die Artillerieakademie in OLMÜTZ und
- die Marineakademie in TRIEST.

Durch diese Reorganisation des militärischen Bildungswesens gab es drei Gruppen von Bildungsanstalten: die Erziehungshäuser, welche Unteroffiziere ausbildeten und für die Übernahme in eine Akademie vorbereiteten, die Kadettenschulen oder -kompanien, die Unteroffiziere ausbildeten, welche zu Offizieren aufsteigen konnten, und die o. a. Akademien, an denen die Offiziersausbildung stattfand.

Am 1. November 1852 wurde die „Kriegsschule" in WIEN als höchste aller Militärbildungsanstalten gegründet. In dieser Schule sollten Offiziere aller Waffengattungen für höhere Posten, für den Generalstab und für die höhere Adjutantur in einem zweijährigen Lehrgang ausgebildet werden. Nach verschiedenen Lokalitäten fand die „Kriegsschule" von 1859 bis 1865 ihre Heimstätte im Sappeurtrakt auf der „LAIMGRUBE", dann ihre endgültige Heimat in einem Neubau (zwischen der Gumpendorferstraße, der Lehargasse und dem Getreidemarkt) im sechsten Bezirk. Am 5. August 1914 wurde die Kriegsschule geschlossen, Lehrkörper und Hörer rückten zur Armee und an die Front ein.

Die Übersiedlung der Genieakademie war sowohl aufgrund der mangelhaften Verkehrsverbindungen als auch durch die schlechten Wasser- und sanitären Verhältnisse im alten, gerade erst angekauften Klostergebäude, äußerst ungünstig. Durch die Verlegung in die Provinz fehlte den Lehrkräften und den Schülern der notwendige Kontakt mit den anderen, in WIEN vorhandenen Bildungsstätten und technischen Anlagen. Darüber hinaus hatte sich die Genieakademie gemäß der Reform nur noch auf die oberen vier Klassen zur Ausbildung von Genie- und Pionieroffizieren zu beschränken. Es erfolgte auch die Abtrennung der Höheren Kurse, welche erst nach einer zwischenzeitlichen Truppenpraxis besucht werden konnten, von der Genieakademie, wenn sie auch örtlich mit der Akademie vereinigt blieben. Erst im September 1851 war die Übersiedlung in das neue, noch unfertige Heim beendet, als Lokaldirektor wurde von 1851 bis 1853 Generalmajor Karl DOELL, Ritter von GRÜNHEIM (1794–1854; Feldmarschallleutnant) eingesetzt. Die Situation war durch die fehlenden Instandsetzungsarbeiten an den Gebäuden, die auftretenden Krankheitsfälle und die Teuerungswelle in der neuen Garnison keineswegs erfreulich.

Die Verlegung der Genieakademie in die Provinz wirkte sich auf den Lehrkörper und das Niveau der Akademie ungünstig aus. Wichtige Lehrer „verlegten" mit der Akademie nach ZNAIM, beispielsweise Moritz Freiherr von EBNER-ESCHENBACH, andere Lehrkräfte machten bei der Übersiedlung nicht mit, sondern zogen es vor, in WIEN zu bleiben. Darunter waren der Architekt Theophil HANSEN und Professor Andreas ETTINGSHAUSEN.

Andreas ETTINGSHAUSEN (1796–1878) absolvierte während seiner Universitätsstudien eine militärische Laufbahn, besuchte die Bombardierkorps-Schule (jene berühmte Anstalt, „welche damals die eigentliche Hochschule für die mathematischen Wissenschaften in WIEN war") und wandte sich dem Lehrfach zu. 1819 wurde ETTINGSHAUSEN zum Professor der Physik in INNSBRUCK ernannt und kehrte 1821 als Professor der höheren Mathematik an die Wiener Universität zurück. 1827 erschienen die von ihm herausgegebenen „Vorlesungen über höhere Mathematik" in zwei Bänden, 1834 übernahm er die Lehrkanzel der Physik. ETTINGSHAUSEN war einer jener zwölf Gelehrten, welche im Jahre 1837 in einer Denkschrift an den Kaiser die Bitte um Errichtung einer Akademie der Wissenschaften vorbrachten. Bei der Gründung der Akademie 1847 wurde er zum w. M. ernannt und war von 1847 bis 1850 ihr erster Generalsekretär. 1844 war sein Buch „Anfangsgründe der Physik" erschienen, welches 1860 bereits in seiner vierten Auflage herausgegeben wurde. Der Übertritt ETTINGSHAUSENs von der Wiener Universität an die Ingenieurakademie erfolgte im Jahre 1848, er verblieb an ihr als Lehrer vier Jahre bis zu ihrer Übersiedlung in die Provinz. 1852 übernahm er die Direktion des physikalischen Institutes der Universität WIEN, 1862 bekleidete er das Amt des Rektors und trat 1866 in den Ruhestand. Seine fast fünfzigjährige erfolgreiche Tätigkeit im Lehramte wurde durch seine Erhebung in den Freiherrenstand belohnt.

Es dauerte auch bis zum Jahre 1855/56, bis der Unterricht an der k.k. Genieakademie dem neuen Studienprogramm entsprach. Dieser Lehrplan wurde durch Artillerielehre, die niedere und höhere Taktik sowie durch Dienst- und Exerzierreglement ergänzt. Im Jahre 1852 gelang es, den Architekten Wilhelm von DODERER (1825–1900; war beim

Bau des Arsenals beschäftigt und von 1866 bis 1898 Professor der Architektur an der Technischen Hochschule WIEN) als Lehrkraft für Baukunst zu gewinnen, der bisherige Armeeleutnantskurs wurde in „Höherer Geniekurs" abgeändert. 1863 wurde der Kurs als definitiv erklärt und wieder im direkten Anschluss an die Genieakademie absolviert. Die Einstellung zum technischen Dienst war damals nicht die beste, viele gute Zöglinge der Genieakademie ließen vor ihrer Ausmusterung im Studium absichtlich nach, um nicht in die Geniewaffe eingeteilt zu werden, da ihnen bei dieser der Übertritt in die Kriegsschule und den Generalstab beschränkt und erschwert wurde.

Im Jahre 1859 wurde die Funktionsbezeichnung „Lokaldirektor" in die militärische Form „Kommandant" umgewandelt und Oberst Gustav Ritter von CONRAD (*1811, 1872 pensioniert; Absolvent der Ingenieurakademie, ab 1849 Lehrer für Befestigungskunst, erstellte ein „Reglement für die Geniewaffe") zu diesem ernannt. Er schrieb einen umfassenden Bericht über den Niedergang der Genieakademie, welcher – seiner Meinung nach – hauptsächlich durch die Verlegung in die Provinz entstanden war. Dieser Bericht zeitigte zwar augenblicklich keine Erfolge, bildete aber doch die Grundlage für die spätere Rückverlegung der Akademie durch den Kriegsminister Franz Freiherr von KUHN (1836–1896, Feldzeugmeister; Absolvent der Theresianischen Militärakademie, 1853 Lehrer an der Kriegsschule, 1868 Reichskriegsminister) im Jahre 1869.

Der Krieg des Jahres 1866 brachte eine kurzfristige Verlegung der Genie- und Artillerieakademie nach WIEN, dann nach WIENER NEUSTADT und schließlich zurück nach Kloster BRUCK und MÄHRISCH-WEISSKIRCHEN.

Von den an der k.k. Genieakademie in den Jahren 1851 bis 1869 befindlichen Zöglingen seien genannt:

- *Julius Ritter von ALBACH (1840–1925; Feldmarschallleutnant) absolvierte den Höheren Geniekurs, war dann im technisch-administrativen Militärkomitee tätig und wurde als Kartograph bekannt. Er ersetzte 1875 die Schraffierung auf Landkarten durch braune Schummerung und erfand ein System der direkten Reduktion von größeren in kleinere Maßeinheiten. ALBACH war auch Lehrer im Höheren Geniekurs, dann Geniedirektor in RAGUSA und zuletzt Kommandant einer Infanteriebrigade.*
- *Moritz Ritter von BRUNNER (1839–1904; Feldmarschallleutnant) war Absolvent des Höheren Geniekurses, Redakteur der „Österreichischen Militärischen Zeitschrift", Lehrer für Fortifikation an der Technischen Militärakademie und ab 1886 Geniedirektor in TREBINJE und PRZEMYSL. BRUNNER kam 1893 ins Reichskriegsministerium, wo er das Genie- und Pionierwesen reorganisierte.*
- *Franz Ritter von GRUBER (1837–1918; Hofrat) war Absolvent des Höheren Geniekurses und der Technischen Hochschule WIEN. Er arbeitete im Geniestab und kam 1866 als Lehrer an die Genieakademie sowie den Höheren Geniekurs. GRUBER schrieb Anleitungen für die Anlage von Kasernen und Militärspitälern sowie eine fünfbändige „Geschichte der Architektur"(1875). Nach seinem Austritt aus der Armee war er als Baukünstler für zahlreiche Entwürfe öffentlicher*

Gebäude, Kasernen, Spitäler usw. sowie als Behördenberater tätig. GRUBER erbaute unter anderem den Aspangbahn-Bahnhof und das Rudolfinerhaus in WIEN.

- *Christian Ritter von STEEB (1848–1921; Feldzeugmeister) absolvierte den Höheren Geniekurs und leitete 1869/70 beim Bau der Wiener Hochquellenwasserleitung jene Sprengungen, bei welchen erstmals Dynamit von der Genie-Truppe verwendet wurde. Dann diente er im technischen und administrativen Militärkomitee und wurde 1889 Leiter des Landesbeschreibungsbüros des Generalstabes. Von 1895 bis 1901 war STEEB Leiter des Militärgeographischen Institutes, welches sich unter seiner Führung zur Musteranstalt für kartographische Forschung entwickelte, und von 1897 bis 1900 Präsident der Geographischen Gesellschaft in WIEN. Er war der eigentliche Begründer der modernen BALKAN-Geographie (Entstehung der ersten 1:75.000-Karte von MONTENEGRO), initiierte die vierte große Landesaufnahme ÖSTERREICHs (1896) und ersetzte die Wiederbegehung der Landschaft durch die Kartenrevision.*
- *Franz Isidor TRAUZL (*1840; Hauptmann a. D.) war bei einem Genieregiment eingeteilt und schied als Hauptmann des Geniestabes aus der Armee. Er wurde Generaldirektor der Dynamit-Nobel-AG und erwarb sich auf dem Sprengstoffsektor einen Namen.*

Die Reorganisation des militärischen Erziehungs- und Bildungswesens brachte 1869 die Zusammenlegung der Genie- und Artillerieakademie zur „k.u.k. Technischen Militärakademie" und deren Verlegung nach WIEN.

Auch die bisherigen Genie- und Artilleriekomitees wurden zusammengelegt, es entstand das „Technische und administrative Militärkomitee". Dieses hatte den Zweck, die Fortschritte der Wissenschaft und Technik in Bezug auf deren Verwertung für Kriegszwecke im Allgemeinen, insbesondere aber in Bezug auf Artillerie, Genie, Intendanz sowie zum Teil auch auf den Pioniersektor zu verfolgen und gliederte sich in vier Sektionen:

1. für Artilleriewaffen und -zeugwesen (theoretische Arbeiten und Versuche, Konstruktionswesen, Ausrüstungs- und Zeugwesen);
2. für das Genie- und Pionierwesen (Befestigungs- und Baukunst, Fortifikationswesen, technischer Dienst bei den Genietruppen);
3. Statistik [nach Anton Freiherr von BALDACCI (1762–1841); er wurde 1813 Armeeminister, begründete die offizielle Statistik in ÖSTERREICH und förderte 1806/08 die Errichtung der Landwehr] und Intendanzwesen;
4. technologische Angelegenheiten (welche sich aus der Verwertung der Naturwissenschaften und Industrie für das Kriegswesen ergaben).

Dem Militärkomitee stand das Recht zu, sich über alle Angelegenheiten mit den betreffenden Behörden, Anstalten und Personen direkt in Verbindung zu setzen. Zu den unter der Leitung des technischen und administrativen Militärkomitees stehenden Fortbildungsanstalten gehörten der Vorbereitungskurs für Stabsoffiziersaspiranten der Artillerie, der Höhere Artillerie- und Höhere Geniekurs sowie der Intendanzkurs. 1894 wurde das „Technische und administrative Militärkomitee" in das „Technische Militärkomitee" umgewandelt.

Die k.u.k. Technische Militärakademie wurde mit dem Schuljahr 1869/70 in den Räumen der alten Ingenieurakademie in der Stiftkaserne in WIEN eröffnet.

Sie teilte sich bei einem Stand von 280 Schülern in eine Artillerie- und eine Genieabteilung, bestehend aus je einer Kompanie mit je vier Jahrgängen und hatte anfänglich nur die Leitung gemeinsam. Erster Kommandant der Akademie wurde Generalmajor Karl HOFMANN von DONNERSBERG (1816–1885, Feldmarschallleutnant; langjähriger Lehrer der Geographie an der Artillerieakademie, 1866 deren Kommandant, von 1869 bis 1875 Kommandant der Technischen Militärakademie), dem der bisherige Kommandant der Genieakademie, Oberst NEUHAUSER, als Stellvertreter beigegeben war. Um in die Akademie eintreten zu können, war nunmehr die völlige Absolvierung einer militärischen oder zivilen Mittelschule erforderlich. Die Ergänzung des Schülerbestandes erfolgte hauptsächlich aus der gleichfalls im Jahre 1869 in MÄHRISCH-WEISSKIRCHEN durch Zusammenlegung der Schulkompanien der Artillerie sowie der Genie- und Pioniertruppe entstandenen „Militärtechnischen Schule". Diese vermittelte in einer dreijährigen Ausbildung das Wissen einer Oberrealschule mit den für die künftigen Artillerie- und Genieoffiziere notwendigen militärischen und technischen Fächern. Bei den allgemeinen Fächern wurde auf Mathematik, Darstellende Geometrie und Geländezeichnen besonderer Wert gelegt. Die Schüler, die anschließend nicht in die Technische Militärakademie eintraten, kamen als Unteroffiziere zur Truppe. Für sie bestand später die Möglichkeit, im Wege der Kadettenprüfung doch die Offizierslaufbahn zu ergreifen. Neben dieser „Militärtechnischen Schule" wurden auch die Artilleriekadettenschule im Arsenal in WIEN, die Pionierkadettenschule in HAINBURG und die Geniekadettenschule in der Getreidemarktgasse in WIEN errichtet.

Im Jahre 1875 wurde die „Militärtechnische Schule" in eine „Militär-Oberrealschule" umgewandelt und die Kadettenschulen auf vier Jahrgänge verlängert. Durch diese Anhebung der Vorbildung wurde die Studiendauer an der Technischen Militärakademie von vier auf drei Jahre herabgesetzt. Die ungeheuren Fortschritte der Technik schufen allerdings ein immer größeres Wissensgebiet, während die verkürzte Studienzeit zu einer Reduzierung des Lehrstoffes zwang. Zwar konnten einzelne Gegenstände in die nun länger dauernden Kadettenschulen, andere in die „Höheren Kurse" der Akademie verlegt werden, dennoch entstand eine Diskrepanz, die sich negativ auf das Niveau auswirkte.

Noch schlimmer hinsichtlich des Lehrstoffes wurde es 1893 durch die Umwandlung der Genietruppe und des Pionierregimentes in fünfzehn Pionierbataillone (mit sogenannten „Einheitspionieren") sowie das mittlerweile aufgebaute Eisenbahn- und Telegraphenregiment: die Technische Militärakademie musste nun auch den Land- und Wasserdienst für den Einheitspionier, den Eisenbahnbau und das Telegraphenwesen lehren. Dadurch kam es zu einem wesentlich umfangreicheren Lehrstoff, was ein Absinken der Bewerbungszahlen für die Genieabteilung zur Folge hatte, sodass Zöglinge der Militäroberrealschule zum Eintritt in die Technische Militärakademie „befohlen" werden mussten.

Die technische Entwicklung ging rasant weiter:

- 1897 wurde von Hauptmann Theodor SCHEIMPFLUG [1865–1911; Absolvent der Marineakademie in FIUME (RIJEKA), studierte an der Technischen Hochschule WIEN, ließ sich 1904 als Hauptmann in den Ruhestand versetzen (durch den Tod seines Vaters war er finanziell unabhängig geworden), um sich ganz der Wissenschaft widmen zu können] das Luftbild entwickelt. Schon auf der Marineakademie war er mit den Prinzipien der Photogrammetrie bekannt geworden und stellte 1896 bei der Wiener Akademie der Wissenschaften seine Ideen zur Herstellung von Luftbildkarten vor. SCHEIMPFLUG war es, der erstmals versuchte, die Luftaufnahmen *„nicht punktweise durch Messung, Rechnung und Zeichnung"* auf die Karten zu übertragen, sondern diese in ihrer Gänze *„durch rein optische Prozesse in Teile von Plänen zu überführen"*. Doch dafür musste er vorerst geeignete Apparate entwickeln. Dies führte ihn 1903 zur Konstruktion der Panoramakamera, die zwar gleichzeitige, einander überschneidende Vielfachaufnahmen erlaubte, aber eine Transformation der Schrägaufnahmen (Entzerrung) notwendig machte. Dieses Problem löste SCHEIMPFLUG durch den Photoperspektographen. Mit Hilfe seines Stereokomparators konnte er dann den Schichtenplan des Terrains wiedergeben, löste die gegenseitige Orientierung zweier Folgebilder durch den Doppelprojektor erstmals auf optisch-mechanischem Weg und entwickelte auch einen Zeichenapparat. SCHEIMPFLUG war damit zum Begründer der Aerophotogrammetrie geworden. Um diese Leistung des Technikers richtig einschätzen zu können, muss man bedenken, dass Luftaufnahmen damals nur von fliegenden Drachen oder Freiballons aus möglich waren. Theodor SCHEIMPFLUG, Offizier, Techniker und Erfinder, starb 1911 knapp vor der Eröffnung eines eigens für seine Arbeiten errichteten Institutes.

- 1897 übernahm Hauptmann Franz HINTERSTOISSER (1863–1933, Oberst; Absolvent der Pionier-Kadettenschule HAINBURG, diente im Pionier- und dann im Eisenbahnregiment, studierte im Ausland die Organisation des militär-aeronautischen Dienstes) bis 1903 und dann von 1907 bis 1912 das Kommando der militäraeronautischen Anstalt (später Luftschifferabteilung). Er wurde damit zum Begründer der militärischen Luftschifffahrt in ÖSTERREICH. Nach ihm ist der Fliegerhorst in ZELTWEG in der STEIERMARK benannt.

- 1898 wurden die ersten Militärlastautomobile bei den Heeresanstalten in den Dienst gestellt.

- 1901 wurden zum ersten Male PKW und LKW bei Manövern verwendet.

Im Jahre 1904 wurde die „k.u.k. Technische Militärakademie" aus der Stiftskaserne in das neue Akademiegebäude in MÖDLING verlegt, wodurch sich die Raumverhältnisse zwar besserten, aber die Dislozierung aus der Hauptstadt wieder Nachteile mit sich brachte.

Im Dezember des Jahres 1918 schloss die Technische Militärakademie in MÖDLING ihre Pforten, die 200-jährige höhere militärtechnische Ausbildung ging damit vorerst zu Ende.

2.4 Persönlichkeiten 1857–1918

Die k.u.k. Armee umfasste eine Fülle von menschlichen „Originalen", wie sie in ihrer Vielfalt und Ausgeprägtheit wohl kaum eine andere Armee der damaligen Zeit aufzuweisen gehabt haben dürfte. Karl Baron TORRESANI, Rudolf EICHTHAL, Alexander RODA RODA und viele andere haben sie in ihren Romanen, Novellen und Lebenserinnerungen beschrieben, Fritz SCHÖNPFLUG und Eduard THÖNY in unzähligen Karikaturen festgehalten. Da gab es manch Schrulliges, Geckenhaftes und auch viel Kleinkariertes. Es gab aber auch Einzelgänger von Format, wie etwa den kauzigen General Anton GALGOTZY (1837–1929), dem die Österreichische Militärische Zeitschrift zum 80. Todestag einen Artikel gewidmet hat (ÖMZ 4/2009, S. 474–480). Und es gab Könner, die abseits von ihrem eigentlichen Beruf Erstaunliches zustande brachten, Offiziere mit den ausgefallensten wissenschaftlichen Ambitionen und künstlerischen Neigungen. Man denke etwa an den Hauptmann VENUS, den dilettierenden Astronomen, den TORRESANI so eindringlich beschrieben hat, oder an den nachmaligen Oberst Georg VEITH, den Numismatiker, der in bahnbrechender Weise die Schlachtfelder der Antike erforschte und dessen während des Ersten Weltkrieges zusammengetragene Reptiliensammlung noch heute zu den Beständen des Naturhistorischen Museums in WIEN zählt, oder an Oberleutnant Julius von PAYER, der durch seine beachtliche Malerei berühmter wurde als durch seine Entdeckung des FRANZ-JOSEPH-Landes. Man denke auch an das Gebiet der Geographie und besonders der Kartographie, in dem die kaiserliche Armee hervorragende Köpfe gestellt hat, über die in den vorangegangenen Kapiteln berichtet wurde. Sicherlich lag das vor allem daran, dass dieser Bereich über lange Zeit in der Verantwortung der Streitkräfte gelegen und das k.k. Militärgeographische Institut in WIEN schon 1839/40 durch die Zusammenlegung des 1814 gegründeten Mailänder Geographischen Institutes mit der 1806 in WIEN errichteten Topographisch-Lithographischen Anstalt des General-Quartiermeisterstabes gegründet worden war.

Aus der Fülle an Persönlichkeiten, welche die Akademie der Wissenschaften und die Streitkräfte im Zeitraum von 1847 bis 1918 aufzuweisen hatten, wollen wir in diesem Kapitel beispielhaft einige, willkürlich herausgehobene und für beide Organisationen bedeutende, in Erinnerung rufen.

Johann Joseph Ritter von PRECHTL (1778–1854)

war jahrelang als Lehrer und Erzieher tätig und wandte sich physikalischen, chemischen und mathematischen Studien zu. Bereits 1805 wurde seine Abhandlung „Über die Physik des Feuers" von der holländischen Gesellschaft der Wissenschaften mit der Goldenen Preismedaille belohnt. Nach einer frühen pädagogischen Arbeit („Über die Fehler in der Erziehung, vorzüglich in Hinsicht auf die gesellschaftlichen Übel", BRAUNSCHWEIG 1804) beschäftigte ihn zunächst eines der späteren wissenschaftlichen Hauptthemen seines Lebens, die Grundlage der Theorie des Vogelfluges. Die „Annalen der Physik" enthalten im 30. Bande (1808) und in den folgenden Bänden diesbezügliche Abhandlungen. PRECHTL erregte bald durch seine Arbeiten Aufmerksamkeit, sodass er im Jahre 1809 zum Direktor der in TRIEST zu errichtenden Real- und Navigationsakademie ernannt und mit der Organisation dieses Institutes beauftragt wurde.

1810 legte PRECHTL den ersten Plan eines Wiener Polytechnischen Institutes dem damaligen Hofkammer-Präsidenten vor. Es sollte, in Lehr- und Lernfreiheit einer Universität gleichwertig, durch die Pflege der Mathematik und Naturwissenschaft zum *„Aufschwung der nützlichen Künste, des Gewerbes und der Industrie"* führen. Im Jahre 1814 wurde er von der k.k. Hofkammer beauftragt, einen entsprechenden Detailplan vorzulegen. Mit Allerhöchster Entschließung vom 24. Dezember 1814 wurde PRECHTL zum Direktor des zu errichtenden Institutes ernannt. Knapp ein Jahr später, am 16. November 1815, fasste er in seiner Eröffnungsvorlesung die Aufgaben des neu gegründeten Institutes zusammen: *„Das Polytechnische Institut stellt eine technische Lehranstalt, ein technisches Museum und eine Akademie der technischen Wissenschaften dar."* Insgesamt 35 Jahre lang hat PRECHTL diese Einrichtung erfolgreich geleitet, aus ihr hat sich schließlich die Wiener Technische Hochschule entwickelt.

PRECHTL war nicht nur Lehrer, Erzieher und Organisator, er war auch ein Forscher mit einem breiten Interessensspektrum. Ausgehend von einer einheitlichen Auffassung von Licht, Wärme und Elektrizität verfehlte er bei seinen zahlreichen Versuchen nur knapp die spätere fundamentale Entdeckung des Zusammenhanges zwischen Elektrizität und Magnetismus. Im Streit um den Ursprung der Meteore verfocht er scharfsinnig deren später anerkannten kosmischen Ursprung (1808). PRECHTL veröffentlichte bis 1810 zahlreiche Beiträge zu verschiedenen Themen (Theorie des Hagels, Zuckerfabrikation, brennstoffsparende Kochherde, Färbekunst, Tilgung der Staatsschuld etc.). Im Jahre 1813 sah sich PRECHTL veranlasst, ein *„Compendium der Chemie in ihrer technischen Beziehung"* in zwei Bänden zu verfassen. Dieses Lehrbuch wurde so gut aufgenommen, dass es schon bald vergriffen war. Im Jahre 1817 erschien daher die zweite, verbesserte Auflage unter dem Titel *„Grundlehren der Chemie in technischer Beziehung"* ebenfalls in zwei Bänden.

In Verbindung mit J. ARZBERGER (Professor der Mechanik) hatte PRECHTL den Mut, erstmals in ÖSTERREICH den Versuch einer Beleuchtung mit Steinkohlengas in größerem Maßstab auszuführen. Der Versuch am Polytechnischen Institut gelang und es gab so viele Anfragen in dieser Angelegenheit, dass sich PRECHTL zur Herausgabe der *„Anleitung zur zweckmäßigsten Einrichtung der Apparate zur Beleuchtung mit Steinkohlen-Gas. Nach eigenen Erfahrungen"* (1817) entschloss.

Von dieser Zeit an wandte PRECHTL seine literarische Tätigkeit großteils den von ihm ins Leben gerufenen Jahrbüchern des k.k. Polytechnischen Institutes zu, die er durch seine eigenen Arbeiten zu heben und zu beleben suchte. Diese Jahrbücher bildeten eine ununterbrochene Reihe von 20 Bänden vom Jahre 1819 bis 1839. PRECHTL hat für sie nicht weniger als 33 größere und kleinere Abhandlungen verfasst. Mehrere hatten den Zweck, wichtige Entdeckungen auf dem Gebiete der Mechanik, Chemie und Physik, wenn sie Einfluss auf das praktische Leben ausübten, bekannt zu machen, andere waren kritischer Natur und sollten vor angepriesenen Erfindungen warnen.

Außer verschiedenen Aufsätzen über einzelne Teile der Optik veröffentlichte PRECHTL im Jahre 1828 seine *„Praktische Dioptrik als vollständige und gemeinfassliche Anleitung zur Verfertigung achromatischer Fernröhre. Nach den neuesten Verbesserungen und Hilfsmitteln und eigenen Erfahrungen".* Im Jahre 1829 fasste PRECHTL den Entschluss, eine *„Technologische Encyklopädie oder alphabetisches Handbuch der Technologie, der technischen Chemie und des Maschinenwesens. Zum Gebrauche für Cameralisten, Ökonomen, Künstler, Fabrikanten und Gewerbetreibende jeder Art."* herauszugeben. Diese Enzyklopädie war nicht nach Schlagwörtern, sondern nach Sachen alphabetisch geordnet, was viele Wiederholungen und eine große Vereinfachung erlaubte. Der erste Band dieses Werkes erschien schon 1830, bis 1855 waren es 19 Bände. Dass PRECHTL diesem Werk nicht bloß seinen Namen lieh, sondern selbst eifrig mitarbeitete, erkennt man daran, dass in den 19 Bänden nicht weniger als 90 Artikel von ihm verfasst wurden. Allerdings nahmen diese Arbeiten und die Leitung des Institutes so viel Zeit in Anspruch, dass er sich ab dem Jahre 1830 nicht mehr mit eigenen Forschungen befasste. Nur mit den speziellen Arbeiten zur Vollendung seines Werkes *„Untersuchungen über den Flug der Vögel"* (1846 erschienen) beschäftigte er sich noch.

Johann Joseph von PRECHTL wurde für sein Wirken vielfach geehrt und ausgezeichnet: So wurde ihm 1847 von der Stadt WIEN das Ehrenbürgerrecht erteilt und der Akademie der Wissenschaften gehörte er seit ihrer Gründung als wirkliches Mitglied an (er war auch einer der zwölf gelehrten Unterzeichner der Bittschrift für ihre Gründung gewesen).

Anton Ritter SCHRÖTTER von KRISTELLI (1802–1875)

studierte ab 1821 Medizin an der Universität WIEN, wandte sich aber dann ausschließlich den Naturwissenschaften und der Mathematik zu. Hier waren es besonders BAUMGARTNER und ETTINGSHAUSEN, die seine Bestrebungen wesentlich förderten. Da für das Studium der Naturwissenschaften damals noch keine feste Richtung vorgezeichnet war, entschied sich SCHRÖTTER für die chemisch-physikalischen Fächer. Die Chemie war zu jener Zeit an zwei Instituten in WIEN vertreten: Am Polytechnischen Institut lehrte B. SCHOLZ und an der Bombardierkorps-Schule wirkte J. SMOLA, Artillerie-Oberleutnant und Dozent der Chemie. Letzterer gab SCHRÖTTER die Gelegenheit, sich in der analytischen Chemie zu üben. Einige Mineralanalysen waren die Ergebnisse dieser Übung und wurden in der von BAUMGARTNER und ETTINGSHAUSEN redigierten naturwissenschaftlichen Zeitschrift abgedruckt. Seine Laufbahn im Lehramt begann er 1827 als Assistent und später Supplent der Physik an der Wiener Universität. Über Vermittlung des Erzherzogs JOHANN, den er auf einer seiner häufigen Wanderungen kennengelernt hatte, wurde SCHRÖTTER im Jahre 1830 als Professor auf die neu errichtete Lehrkanzel der Chemie und Physik am JOANNEUM in GRAZ berufen. 1843 wurde er Professor der Technischen Chemie am Polytechnischen Institut in WIEN, wo er auch Allgemeine Chemie lehrte und als Vorstand der Chemisch-technischen Schule fungierte. Nach mehreren Studienreisen widmete er sich am Polytechnischen Institut der Verbesserung des Lehrbetriebes, der Ausgestaltung der Laboratorien und reformierte den Studienablauf durch Einteilung in drei Kurse, nämlich Allgemeine technische und Spezielle technische Chemie sowie praktischer Laborunterricht. Wissenschaftlich beschäftigte sich SCHRÖTTER anfangs mit Mineralogie und Petrographie, erkannte die Richtigkeit der Molekulartheorie und kam dabei mit seinen Äquivalentbestimmungen heutigen Zahlen sehr nahe.

Wichtigstes Ergebnis seiner Forschungen war jedoch die Entdeckung des roten Phosphors, den er als amorphe Modifikation erkannte. Er bewies im Februar 1848 in der Sitzung der Akademie der Wissenschaften, dass er der erste war, der die *„Existenz einer von der bisher bekannten gänzlich und daher in höchst unerwarteter Weise verschiedenen Modification des Phosphors"* entdeckte. Er selbst empfahl diesen „roten Phosphor" der Zündholzindustrie, wo dieser schon bald als Bestandteil der Reibflächen auf Zündholzschachteln erfolgreich verwendet wurde. Durch die Reibung des Zündvorganges werden kleine Phosphorteilchen von der Reibfläche abgerissen und oxidieren (verbrennen) am Zündkopf haftend. Dabei geben sie so viel Wärme ab, dass die dort befindliche Zündmasse entflammt. Diese Arbeit SCHRÖTTERs *„über einen neuen allotropischen Zustand des Phosphors"* hat seinen Weltruf begründet. Es ist dies zugleich jene Abhandlung, mit welcher die mathematisch-naturwissenschaftliche Klasse der Akademie der Wissenschaften 1850 die Publikation ihrer Denkschriften eröffnet hat. Kurzfassungen dieser Arbeit wurden in verschiedenen anderen wissenschaftlichen Zeitschriften veröffentlicht. Die von SCHRÖTTER entdeckten Eigenschaften des Phosphors erregten großes Interesse, was nicht allein in ihrem wissenschaftlichen Wert oder der wirtschaftlichen Verwertung gelegen war. Es war vielmehr die Aussicht, einen mit großen Gefahren verbundenen, die Gesundheit der Arbeiter zerstörenden Industriezweig zu einem ungefährlichen zu gestalten. Denn der amorphe Phosphor hat die nützlichen Eigenschaften des gewöhnlichen Phosphors, ohne mit diesem die giftigen und schädlichen zu teilen. Dieser Umstand veranlasste auch die Pariser Akademie, SCHRÖTTER den Montyon'schen Preis *„des arts insalubres"* zu erteilen (dieser Preis zeichnete solche wissenschaftlichen Arbeiten aus, welche eine sanitäre Verbesserung bei gesundheitsschädlichen industriellen Arbeiten ermöglichen), doch unterließ sie es nicht, damit auch eine ausdrückliche Würdigung der eminenten wissenschaftlichen Bedeutung seiner Entdeckungen zu verbinden.

Intensiv unterstützte SCHRÖTTER die Bestrebungen für die Gründung einer Österreichischen Akademie der Wissenschaften, gehörte 1847 zu den erstgenannten wirklichen Mitgliedern und wirkte von 1851 (als Nachfolger ETTINGSHAUSENs) bis zu seinem Tode (1875) als deren Generalsekretär. 1868 legte SCHRÖTTER das Lehramt nieder und übernahm als „Ministerialrat" die Direktion des Hauptmünzamtes, wo er zuerst die Einrichtung eines zu wissenschaftlichen Untersuchungen geeigneten Laboratoriums organisierte.

Anton SCHRÖTTER von KRISTELLI erfuhr zahlreiche Ehrungen, fand Aufnahme in mehrere gelehrte Gesellschaften, hat mehr als 50 Abhandlungen veröffentlicht und wurde 1868 in den österreichischen Ritterstand erhoben. Im Vorgebirge des Franz-Joseph-Landes erinnert seit 1874 das „CAP SCHRÖTTER", im ORTLER-Massiv das „Schrötter-Horn" an ihn und der von ihm untersuchte Opalin-Allophon erhielt den Namen „Schrötterit". Seine zweite Gattin, Antonie SCHRÖTTER von KRISTELLI, geborene Freiin von ETTINGSHAUSEN (Tochter des Andreas von ETTINGSHAUSEN), trat besonders durch ihr Engagement in Frauenfragen hervor.

Karl Freiherr von SMOLA (1802–1862; Generalmajor),

Sohn des Josef Freiherr von SMOLA (1764–1820; Generalmajor, Lehrer für Situationszeichnen in der Bombardierkorps-Schule, Teilnahme an mehreren Feldzügen, Kommandant des Bombardierkorps 1809, modernisierte die Artillerietaktik und war auch für technische Innovationen, wie z.B. eine 1807 konstruierte Wall-Lafette, verantwortlich) und Bruder des Josef Freiherr von SMOLA (1805–1856; Generalmajor, Absolvent der Theresianischen Ritterakademie, studierte nebenbei Physik und Chemie an der Universität und am Polytechnischen Institut in WIEN, Professor für Physik und Chemie an der Bombardierkorps-Schule, gab mehrere artilleristische Bücher heraus) war Absolvent der Theresianischen Ritterakademie und trat dann in das Bombardierkorps ein. Als Oberleutnant wurde SMOLA 1829 Adjutant des Generalmajors Theodor Graf LATOUR, der als Präsident und Bevollmächtigter bei der Militärkommission des Deutschen Bundes in FRANKFURT tätig war. 1833 kam er als Hauptmann zum Generalquartiermeisterstab, wo er bei der Landesbeschreibung, bei statistischen und kriegsgeschichtlichen Arbeiten verwendet wurde. SMOLA nahm als Generalstabschef des Feldzeugmeisters Graf NUGENT am Feldzug 1848 teil und leitete die Beschießung von UDINE. Als er die Stadt zur Kapitulation aufforderte, erhielt er trotz Parlamentärsflagge einen Schuss ins Bein, das daraufhin amputiert werden musste. 1852 übernahm SMOLA die Professur für Heeresorganisation und Militärgeographie an der neu gegründeten Kriegsschule und war von 1853 bis 1858 Direktor des Polytechnischen Institutes in WIEN. Er gab ein „Taschenbuch für k.k. österreichische Artillerie-Offiziere" (2 Teile; 1831) und gemeinsam mit seinem Bruder die 2. Auflage als „Handbuch für k.k. österreichische Artillerie-Offiziere" (1839) heraus.

Franz Freiherr von UCHATIUS (1811–1881; Feldmarschallleutnant)

begann seine Laufbahn 1829 bei der Artillerie und kam 1837 in die Bombardierkorps-Schule, wo er seine mathematische und technische Ausbildung erhielt. Auf eigenes Ansuchen wurde er im Laboratorium eingeteilt, legte Prüfungen in Physik und Chemie ab und besuchte Vorlesungen aus Chemie am Polytechnischen Institut. 1841 wurde er als Feuerwerker in die Geschützgießerei versetzt.

UCHATIUS erfand 1845 einen Bildwerfer zur Darstellung beweglicher Bilder an der Wand. *„Aufgefordert durch den Herrn Feldmarschall-Lieutnant Ritter von Hauslab nachzudenken, ob sich nicht das Prinzip der Stampfer'schen so genannten stroposkopischen Scheibe anwenden ließe, um bewegliche Bilder an der Wand darzustellen, unternahm ich im Jahre 1845 nachfolgende Versuche, deren Resultat ein Apparat ist, mittelst welchem bewegliche Bilder an der Wand in beliebiger Größe und mit einer Deutlichkeit dargestellt werden können, wie sie die Stampfer'sche Scheibe nicht gewährt."* So begann UCHATIUS seinen Vortrag am 21. April 1853, in dem er der Akademie der Wissenschaften sein Prinzip der „Film"-Projektion beschrieb.

Um die artilleristisch-technischen Einrichtungen zu studieren, wurde UCHATIUS nach BELGIEN, FRANKREICH und ENGLAND entsandt. Im Jahre 1856 wurde er in das Arsenalbaukomitee berufen und konnte auf den Bau und die Einrichtung der Geschützgießerei und der übrigen Waffenwerkstätten Einfluss nehmen. Eine lange Reihe von Erfindungen und Verbesserungen auf dem Gebiete des Waffen- und insbesondere des Geschützwesens stammt von UCHATIUS: Methode zur Bestimmung des Salpetergehaltes im Schießpulver (1853), Erzeugung von Nitrostärke, Apparat zur Messung der Gasspannungen in Geschützrohren, usw. Seine wichtigste Leistung war die Erfindung der Stahlbronze (UCHATIUS-Stahl) und die Anwendung derselben zur Herstellung der Geschütze. Nach entsprechenden Erprobungen wurde 1875 die Umwandlung des gesamten Feldgeschützmaterials in Angriff genommen und binnen zweier Jahre waren die neuen Geschütze, deren Wirksamkeit UCHATIUS durch die von ihm entwickelten Ringhohlgeschosse erhöht hatte, fertig gestellt. Die Einführung der Stahlbronze war auch von politischer und wirtschaftlicher Bedeutung, weil dadurch die Geschützproduktion in ÖSTERREICH vom Ausland unabhängig geworden war.

Mit diesem Erfolg war UCHATIUS noch nicht zufrieden, er versuchte auch die Herstellung der Festungs-/Belagerungsgeschütze aus Stahlbronze. Durch angebliche gröbere Misserfolge und fortwährende Kränkungen angegriffen, erschoss sich UCHATIUS am 4. Juni 1881 im ARSENAL, nur wenige Tage darauf erschien der Erlass, mit welchem die Festungs-/Belagerungsgeschütze aus Stahlbronze eingeführt wurden.

Franz UCHATIUS wurde 1865 zum korrespondierenden Mitglied der Akademie der Wissenschaften gewählt, in den Sitzungsberichten der mathematisch-naturwissenschaftlichen Klasse sind mehrere seiner Arbeiten erschienen. Das Österreichische Bundesheer hat die Kaserne in KAISERSTEINBRUCH im BURGENLAND nach ihm benannt. UCHATIUS war auch ein Rätselfreund und erfand zahlreiche „Nüsse", z.B.: „Wäre ich nur halb so alt, als ich bin, so wäre ich vor elf Jahren ein Drittel so alt gewesen als jetzt.[3]"

Josef von SCHEDA (1815–1888; Generalmajor)
kam nach seiner militärischen Ausbildung 1838 in die Militär-Zeichnungskanzlei und in das topographische Büro des Generalstabes. Nach der Errichtung des Militärgeographischen Institutes wurde er Vorstand der Abteilung für Lithographie. Ab

---

[3] [$A/2 - 11 = A/3$; → $A = 66$ Jahre]

1869 leitete er die aus den Abteilungen für Topographie, Lithographie und Kupferstich gebildete 1. Gruppe des Militärgeographischen Institutes und war für sämtliche kartographische Arbeiten verantwortlich. Berufungen seitens des russischen Generalstabes wie des Militärgeographischen Institutes in MAILAND lehnte SCHEDA ab. Er veröffentlichte selbst zahlreiche bedeutende Kartenwerke, von denen die Generalkarte des österreichischen Kaiserstaates (20 Bl., M 1:576.000, 1856–69; Neuauflage: Generalkarte der österreichisch-ungarischen Monarchie, 1870) sowie eine Generalkarte der europäischen Türkei und des Königreiches Griechenland (13 Bl., M 1:864.000, 1869) hervorzuheben sind. SCHEDA wies neue Wege bei der Darstellung und Reproduktion von Karten: Er berücksichtigte (als erster in ÖSTERREICH) geologische Zusammenhänge bei der Wiedergabe der Geländeverhältnisse, wandte (erstmals in EUROPA) in großem Stil die Farblithographie an und führte 1845 den Linienfarbendruck ein. Er entwarf auch Schulwandkarten und entwickelte im Zinnguss hergestellte topographische Modelle als Lehrmittel für Militärakademien und Technische Hochschulen. SCHEDA machte sich auch um die Dritte Landesaufnahme (1872–89) ÖSTERREICHs verdient und wurde Ehrenmitglied mehrerer geographischer und geologischer Gesellschaften. Die österreichische Nordpolexpedition gab einer der BARENTS-Inseln den Namen SCHEDA.

Hermann NOTHNAGEL (1841–1905)

trat mit seinem Medizinstudium in BERLIN in die Fußstapfen seines Vaters, der ebenfalls Arzt war. Nach dem Abschluss (1863) wurde er während seiner militärärztlichen Dienstpflicht Unterarzt in der Charité unter den Lehrern L. TRAUBE und R. VIRCHOW. Dann war NOTHNAGEL Assistent von LEYDEN in KÖNIGSBERG und habilitierte sich dort 1866 in innerer Medizin. Im Österreichisch-Preußischen Krieg war er als Assistenzarzt in einem Lazarett in TRAUTENAU (heute: TRUTNOV, TSCHECHIEN) eingesetzt und von seiner ersten Begegnung mit dem Krieg zutiefst erschüttert. In einem Brief an seine Eltern schrieb er: *„Man muss selbst ein Schlachtfeld gesehen haben, um sich von der Entsetzlichkeit eines Krieges eine Vorstellung zu machen, sonst kennt man es nicht. […] So widerlich und ekelerregend hatte ich mir den Krieg kaum gedacht."* Nach dem Krieg kehrte er nach KÖNIGSBERG zurück. Zunächst wurde NOTHNAGEL von 1868 bis 1870 als Militärarzt und Dozent nach BERLIN und von 1870 bis 1872 in gleichen Funktionen nach BRESLAU (heute: WROCLAW, POLEN) abkommandiert. Im Deutsch-Französischen Krieg arbeitete er als Stabsarzt in Lazaretten in LUNEVILLE und CHALONS-SUR-MARNE. Auf Anregung seines Lehrers L. TRAUBE schrieb NOTHNAGEL das 1870 erschienene, umfassende „Handbuch der Arzneimittellehre", das für Jahrzehnte als Standardwerk betrachtet wurde und auch in mehrere Sprachen übersetzt worden war (die 7. Auflage, gemeinsam mit M. J. ROSSBACH herausgegeben, erschien 1894). 1872 folgte er einem Ruf als Professor der Arzneimittellehre und der medizinischen Klinik nach FREIBURG im BREISGAU. 1874 wurde er als ordentlicher Professor für spezielle Pathologie und Therapie an die medizinische Klinik nach JENA berufen. 1882 kam NOTHNAGEL als Vorstand der I. Medizinischen Klinik der Universität nach WIEN. Diese Position hatte er bis zu seinem Tode inne. Bei seiner Antrittsvorlesung prägte er seinen später häufig zitierten Ausspruch: *„Nur ein guter Mensch kann ein guter Arzt sein!"* Und auch sein *„Mit Kranken, nicht mit Krankheiten hat die Klinik zu tun"* wurde legendär.

NOTHNAGELs Berufung eröffnete eine neue Phase der Wiener Klinik, da er die physikalische Krankenuntersuchung um die neuesten modernen Untersuchungsmethoden und mit bahnbrechenden klinischen Forschungen bereichern konnte. Seine bevorzugte Arbeitsrichtung wurde die Neurologie, bei der Aufklärung von Erkrankungen griff er sowohl auf durch Tierversuche gewonnene Diagnostik als auch auf pathologisch-anatomische Befunde zurück. NOTHNAGEL beschäftigte sich mit der topischen Diagnostik und der Lokalisation von Gehirnkrankheiten, seine Aufmerksamkeit galt immer wieder dem Formenkreis der Epilepsie. Er leistete auf verschiedenen Gebieten Pionierarbeit: So erkannte er als einer der ersten den Einfluss des Blutdrucks auf verschiedene Krankheiten, entwickelte neue Therapieansätze und umriss als erster das Krankheitsbild der Angina pectoris vasomotorica (an der er selbst litt), bei der er den Schmerz als einen Spasmus der Herzkranzgefäße erkannte.

Ein wesentliches Interessensgebiet NOTHNAGELs waren Erkrankungen des Darmes und des Bauchfells, er beschrieb u. a. die gasbildende Wirkung von Darmbakterien. Andere Untersuchungen galten dem Mechanismus der Darmperistaltik, der fettigen Degeneration der Darmmuskulatur und der Colitis membrancea. Da zur damaligen Zeit Medikamente noch in ungenügendem Maße verfügbar und auch äußerst unsicher in ihrer Wirkung waren, griff NOTHNAGEL stattdessen auf zahlreiche Methoden der physikalischen Medizin sowie auf die Elektro-, Hydro-, Balneo- und Klimatherapie zurück.

Zu seiner Zeit war NOTHNAGEL einer der bekanntesten und gefragtesten Internisten. Neben zahlreichen ausländischen Patienten, die ihn in WIEN aufsuchten, reiste er für Konsultationen höchster Persönlichkeiten und gekrönter Häupter in EUROPA und RUSSLAND umher. Sigmund FREUD, der einige Monate als unbezahlter Hilfsarzt bei NOTHNAGEL arbeiten durfte (und den NOTHNAGEL später als Neuropathologe maßgeblich gefördert hatte), beschrieb ihn in einem Brief an seine Verlobte so: *„Ein germanischer Waldmensch. Ganz blondes Haar, Kopf, Wangen, Hals, Augenbrauen ganz unter Haar gesetzt und zwischen dem Haar und dem Fleisch kaum ein Farbunterschied. Zwei mächtige Warzen an der Wange und an der Nasenwurzel; nichts von Schönheit, aber gewiß etwas Besonderes."* Hermann NOTHNAGEL wurde 1905 zum korrespondierenden Mitglied der Akademie der Wissenschaften gewählt, starb aber noch bevor seine Wahl die Allerhöchste Bestätigung erhalten hatte.

Eduard SUESS (1831–1914)

studierte in PRAG und am Polytechnischen Institut in WIEN. 1848 schloss er sich den Revolutionären an und trat der Akademischen Legion bei. Das hat den jungen Geologen aus dem Studium geworfen: Zuerst stand SUESS auf den Barrikaden, in der Folge vor dem Kriegsgericht und letztendlich längere Zeit unter Polizeiaufsicht, da ein Brief aufgetaucht war, in dem SUESS von (Gebirgs-) „Erhebungen" gesprochen hatte. Es war Wilhelm HAIDINGER, Herausgeber der Reihe „Naturwissenschaftliche Abhandlungen", der dem begabten Studenten nicht nur zur Freiheit verhalf, sondern auch dessen erste wissenschaftliche Arbeit über die Graptolithen des böhmischen Silur veröffentlichte. SUESS wandte sich der Paläontologie zu, wobei ihm die Sammlungen der Geologischen Reichsanstalt und des Hof-Naturalien-Cabinetts reiche Möglichkeiten für wissenschaftliche Betätigung boten. 1852 wurde er am Hof-Naturalien-Cabinett angestellt und mit Ordnungsarbeiten über die Brachiopoden (Armfüßler) betraut, über die er in den nächsten Jahren einige beachtenswerte Arbeiten publizierte. Neben diesen Studien über die Armfüßler des Erdmittelalters beschäftigte sich SUESS als erster österreichischer Forscher mit der Klassifikation fossiler Säugetiere. Durch die zahlreichen und pionierhaften Studien zu großer Bekanntheit gelangt, suchte er im Jahre 1857 um die Dozentur für Paläontologie an der Universität WIEN an. Diese wies jedoch das Ansuchen mit der Begründung zurück, dass er über kein Doktorat, ja nicht einmal über einen Studienabschluss verfüge, man bescheinigte dem jungen Forscher jedoch alle Qualifikationen eines Professors. Eine persönliche Vorsprache bei Unterrichtsminister Graf Leo von THUN und die Unterstützung von W. HAIDINGER brachten einen Erfolg: SUESS erlangte die (unbesoldete) Stellung eines außerordentlichen Professors für Paläontologie, womit die erste Lehrkanzel für dieses Fach im deutschsprachigen Raum geschaffen worden war. In seiner Antrittsvorlesung im Jahre 1857 legte er seine neuartige Methode der vergleichenden Betrachtung der Lebensweise fossiler Organismen (im Gegensatz zur ausschließlich auf Klassifikation ausgerichteten Arbeitsweise) dar. 1862 wurde SUESS a. o. Professor und 1867 Ordinarius für Geologie. In seinem 1862 erschienenen Standardwerk „Der Boden der Stadt Wien nach seiner Bildungsweise, Beschaffenheit und seinen Beziehungen zum bürgerlichen Leben: Eine geologische Studie" wies er die hygienischen Gefahren nach, die sich aus der damaligen katastrophalen Wasserversorgung für die Wiener Bevölkerung ergaben. Diese Studie war zugleich auch der Grundstein zu einer politischen Karriere des damals bereits etablierten Wissenschaftlers. Sie führte ihn 1863 nicht nur in die Wiener Wasserversorgungskommission, sondern auch auf einen Sitz im Wiener Gemeinderat. Von diesem wurde er auch mit einer weiteren Studie zur Wasserversorgung beauftragt, die zu dem Ergebnis kam, dass die Herleitung aus dem SCHNEEBERG-RAX-Gebiet die beste Lösung darstelle. Obwohl zahlreiche und beachtliche Hindernisse zu überwinden waren, konnte die von SUESS propagierte Variante durchgesetzt werden. Die Planung und Realisierung dieses „Jahrhundertprojektes" war dem Geologen und „Narren" (Wort des Kaisers) Eduard SUESS zu verdanken. Die feierliche Eröffnung beim Hochstrahlbrunnen am Schwarzenbergplatz in Anwesenheit Kaiser FRANZ JOSEPHs am 24. Oktober 1873 wurde daher von SUESS vorgenommen und er hielt in seinen „Erinnerungen" fest: *„Beim ersten Versuch geschah nichts, beim zweiten auch nichts. Nach einigen peinlichen Minuten aber war es so weit: ein Strahl, 40 bis 50 Meter hoch, stieg in die Sonne und ein Regenbogen umspannte die Szene."* Die medizinisch-hygienischen Auswirkungen dieser epochalen technischen Leistungen waren derart positiv, dass die Zahl der durch unreines Wasser verursachten Todesfälle in den folgenden Jahren auf ein Zehntel zurückging. [Anmerkung: Anfang 1896 entdeckte der Hygieniker Max von GRUBER, dass das Blutserum eines Menschen nach einer überstandenen Bakterienkrankheit (z.B.

Typhus) die Fähigkeit hat, Bakterien der krank machenden Art miteinander zu verklumpen. Als GRUBER im Blut von Typhuskranken nach den dafür verantwortlichen spezifischen Antikörpern suchen wollte, musste er erkennen, dass es aufgrund der Hochquellenwasserleitung in WIEN nicht mehr genug Typhuskranke gab. Er war deshalb gezwungen, mit einem Rundschreiben ausländische Kliniker dazu einzuladen, die nötigen Versuche anzustellen.]

Genauso bedeutend war der Einsatz von SUESS im Hinblick auf die Regulierung der DONAU innerhalb des Wiener Stadtgebietes, deren Überschwemmungen immer wieder erhebliche Probleme bereiteten. Der Geologe trat dabei – gemeinsam mit dem damaligen Bürgermeister Cajetan FELDER – für den Bau eines neuen Flussbettes ein. Diese Variante wurde dann, nicht zuletzt aufgrund von SUESS' wissenschaftlicher Untermauerung, verwirklicht und 1875 erfolgreich abgeschlossen. Dadurch war nicht nur ein großer Teil der Wiener Bevölkerung vor schwerwiegenden Überflutungen geschützt, sondern es konnte auch durch die Trockenlegung von Augebieten wertvolles Bauland gewonnen werden.

Am 17. Oktober 1873 verlieh ihm der Wiener Gemeinderat das Ehrenbürgerrecht, hatte SUESS doch „[...] durch bedeutende Leistungen auf dem Gebiete der Naturwissenschaften und seit seinem Eintritt in das öffentliche Leben als Mitglied der Donau-Regulirungs-Commission, des Landesschulrathes, des Gemeinderathes der Stadt Wien und anderer Corporationen das Wohl der Gemeinde mächtig gefördert."

„Ich selbst bemerkte während des Schreibens einen Ruck, der beiläufig von West nach Ost ging", erinnerte sich der Geologe Eduard SUESS an das Erdbeben am 3. Jänner 1873 in WIEN. Seine an dieses Ereignis anknüpfenden Untersuchungen vermittelten ihm wertvolle geotektonische Erkenntnisse über den Aufbau alter Massive und junger Faltengebirge, die er in einem Buch zusammenfasste. „Die Entstehung der Alpen"(1875) wurde von SUESS erstmals als Folge von tangentialen Bewegungen der Erdkruste dargestellt, womit er eine neue Epoche der tektonischen Betrachtungsweise eingeleitet hat, die später zum Siegeszug der „Deckentheorie" geführt hat. Die Gesetzmäßigkeiten, die SUESS in den ihm vertrauten europäischen Gebirgen erfasst hatte, verfolgte und erweiterte er über die ganze Oberfläche des Planeten. So entstand „Das Antlitz der Erde", dessen erster Band 1883 und dessen Schlusslieferung 1909 erschienen sind. Es war der erste Versuch, den geologischen Bau der ganzen Erde einheitlich zu erfassen und mit der Geschichte der Erdrinde, mit ihren Veränderungen, mit den großen Ausbreitungen und Rückzügen der Meere in folgerichtige Verbindungen zu bringen.

Eduard SUESS war auch als Politiker sehr aktiv: Im Juni 1869 wurde er vom Sektionschef im Unterrichtsministerium, Julius GLASER, den er aus den Tagen der Akademischen Legion kannte, zum Landesschulinspektor 1. Klasse ernannt, um den Zustand der Realschulen in NIEDER- und OBERÖSTERREICH zu überprüfen. Schon im Oktober hat er seinen Bericht abgeliefert und Verbesserungsvorschläge unterbreitet. Kurz darauf wurde SUESS im Rahmen einer Ergänzungswahl in den niederösterreichischen Landtag gewählt und trat als Berichterstatter um das neue Landesrealschulgesetz auf. 1870 erfolgte seine Wiederwahl als Landtagsabgeordneter, diesmal wurde er in den Landesausschuss entsandt, wo ihm – neben anderen Referaten – vor allem jene für Schulangelegenheiten übertragen wurden: Drei Jahre stand so das niederösterreichische Unterrichtswesen unter der Führung von SUESS, der für die Durchsetzung der liberalen Schulreformen zuständig war. Als er im Oktober 1873 in den Reichsrat gewählt wurde, legte er seine Referate im Landesausschuss von NIEDERÖSTERREICH zurück, blieb aber dem Bildungswesen auch als Reichsratsabgeordneter (bis 1897) besonders verpflichtet.

Sein wissenschaftlicher Ruhm führte SUESS auch in die Kaiserliche Akademie der Wissenschaften: 1860 (im Alter von 29 Jahren) zum k. M. gewählt, wurde er 1867 wirkliches Mitglied. Er übernahm auch leitende Funktionen: 1885 bis 1890 wirkte er als Sekretär der mathematisch-naturwissenschaftlichen Klasse, 1891 bis 1893 als Generalsekretär, 1893 bis 1898 als Vizepräsident und schließlich von 1898 bis 1911 als Präsident der Akademie. Seine Aufgabe hat er darin gesehen, die vorhandenen wissenschaftlichen Kräfte zusammenzufassen (heute nennt man das „interdisziplinärer Ansatz") und auf größere Unternehmungen hinzulenken. Es war ein glückliches Zusammentreffen, dass das Wirken dieses Mannes in eine Epoche fiel, in der die Akademie durch Schenkungen in den Besitz größerer Mittel zur Unterstützung wissenschaftlicher Tätigkeiten gekommen war. SUESS hat es verstanden, diese Mittel für größere Projekte freizumachen, wie beispielsweise die Pestexpedition nach BOMBAY (1897), die südarabische (1898/99) oder die beiden brasilianischen Expeditionen (1901/1903). Eduard SUESS hat sich auch für die Internationalisierung des wissenschaftlichen Lebens eingesetzt und war federführend am Zustandekommen des „Deutschen Kartells" (1893), einem Zusammenschluss der Akademien von WIEN, MÜNCHEN, LEIPZIG und GÖTTINGEN, dem sich auch die Preußische Akademie (1906) anschloss, beteiligt. Auch an der Gründung der Internationalen Assoziation (1899), einem Zusammenwirken von Akademien europäischer Staaten und den USA, hatte er einen gewichtigen Anteil. Und schließlich hat SUESS bei der Feier des 50-jährigen Bestandes der Akademie (1897) den Festvortrag gehalten sowie bei der feierlichen Sitzung 1911 „Über die Donau" gesprochen.

In seiner Abschiedsvorlesung am 13. Juli 1901 im geologischen Hörsaal der Wiener Universität hielt Eduard SUESS fest: *„Im Laufe dieser 44 Jahre hat sich Vieles auf der Erde zugetragen, aber nichts ist so durchgreifend, nichts für die gesammte Cultur des Menschengeschlechtes so entscheidend gewesen, wie die Fortschritte der Naturwissenschaften in dieser Zeit. In jedes Gebiet des menschlichen Lebens und Schaffens sind sie eingedrungen; sie beeinflussen und verändern unsere gesellschaftlichen Verhältnisse, unsere philosophischen Auffassungen, die wirthschaftliche Politik, die Machtstellung der Staaten, Alles. Wer aber genauer zusehen will, kann wahrnehmen, daß neben der Naturforschung auch der Naturforscher mehr und mehr in den Vordergrund tritt, daß seine sociale Bedeutung anerkannt wird und der Werth seiner Studien immer mehr geschätzt wird. Hieraus erwächst der heranwachsenden Generation von Forschern eine hohe Pflicht. Diese Pflicht besteht darin, daß sie an der Ethik ihrer eigenen persönlichen Lebensführung einen immer strengeren Maßstab anzulegen hat, damit bei der steigenden Einwirkung der Naturforschung auf alles gesellschaftliche und staatliche Leben auch der Naturforscher selbst sich mehr und mehr würdig fühle, theilzunehmen an der Führung der geistigen Menschheit. "*

Eduard SUESS war nicht nur ein hervorragender Geologe, der Begründer der „Wiener Schule" der Geologie, der vorausschauende Präsident der Akademie der Wissenschaften, der als Politiker agierende Wissenschaftler, sondern auch ein Forscher, der bei allem Streben nach theoretischer Wissenschaftserkenntnis die praktische Anwendbarkeit von Forschungsergebnissen nie aus den Augen verloren hat, wovon – als anschauliches Beispiel – seine beiden Wiener Großprojekte, die Hochquellenwasserleitung und die Donauregulierung, noch heute beredtes Zeugnis ablegen.[4]

Albert Edler von OBERMAYER (1844–1915; Generalmajor)

war Absolvent der Artillerieakademie und geriet in der Schlacht bei KÖNIGGRÄTZ (1866) als Verwundeter in (kurze) Kriegsgefangenschaft. Dann besuchte er den Höheren Artilleriekurs und studierte am Polytechnischen Institut sowie der Universität Mathematik und Physik. 1869 kam OBERMAYER als Lehrer der Physik an die damals neu einge-richtete „Militärtechnische Schule" in MÄHRISCH-WEISSKIRCHEN, drei Jahre spä-ter wurde er als Professor an die Technische Militärakademie in WIEN berufen, wo er bis zur Versetzung in den Ruhestand (1904) wirkte. Er unternahm zahlreiche physika-lische Versuche über das Fließen von plastischem Ton, über Kapillarerscheinungen, Leitungswiderstand von Platinblechen, Brechungsverhältnisse von Zuckerlösungen und andere Themen. Über seine Arbeiten hat er zumeist in den Sitzungsberichten der Akademie der Wissenschaften berichtet. OBERMAYER befasste sich mit eingehenden Versuchen über die innere Reibung bei Gasen und Dämpfen sowie deren Abhängigkeit von der Temperatur. Die Erfolge dieser Versuche veranlassten die Akademie der Wissenschaften, seine Arbeiten (1878) mit dem Freiherr-von-BAUMGARTNER'schen-Preis auszuzeich-nen. OBERMAYER kehrte wiederholt zum Problem der zähflüssigen Körper zurück und beschäftigte sich eingehend mit den Erscheinungen der Spitzenentladung hochge-spannter Elektrizität. *„Manche seiner Untersuchungen bewegten sich auch auf Gebieten, in denen sich Physik und Kriegswissenschaften berühren"*, hielt der Generalsekretär der Akademie, w. M. Friedrich BECKE, in der Jahressitzung 1916 fest und meinte da-mit die Untersuchungen über das Eindringen von Geschossen in plastischen Ton, die Kreiselbewegung der Langgeschosse, den Einfluss der Erdrotation auf die Bewegung der Geschosse oder den schiefen Wurf im luftleeren Raum.

Der mathematisch-naturwissenschaftlichen Klasse der Akademie der Wissenschaften gehörte Albert von OBERMAYER seit 1888 als korrespondierendes Mitglied an. Er hat sich auch um die Meteorologie große Verdienste erworben und ist einer jener Männer gewesen, denen die Errichtung und Erhaltung des meteorologischen Observatoriums auf dem HOHEN SONNBLICK in den HOHEN TAUERN zu verdanken ist. Von den zahlreichen Publikationen OBERMAYERs seien zwei hervorgehoben: „Lehrbuch der Physik für die k.k. Infanterie- (und Cavallerie-) Cadetten-Schulen" (1879;

---

[4] Anmerkung: Die Österreichische Akademie der Wissenschaften veranstaltete 2009 eine sechsteilige Reihe der „Eduard Suess Lectures", um zu zeigen, dass *„Geowissenschaften keine verstaubte Angelegenheit sind"*, wie in der Aussendung festgehalten wurde.

2. Auflage 1885) und „Leitfaden für den Unterricht in der Physik an der Technischen Militärakademie" (1900).

In der schon angeführten Jahressitzung 1916 der Akademie der Wissenschaften führte der Generalsekretär aus: *„Am 26. September 1915 verschied Generalmajor Albert Edler von Obermayer, ein schönes Beispiel jenes bei uns glücklicherweise nicht seltenen Typus von Offizieren, die ihre soldatischen Pflichten mit lebendigem Interesse für die Wissenschaft zu vereinigen wissen. "*

3 Die Zeit von 1918 bis 1955

Die Zeit von 1918 bis 1955 war keine glückliche Zeit für ÖSTERREICH und seine Bevölkerung. Der Zusammenbruch der österreichisch-ungarischen Monarchie hatte zum Kleinstaat ÖSTERREICH geführt, an dessen Lebensfähigkeit die meisten gezweifelt haben. Die wirtschaftlichen Krisen, wie die extrem hohe Inflation bis zum Jahre 1923 und die Weltwirtschaftskrise ab dem Spätherbst 1929, erschütterten das ohnehin unausgeglichene soziale Gefüge der jungen Republik. Steigende Massenarbeitslosigkeit, Obdachlosigkeit und Hunger betrafen hunderttausende Österreicher und machten sie radikalen Lösungsvorschlägen immer zugänglicher. Der große Anstieg der Zahl der aus politischen Motiven verübten Gewalttaten ab dem Juli 1927 war ein deutliches Indiz für die Radikalisierung der österreichischen Innenpolitik. Die politische Führung hat dann 1938 mit ihrer Weisung, das Land militärisch nicht zu verteidigen, sich selbst und ÖSTERREICH aufgegeben. So ging es in den Zweiten Weltkrieg mit seinen großen Verlusten an Menschen und Zerstörungen durch die Kriegseinwirkung, dann folgte eine zehnjährige Besatzungszeit.

Für beide Institutionen der jungen Republik, die Akademie der Wissenschaften und die Streitkräfte, waren dies schwierige, entbehrungsreiche und durch den „Überlebenskampf" gekennzeichnete Jahrzehnte.

Am 14. Oktober 1921 hat der Nationalrat das „Bundesgesetz, betreffend die Akademie der Wissenschaften in Wien" beschlossen, in dem die Rechtskontinuität mit der alten kaiserlichen Akademie ausgesprochen, der Name „Akademie der Wissenschaften in Wien" festgelegt, ihre Aufgabe umschrieben und ihr Anspruch auf Schutz und Förderung durch den Bund anerkannt wurde. Die „Satzung der Akademie der Wissenschaften in Wien" wurde vom Bundespräsidenten Dr. Michael HAINISCH am 14. Februar 1922 bestätigt. Gemäß dieser Satzung hatte der Bundespräsident die Bestätigung der Wahlen des Präsidenten, des Vizepräsidenten, des Generalsekretärs und des zweiten Sekretärs zu vollziehen, die Wahl der Mitglieder aller Kategorien bedurfte künftighin keiner Bestätigung.

Die drückendste Sorge der Akademie war die rapid ansteigende finanzielle Bedrängnis, eine Not, in der sich auch der Staat selbst befand. Daher war die Akademie in dieser Zeit weit mehr noch als bisher für die Durchführung und Förderung wissenschaftlicher Arbeiten auf die Erträgnisse aus den Stiftungen, zu denen glücklicherweise auch neue hinzukamen, angewiesen. Insgesamt gesehen ist es der Akademie gelungen, die Krise zu überwinden und den Wiederaufbau erfolgreich durchzuführen. Im Gefolge der politischen Ereignisse des März 1938 war neuerlich eine Umgestaltung der Stellung der Akademie zum Staate notwendig geworden; darauf wird im Kapitel 3.2 (bei Hermann MARK) noch eingegangen.

Die Wiederherstellung der Republik ÖSTERREICH im Jahre 1945 brachte auch für die Akademie die Einsetzung in ihr früheres Verhältnis zum Staate: Sie begrüßte die Wiedergewinnung ihres freiheitlichen Statutes, aufgrund der Kriegsschäden am Akademiegebäude fanden die Gesamtsitzungen an der Wiener Universität statt.

Der Vizepräsident der Akademie der Wissenschaften, Richard MEISTER, hielt bei der Jahrhundertfeier im Jahre 1947 fest: *„Wenn wir auch diesen Zeitraum von 1914 ab als einzige Zeit von Krisen bezeichnen müssen, so darf doch gesagt werden, daß die Akademie der Wissenschaften unentwegt dem hohen Ziele, das ihre Stifter ihr gegeben haben und zu dem der Sinn der Wissenschaft sie verpflichtet, nachgestrebt hat und treu geblieben ist. Und dies darf die Akademie heute mit dem vollen Bewußtsein der Verantwortung auch von der jüngst verflossenen Epoche 1938 bis 1945 sagen, daß sie auch in diesen Jahren keine einzige der bisherigen Forschungen aufgegeben, vor allem auch nicht ihre Untersuchungen zur Geschichte Österreichs, und sie hat keiner Zumutung nachgegeben, ein Unternehmen aufzunehmen, das sich nicht vor dem Forum der Wissenschaft rechtfertigen ließ. "*

3.1 Die Streitkräfte der Ersten Republik

Am 16. Oktober 1918 kündigte ein kaiserliches Manifest an, dass Österreich dem Willen seiner Völker gemäß zu einem Bundesstaat werden solle, *„in dem jeder Volksstamm auf seinem Siedlungsgebiet sein eigenes staatliches Gemeinwesen bildet "*. Das Manifest fordert die Völker Österreichs auf, an dem Werk der Neugestaltung durch „Nationalräte" mitzuwirken, die aus den Reichsratsabgeordneten jeder Nation bestehen sollten.

Am 21. Oktober 1918 traten alle deutschen Abgeordneten des Reichsrates in WIEN (im Niederösterreichischen Landhaus in der Herrengasse) zu einer Vollversammlung zusammen, konstituierten sich als „Provisorische Nationalversammlung des selbständigen Deutsch-österreichischen Staates" und wählten einen Vollzugsausschuss von 20 Mitgliedern aus ihrer Mitte, dem die Aufgabe übertragen wurde, Anträge über die Verfassung des deutsch-österreichischen Staates auszuarbeiten. Auf Grund der Vorschläge des Vollzugsausschusses wurde dann in einer zweiten Vollversammlung der Provisorischen Nationalversammlung am 30. Oktober 1918 der Beschluss über die grundlegenden Einrichtungen der Staatsgewalt (St. G. Bl. Nr. 1) gefasst. Im Artikel 13 dieses Beschlusses wurde auch die (einstweilige) Errichtung eines Staatsamtes für Heereswesen (*„das in sich die Aufträge und Vollmachten des k.u.k. Kriegsministeriums einschließlich der Marinesektion und des k.u.k. Ministeriums für Landesverteidigung vereinigt "*) verfügt.

Als Kaiser KARL mit Manifest vom 11. November 1918 auf jeden Anteil an den Staatsgeschäften verzichtet hatte, wurde mit dem Gesetz vom 12. November 1918 über die Staats- und Regierungsform von Deutschösterreich (St. G. Bl. Nr. 5) die Bildung eines neuen Staates mit republikanischer Staatsform vollzogen (*„Art. 1. Deutschösterreich ist eine demokratische Republik. Alle öffentlichen Gewalten werden vom Volk eingesetzt. [...] Art. 6. Die Beamten, Offiziere und Soldaten sind des dem Kaiser geleisteten Treueides entbunden. "*). Die Provisorische Nationalversammlung hatte damit einmütig die Republik Deutschösterreich ausgerufen.

Diese Republik Deutsch-Österreich war ein Staat, den die Mehrheit seiner Bürger für nicht lebensfähig hielt, der Rest eines Großraumes, der Torso eines einst mächtigen Reiches. Die trostlose Wirtschaftslage bestärkte den großen Zweifel, ob dieses Restösterreich überhaupt selbständig und frei existieren könne. Besonders schwierig war die Stellung der ehemaligen Reichshauptstadt WIEN, ehemals Zentrum eines 50-Millionen-Reiches, jetzt an den Rand eines vorwiegend alpinen Kleinstaates versetzt. Der Prozess des Entstehens eines Nationalbewusstseins der Ersten Republik wurde durch die drei großen Traumata des Kriegsendes, erstens die Niederlage, zweitens der Zusammenbruch des Reiches und drittens das Verbot eines „Anschlusses" an Deutschland, hinausgezögert.

Das deutsch-österreichische Staatsamt für Heereswesen veröffentlichte in dem Verordnungsblatt vom 15. November 1918 den Erlass zum Aufbau einer neuen Armee, der Volkswehr. Die rechtliche Grundlage erhielt diese durch das „Gesetz vom 6. Februar 1919, betreffend vorläufige Bestimmungen über die bewaffnete Macht (St. G. Bl. Nr. 91)". Die Volkswehr war von Anfang an als Provisorium bzw. Übergangslösung gedacht, denn es galt, so rasch als möglich das Vakuum zu füllen, das mit der Auflösung der k.u.k. Armee entstanden war. Denn es hatten sich bereits Heimatwehren, Bauernwehren und ähnliche militante Organisationen gebildet, die es als ihre Aufgabe sahen, die Ordnung im Inneren aufrecht zu erhalten und äußere Feinde abzuwehren.

Die Volkswehr als bewaffnete Macht des Staates war eine Söldnertruppe, die aufgrund freiwilliger Meldungen gebildet und ergänzt wurde. Zunächst wurden nur Infanteriebataillone (zu je 3 Kompanien) in jedem politischen Bezirk gebildet, in der Folge wurde in jedem Bundesland eine Artillerieabteilung aufgestellt. Andere Einheiten, wie Kavallerie, Fliegertruppe und Technische Abteilung, blieben Fragmente. Die Zahl der Angehörigen variierte stark: Dezember 1918 rund 46.000 Mann, Juli 1919 27.600. Der militärische Wert der Volkswehr dürfte nicht sehr hoch gewesen sein, aber man darf nicht übersehen, dass sich diese Streitkräfte immerhin unter teilweise schweren Opfern im Kärntner Abwehrkampf bewährt haben.

Im Friedensvertrag von SAINT-GERMAIN vom 10. September 1919 (in Kraft getreten am 16. Juli 1920) wurden Österreich auch hinsichtlich seiner Streitkräfte erhebliche Beschränkungen auferlegt. Zu den wichtigsten militärischen Bestimmungen dieses Vertrages zählten u. a. die Beschränkung der Stärke auf 30.000 Mann, die Festlegung des Wehrsystems (Errichtung eines Berufsheeres, ausdrückliches Verbot der allgemeinen Wehrpflicht) und das Verbot aller Mobilmachungsmaßnahmen. Als Folge des Friedensvertrages wurde am 18. März 1920 das Wehrgesetz verabschiedet und im St. G. Bl. Nr. 122 kundgemacht: Damit vollzog sich der Übergang von der Volkswehr zum Bundesheer. Der Zweck des Heeres wurde mit dem Schutz der Grenzen der Republik, der verfassungsmäßigen Einrichtungen sowie Hilfeleistung bei Elementarereignissen und Unglücksfällen außergewöhnlichen Umfanges festgelegt. Die Dienstpflicht für Offiziere dauerte mindestens 20 Jahre im Präsenzdienst, für Unteroffiziere und Wehrmänner mindestens zwölf Jahre, und zwar wenigstens sechs Jahre im Präsenzdienst und die übrige Zeit im Beurlaubtenstand.

Mit der Kundmachung des Bundesgesetzes vom 1. Oktober 1920, St. G. Bl. Nr. 450, womit die Republik Österreich als Bundesstaat eingerichtet wurde [Bundes-Verfassungsgesetz, Art. 1: „*Österreich ist eine demokratische Republik. Ihr Recht geht vom Volk aus.*")], ist die mit dem zitierten Wehrgesetz von 1920 vorbereitete Unterstellung des Bundesheeres unter die verfassungsmäßigen Organe vollzogen worden.

Die Genfer Protokolle (1922) brachten durch die Österreich gewährte Anleihe zwar eine Gesundung der Staatswirtschaft (Sanierung der Staatsfinanzen), nicht aber der Volkswirtschaft. Die Folgen waren ständige Auseinandersetzungen zwischen Regierungsparteien und Opposition sowie eine zunehmende Spaltung des österreichischen Volkes. Die Spannungen zwischen den beiden großen politischen Lagern führten zur Bildung sogenannter Selbstschutz- oder Wehrverbände. Rechtsstehende Gruppen sammelten sich in der „Heimwehr", die im Zeichen des Kampfes gegen den Sozialismus stand. Die Sozialdemokratie bildete den „Republikanischen Schutzbund", der ebenfalls militant war.

Der im Friedensvertrag und auch im Wehrgesetz genehmigte Personalstand von 30.000 Mann Bundesheer wurde lange nicht erreicht. Man begnügte sich in den zwanziger und Anfang der dreißiger Jahre mit durchschnittlich 22.000 Mann. Zu den o. a. Einheiten waren Radfahrabteilungen, Pionier- und Telegraphenkompanien, Train- und Kraftfahrabteilungen sowie eine kompaniestarke Soldatenwache (Militärpolizei) hinzugekommen. Der Ausbildungsstand des Bundesheeres konnte, nicht zuletzt aufgrund der Länge der Dienstzeit, auf ein entsprechendes Niveau angehoben werden. Allerdings war die Budgetierung der Streitkräfte, jedenfalls bis 1935, völlig unzureichend, weshalb eine planmäßige Aufrüstung keineswegs erfolgen konnte. Als Heeresinspektor stellte General Theodor KÖRNER in seiner Denkschrift aus dem Jahre 1924 abschließend fest: „*Wenn nunmehr abermals eine solche ernste Beanspruchung des Bundesheeres eintritt und keine Zeit ist, erst zu rüsten und Mängel nachzuholen, keine ausgedienten, kriegserfahrene Männer mehr einspringen können, um die Stände auszufüllen, so wird selbstverständlich die Gruppe Menschen, die dann noch Bundesheer heißt, die Aufgabe lösen sollen. Ob dann nicht abermals sehr bittere Opfer und schweres Unglück für das Land die Folge der Vernachlässigung des Heereswesens sein können, wird die Zukunft zeigen. Dann wird ein unglückliches Volk abermals nach Schuldigen suchen und das Bundesheer und seine Führer zunächst steinigen.*"[5]

Dennoch kam das Bundesheer immer wieder zum Einsatz. Seine erste Bewährung wurde ihm bei der militärischen Landnahme des Burgenlandes abgefordert. Vom 1. September bis zum 30. November 1921 wurden die Einheiten des Bundesheeres eingesetzt und stellten dadurch sicher, dass am 3. Dezember das Burgenland offiziell in den österreichischen Staatsverband aufgenommen werden konnte.

---

[5] Anmerkung: Theodor KÖRNER, Edler von Siegringen (1873–1957; General), war Absolvent der Technischen Militärakademie, im Ersten Weltkrieg Generalstabschef der Isonzo-Armee, nach Kriegsende Abteilungsleiter im Staatsamt für Heereswesen, dann Inspektor des Bundesheeres und ging 1924 in Pension. KÖRNER wurde dann Bundesratsabgeordneter und militärischer Berater der Republik. In den Jahren 1934 und 1944 war er inhaftiert, von 1945 bis 1951 Bürgermeister von WIEN und von 1951 bis zu seinem Tode Bundespräsident der Republik ÖSTERREICH und Oberbefehlshaber des Bundesheeres.

Die innenpolitische Lage der Jahre ab 1920 brachte es mit sich, dass das Bundesheer verschiedentlich zur Aufrechterhaltung der inneren Ruhe und Ordnung im Sinne seines verfassungsmäßigen Auftrages aufgeboten werden musste. Als im Juli 1927 eine große Demonstration in WIEN zu einer bürgerkriegsähnlichen Situation geführt hatte, wobei der Justizpalast in Brand gesetzt wurde, musste in der Endphase auch das Bundesheer eingesetzt werden. Die schweren Auseinandersetzungen forderten schließlich mehr als 100 Tote. Zu einem weiteren Einsatz kam es im Oktober 1928, als in WIENER NEUSTADT eine bewaffnete Auseinandersetzung des Republikanischen Schutzbundes und der Heimwehrbewegung nur durch das Auftreten des Bundesheeres verhindert werden konnte. Daneben gab es aber auch ungezählte Einsätze bei Katastrophen, wodurch sich die jungen Berufssoldaten die Achtung der Bürger erwerben konnten.

Der erste praktische Schritt zum Ausbau des Bundesheeres war die Schaffung des Militärassistenzkorps im November 1933 (mit Duldung der früheren Siegermächte). Die A-(d.h. Assistenz-)Männer sollten sechs Monate präsent und ein Jahr in der Reserve dienen; die bisherigen Berufssoldaten – B-Männer genannt – waren sechs Jahre aktiv und dienten sechs Jahre in der Reserve.

Die Volkswehr und das Bundesheer der Ersten Republik standen stets nahe, mitunter aber direkt im Zentrum der innenpolitischen Auseinandersetzungen des damaligen Österreich. Der Historiker Ludwig JEDLICKA prägte dafür den Begriff „Ein Heer im Schatten der Parteien" und beschrieb in seinem gleichnamigen Buch die Verpolitisierung der Streitkräfte der Ersten Republik.

Diese innenpolitische Lage war prekär: Es war keine nationale Identität vorhanden, die politischen, sozialen, weltanschaulichen und kulturellen Gegensätze waren schroff und unversöhnlich. Die Feindbilder zwischen Schwarz, Rot und Braun waren starr, die Lebensverhältnisse instabil. Wirtschaftskrisen und Arbeitslosigkeit führten zur Verunsicherung breiter Schichten. Faschistoide und antisemitische Tendenzen bekamen Rückenwind, Gewaltbereitschaft bestimmte das Klima.

Zum schwersten, wohl aber auch leidvollsten Einsatz des Bundesheeres war es im Jahr 1934 gekommen: Vom 12. bis 16. Februar dauerte der kurze Bürgerkrieg, als das Bundesheer in blutigen Kämpfen den Republikanischen Schutzbund niederrang, wobei insgesamt auf beiden Seiten 297 Tote und 802 Verwundete zu verzeichnen waren.

Am 25. Juli 1934 kam es zum sogenannten „Juliputsch" der Nationalsozialisten. Wieder musste das Bundesheer eingesetzt werden, dem es bis Ende Juli gelang, die Aufstandsbewegung niederzuwerfen. Auf beiden Seiten (eingeschlossen die Wehrverbände und unbeteiligte Zivilisten) wurden 270 Tote und an die 600 Verwundete gezählt.

Die Offiziersausbildung fand, nachdem die ehemalige Babenbergerburg 1919 dem Staatsamt für Inneres und Unterricht übergeben worden war, von 1920 bis 1933 an der Heeresschule in ENNS statt. 1934 wurde die Theresianische Militärakademie in der Burg von WIENER NEUSTADT wiedererrichtet.

Trotz der schwierigen innen- und außenpolitischen Lage (die Frage der selbständigen Fortexistenz Österreichs stand bereits zur Debatte) versuchte man mit einer schrittweisen Vergrößerung und einer Modernisierung der Ausrüstung vom Berufsheer zu einem

Heer auf der Grundlage der allgemeinen Wehrpflicht überzugehen. 1936 war es soweit: das Bundesverfassungsgesetz über eine Allgemeine Dienstpflicht für öffentliche Zwecke (BGBl. Nr. 102/1936) wurde kundgemacht. Diesem Gesetz nach konnte jeder männliche Bundesbürger vom 18. bis zum 42. Lebensjahr zu zeitlich begrenzten Diensten mit oder ohne Waffe für öffentliche Zwecke herangezogen werden. In diesem Jahr rückten dann auch die ersten D-(Dienstpflicht)Männer ein, 1937 räumte man ihnen auch die Möglichkeit einer längeren Zeitverpflichtung ein.

In der Zeit der Amtsführung des Bundeskanzlers Dr. Kurt SCHUSCHNIGG, des Staatssekretärs General Wilhelm ZEHNER (nach ihm wurde die Kaserne in RIED/OÖ benannt) und des Chefs des Generalstabes, Feldmarschallleutnant Alfred JANSA (nach ihm wurde die militärische Liegenschaft in FELIXDORF benannt), kam es zu einer im Rahmen der gegebenen Möglichkeiten beschränkten Aufrüstung der österreichischen Streitkräfte. Die Gliederung der Verbände wurde mit sieben Infanteriedivisionen, einer selbständigen Brigade und einer schnellen Division den zeitgemäßen Anforderungen angepasst. Die Anschaffung der Panzerwaffe (erst zwanzig Jahre nach anderen Ländern stellte ÖSTERREICH sein erstes Kampfwagenbataillon in BRUCK an der LEITHA auf, ausgerüstet mit dem österreichischen Straßenpanzerwagen ADGZ der Firma Steyr) sowie der 1919 verbotenen schweren Artillerie wurde gefördert, eine kleine, aber gut ausgebildete Fliegertruppe aufgestellt. Diese Veränderungen kennzeichnen den letzten Abschnitt der Geschichte des Bundesheeres der Ersten Republik. Die österreichische Infanteriekanone sowie geländegängige Fahrzeuge fanden allgemein Anerkennung, die militärwissenschaftlichen Arbeiten österreichischer Offiziere auch im Ausland Beachtung. Das Bundesheer verfügte zu dieser Zeit über eine Stärke von 60.000 Mann.

Im Februar 1938 gewann die Entwicklung in ÖSTERREICH (nach der zunehmenden innenpolitischen Radikalisierung, dem Bürgerkrieg 1934, den Verboten der nationalsozialistischen, kommunistischen und sozialdemokratischen Partei u. a. m.) eine Eigendynamik. Es kam vor allem in der STEIERMARK und in KÄRNTEN zu nationalsozialistischen Demonstrationen (die später als „Volkserhebung" verklärt wurden). Dagegen war immer und überall das Bundesheer zur Unterstützung von Polizei und Gendarmerie im Einsatz.

Angesichts der massiven Drohung mit dem militärischen Einmarsch (die Mobilmachung der 8. Deutschen Armee erfolgte am 11. März) entschloss sich Bundeskanzler SCHUSCHNIGG am Abend desselben Tages zum Rücktritt und befahl dem Bundesheer, keinen Widerstand zu leisten. Die Politik hatte also entschieden, „kein deutsches Blut zu vergießen" und General ZEHNER, ein bekennender Gegner des NS-Regimes und bereit, ÖSTERREICH mit allen Mitteln gegen den Einmarsch zu verteidigen, musste gehen. So begann der „Einsatz Österreich" der deutschen Truppen am 12. März. Die 2. Panzerdivision stieß rasch nach WIEN vor, wo die ersten Fahrzeuge in der Nacht zum 13. März ankamen. Im Laufe der nächsten Tage und Wochen wurde ganz ÖSTERREICH besetzt – insgesamt waren am „Einsatz Österreich" an die 150.000 Mann beteiligt, die allerdings nicht alle nach ÖSTERREICH kamen. Mit etwa 850 beteiligten Flugzeugen – Millionen Flugblätter wurden abgeworfen und einige Kompanien per Luft transportiert – war dieser Einsatz die bis dahin größte Luftoperation der Geschichte.

Österreichs Souveränität wurde durch die Okkupation vom 13. März 1938 zwar faktisch, aber nicht rechtswirksam aufgehoben und das Bundesheer aufgelöst. Durch die Verpflichtung zur Militärdienstleistung in den Einheiten der Deutschen Wehrmacht und den seit 1943 verstärkten Luftkrieg, der sich namentlich gegen die Industrie und die Städte richtete, erlitt Österreich erhebliche Menschen- und Materialverluste und wurde zuletzt noch Kriegsgebiet.

Die Befreiung Österreichs im April 1945 bot die Möglichkeit, durch ein Staatssekretariat für Heereswesen das Recht auf eine eigene Armee anzumelden. Dagegen erhob der Alliierte Rat Einspruch und verhinderte so die Aufstellung von Streitkräften. Zehn Jahre hindurch blieb Österreich von den Truppen der vier Großmächte besetzt.

3.2 Persönlichkeiten 1918–1955

Carl KUPELWIESER (1841–1925)

wandte sich trotz ausgesprochen naturwissenschaftlicher Neigungen dem juristischen Studium zu und promovierte am 3. Juli 1866 zum Doktor der Rechte an der Wiener Universität. Wenige Tage darauf meldete er sich freiwillig zur Armee, die in BÖHMEN im Kampfe gegen die preußischen Heere stand. Nach wenigen Wochen war der Krieg beendet und KUPELWIESER kehrte heim, um nach kurzer Gerichtspraxis als Konzipient bei seinem Onkel, dem Advokaten Dr. Leopold SONNLEITHNER, einzutreten, dessen Kanzlei er 1870 übernahm. Durch seine Verwandtschaft wurde er dann veranlasst, sich an der Leitung großer industrieller Unternehmungen zu beteiligen, deren Verwaltung immer mehr seine ganze Kraft und Zeit in Anspruch nahm, so dass er die Ausübung der Advokatur in den Hintergrund treten ließ.

Schon früh hatte KUPELWIESER großes Interesse für alle Vorgänge auf geistigem und humanitärem Gebiet gezeigt, und als ihn glückliche Umstände in eine günstige materielle Lage versetzten, griff er fördernd und helfend ein. Er unterstützte großzügig das „Haus der Barmherzigkeit" sowie ein Taubstummen- und Blindeninstitut in WIEN, ließ ein musterhaft eingerichtetes Spital in SCHEIBBS (NÖ) und eine landwirtschaftliche Schule für Gebirgswirtschaft in PYHRA (NÖ), die er mit allen Lehrmitteln, Wohn- und Wirtschaftsgebäuden 1914 dem Land NIEDERÖSTERREICH übergab, erbauen. KUPELWIESER erfasste die große Bedeutung, welche einer rationellen Bekämpfung der Tuberkulose, besonders für die Bevölkerung der Städte, zukam und erlebte die Genugtuung, dass die Überzeugung von der Richtigkeit seines Planes sich immer mehr durchsetzte und seine Stiftung humanitärer Art ihren Zweck erfüllte.

Knapp zehn Jahre, nachdem das Ehepaar CURIE unterstützt durch eine Lieferung Pechblendenrückstände aus ÖSTERREICH das Radium entdeckt hatte, verfasste KUPELWIESER am 2. August 1908 ein (vorerst geheim gehaltenes) Schreiben an das Präsidium der Akademie der Wissenschaften. Seit langem beschäftigte ihn *„die Besorgnis, daß meine Heimat Österreich etwa verabsäumen könnte, sich eines der größten ihm von der Natur überlassenen Schatzes, nämlich des Minerals Uran-Pechblende,* *wissenschaftlich zu bemächtigen.* " Um das zu verhindern, blieb ihm *„in unserem etwas schwerfälligen Reiche [...] kein anderer Weg, als selbst in die Tasche zu greifen"* und so den Bau des ersten Institutes der Welt zu ermöglichen, welches sich ausschließlich der Erforschung der Radioaktivität widmen sollte. Die Akademie nahm das Angebot an und am 29. Oktober 1910 konnte das „Institut für Radiumforschung" eröffnet werden. (Anm.: Heute befindet sich dort das „Stefan-Meyer-Institut für subatomare Physik" der ÖAW.)

Die zweite wissenschaftliche Stiftung KUPELWIESERs war die „Biologische Station" in LUNZ. In Erkenntnis der zunehmenden Bedeutung der Hydrobiologie entschloss er sich 1906 zur Errichtung einer biologischen Station auf dem ihm gehörenden Gute. Die Station wurde perfekt ausgestattet, war die erste hydrobiologische Forschungsstelle im ostalpinen Raum und erfreute sich bald eines guten Rufes in der wissenschaftlichen Welt sowie eines regen Besuches durch Forscher verschiedenster Länder. Nach dem Ersten Weltkrieg erlangte die Station auch erhebliche Bedeutung als Unterrichtsanstalt, da sie das einzige größere hydrobiologische Institut war, das ÖSTERREICH verblieben war.

Beharrlich lehnte KUPELWIESER jede staatliche Anerkennung und Auszeichnung ab; Freude bereitete ihm seinen eigenen Worten gemäß nur die Anerkennung der wissenschaftlichen Welt, welche in der Verleihung des Ehrendoktorates der Philosophie durch die Wiener Universität und in der Wahl zum Ehrenmitglied der Akademie der Wissenschaften (1921) zum Ausdruck kam.

Theodor von LERCH (1869–1945; General)

war Absolvent der Theresianischen Militärakademie und der Kriegsschule. Seine Verwendung fand er in verschiedenen Generalstabsabteilungen. Von 1910 bis 1912 war er als Instruktionsoffizier bei der japanischen Armee, wo er zunächst bei einem Infanterie-, dann bei einem Artillerie-Regiment eingeteilt war. Als der k.u.k. Major des Generalstabes Theodor von LERCH in JAPAN ankam, wusste man dort über seine Fähigkeiten im Schilauf schon Bescheid und bat ihn, in TAKADA (nördlich von NAGANO) auch Schilauf zu unterrichten. Dies tat er in Theorie und Praxis. Dank seiner Erfahrung und seines pädagogischen Geschicks gelang es ihm auch, Zivilpersonen für das Schifahren zu begeistern. Es waren vor allem Lehrer, Journalisten und Studenten, die den Schilauf erlernten. Im Kreise der Schibegeisterten befand sich auch Feldmarschall NOGI, der LERCH ein Gedicht widmete. Und der Österreicher war es, der als erster auf Schiern den FUDSCHIJAMA (3748 m) bestieg. Als LERCH Ende September 1912 JAPAN verließ, war der Schilauf in JAPAN eingeführt und dort nicht mehr aus der Sportwelt wegzudenken.

LERCH bereiste KOREA sowie CHINA und nahm anschließend an den englischen Manövern in INDIEN teil. Im Jänner 1913 kehrte er nach WIEN zurück und war zunächst Bataillonskommandant, während des Ersten Weltkrieges Generalstabschef eines Korps (eingesetzt in GALIZIEN, dann an der ISONZO-Front), schließlich Brigadekommandant in ALBANIEN (20. Gebirgsbrigade, dann 93. Infanteriebrigade). 1919 trat LERCH in den Ruhestand und unternahm mehrere Vortragsreisen durch DEUTSCHLAND sowie SKANDINAVIEN, auf welchen er sich hauptsächlich mit der Südtirol- und der

Anschlussfrage beschäftigte. Er hielt auch Radiovorträge über seine Reisen in Ostasien und war vielfach publizistisch tätig. Das Wirken von LERCH bildete den Grundstein für die Begeisterung für den Schisport in JAPAN, deshalb wurde ihm 1921 auf einer weithin sichtbaren Höhe bei TAKADA ein Obelisk als Denkmal errichtet. Vierzig Jahre später wurde neben dem Obelisken ein drei Meter hohes Standbild, LERCH in österreichischer Uniform darstellend, auf einem sieben Meter hohen Sockel errichtet.

Gunther BURSTYN (1879–1945)
kam nach seiner Ausbildung in der Pionierkadettenschule HAINBURG als Leutnant 1902 nach POLA (heute: PULA), dem Hauptkriegshafen der österreichisch-ungarischen Monarchie, und diente beim Festungstelegraphenkader, wo er seine Kenntnisse in Nachrichtentechnik in die Praxis umsetzen sollte. Seine Hauptaufgabe bestand in der Erhaltung der bestehenden sowie im Ausbau neuer Nachrichtenverbindungen.

Ein für sein weiteres Leben bestimmendes Erlebnis hatte BURSTYN im Jahre 1903, als er in POLA zu einer Fahrt mit einem Torpedoboot der k.u.k. Marine in der ADRIA eingeladen wurde. Er war von der Konstruktion sowie der Schnelligkeit und Wendigkeit des Bootes so beeindruckt, dass er die Vorstellung entwickelte, man müsse so etwas auch auf dem Land, etwa in Form von kleinen, gepanzerten Fahrzeugen, einsetzen.

Von 1904 bis 1906 besuchte BURSTYN den höheren Geniekurs in WIEN, wo er unter anderem in Militärgeographie, Kriegsbaukunst, Baumechanik und Brückenbau, Artillerielehre sowie bautechnischen Gegenständen ausgebildet wurde. Er schloss den Kurs mit sehr gutem Gesamterfolg ab und wurde als Oberleutnant dem Geniestab bei der Geniedirektion in TRIENT zugeteilt, wo er zwei Jahre lang mit Entwurfsarbeiten für Befestigungsanlagen, Trassierungsplänen für Hochgebirgsstraßen und Erkundungen für Grenzbefestigungen beschäftigt war. 1910 kam BURSTYN zum Eisenbahn- und Telegraphenregiment und war während des Ersten Weltkrieges als Hauptmann bei der Eisenbahntruppe eingesetzt. Nach dem Kriege wurde er als Major vorerst in den Ruhestand versetzt, weil es für ihn als aktiver Offizier in dem nun verbliebenen Restösterreich keine entsprechende Verwendung gab. Kurze Zeit später hatte er neue Aufgabengebiete gefunden. Nach verschiedenen Verwendungen (Referent für Eisenbahnwesen, Leiter der technischen Exponate des HGM) kam BURSTYN 1926 als Sachbearbeiter ins Bundesministerium für Heerwesen, wurde aber Ende Dezember 1934 aus Krankheitsgründen in den dauernden Ruhestand versetzt, nachdem er kurz vorher zum „Generalbaurat" ernannt worden war. Sein durchwegs tragisches Leben endete 1945 mit Selbstmord.

Gunther BURSTYN war nicht nur Offizier, sondern auch Techniker, Erfinder sowie eifriger Autor und Publizist in einer Person. Zwei seiner vielfältigen wesentlichen Leistungen sollen kurz dargestellt werden:

Im Oktober 1911 erfand er die „Burstyn'sche Panzerwaffe", den ersten geländegängigen Panzerkampfwagen mit drehbarem Geschützturm, dessen Entwurf er auf dem Dienstweg dem Kriegsministerium vorlegte. Die Erfindung wurde vom Technischen Militärkomitee am 22. Dezember 1911 als unbrauchbar abgelehnt. Daraufhin bot BURSTYN seine Erfindung dem Deutschen Reich an, aber die Artilleriekommission in BERLIN befürchtete nicht unerhebliche Schwierigkeiten für ein solches Fahrzeug und das preußische Kriegsministerium hielt fest: *„Die Konstruktion dürfte erhebliche Schwierigkeiten machen."* So hat er schließlich seine Erfindung unter „Das Motorgeschütz" veröffentlicht („Streffleur's Österreichische Militärische Zeitschrift", Bd. 1/1912).

Mit seinem leicht gepanzerten Motorgeschütz auf einem Kettengestell war BURSTYN zwar zum „Erfinder" der zukünftigen Panzerwaffe sowie zum Revolutionär der Panzertechnik und Panzertaktik geworden, erlitt aber ein als typisch österreichisch bekanntes Erfinderschicksal: Die Realisierung seiner den damaligen militärtechnischen Standard weit übertreffenden Idee scheiterte am Unvermögen der k.u.k. Armee (aber auch des Bundesheeres der Ersten Republik) sowie an fehlenden budgetären Mitteln der österreichischen Regierung. Wie „unbrauchbar" dieses 1911 gedanklich konstruierte Panzerfahrzeug allerdings tatsächlich war, konnte man daran erkennen, dass England und Frankreich solche gepanzerten und bewaffneten Fahrzeuge („Tank" genannt) nur wenige Jahre später im Ersten Weltkrieg verwendeten. Immerhin wurden 1932 Modelle des Burstyn'schen Motorgeschützes im Technischen Museum in WIEN und im Pioniermuseum in KLOSTERNEUBURG ausgestellt, heute ist ein Modell im Heeresgeschichtlichen Museum in WIEN zu besichtigen. Ganz vergessen ist BURSTYN beim Österreichischen Bundesheer bis heute nicht: So wurde die Kaserne in ZWÖLFAXING 1967 nach ihm benannt und beherbergte bis 2007 die Panzertruppenschule (die heute, in ein Institut umstrukturiert, der Heerestruppenschule in EISENSTADT angehört).

1936 verfasste Gunther BURSTYN seine Arbeit „Kampfwagen für kleine Staaten", in der er festhielt, dass ein Kleinstaat kaum über Angriffschancen verfügt und somit sein militärstrategisches Konzept auf Verteidigung ausgerichtet sein muss. Er empfahl für die optimale Verteidigung das bestgeeignete Gelände auszusuchen und im Anlassfall sogar Gebiete dem Angreifer zu überlassen, um eigene Verluste gering zu halten. Er meinte weiters, dass das Ausnützen natürlicher Gegebenheiten (wie etwa Engstellen an Flüssen oder Passübergänge) und entsprechende Landesbefestigungen zusätzlich zum Verteidigungserfolg beitragen könnten. Diese grundsätzlichen Erwägungen sind deshalb bemerkenswert, weil sie sich in dem in den 1970er Jahren umgesetzten Konzept der „Raumverteidigung" des österreichischen Bundesheeres wiederfinden.

Gemeinsam mit anderen wohlverdienten Erfindern erhielt BURSTYN 1944 das Ehrendoktorat der Technischen Hochschule in WIEN, worüber in der Zeitung „Neues Wiener Tagblatt" am 16. Juni 1944 zu lesen war: *„Die Wiener Technische Hochschule machte [...] verspätet eine Schuld des alten Oesterreich und des Zweiten Reiches gut. Generalbaurat a. D. Ingenieur Gunter Burstyn wird zum Doktor h. c. der Wiener Technischen Hochschule promoviert. Burstyn ist nicht mehr und nicht weniger als der Erfinder des selbstfahrenden gepanzerten Kampfwagens, der heute im Kampf zu Lande eine so hervorragende Rolle spielt. [...] Burstyn erfährt nunmehr durch die Männer der Wissenschaft jene Ehrung, die er verdient. Damit ist er vor der Welt glänzend anerkannt.*

Lorenz BÖHLER (1885–1973),

Sohn eines Tischlers aus WOLFURT in VORARLBERG, hatte schon früh den Wunsch, Chirurg zu werden. Der Elfjährige entdeckte im „Interessanten Blatt" eine Abbildung, die ihn tief beeindruckte. Es handelte sich um die Fotografie einer Hand, bei der ein gewisser Dr. RÖNTGEN die Knochen seiner Frau mit Hilfe einer geheimnisvollen Strahlung sichtbar gemacht hatte. Fasziniert von dieser „Skeletthand", begann sich der Knabe für Knochen zu interessieren. Nach seinem Studium der Medizin in WIEN und der Promotion 1911 war er fast ein Jahr lang als Schiffsarzt tätig. Anschließend arbeitete BÖHLER als Sekundararzt in DEUTSCHLAND und verbrachte mehrere Monate an der berühmten MAYO-CLINIC in ROCHESTER (USA). Während des Ersten Weltkrieges war er zunächst Truppenarzt, dann (sehr bald) Regimentsarzt (der jüngste der k.u.k. Armee!). Die damals übliche Versorgung der Verwundeten verfolgte BÖHLER mit kritischem Blick, war unzufrieden mit den geltenden Dienstvorschriften, den geübten Methoden und den Behandlungserfolgen. Er erkannte bei der Behandlung der im Kriege häufigen Extremitätenverletzungen, dass es das oberste Ziel der Versorgung sein muss, die betreffende Extremität ruhig zu stellen. Erstmals begann er, die dafür nötigen Verbände und Hilfsmittel selbst zu entwerfen. Die Erfolge seiner Transportverbände waren bemerkenswert und so wurde BÖHLER im August 1916 zum Leiter eines Lazaretts in BOZEN ernannt. Zum Leidwesen des ehrgeizigen Arztes befanden sich allerdings nur Leichtverletzte in diesem Lager. Um seine kunstvollen, meist selbst gebastelten Verbandsbehelfe trotzdem ausprobieren zu können, hat er sich vom nahe gelegenen Bahnhof immer wieder Schwerverwundete aus den dort abgestellten Transportwaggons „ausgeborgt". Das Lazarett baute BÖHLER zur „Spezialabteilung für Knochenschussbrüche und Gelenkschüsse" aus. Mit seinen Methoden gelang es ihm, die Anzahl der Amputationen nach Schussbrüchen deutlich zu verringern und seinen Patienten funktionstüchtige Gliedmaßen zu erhalten. Das Lazarett erlangte sehr rasch Berühmtheit und bereits 1917 bildete BÖHLER rund 400 Ärzte nach seinen Methoden aus, 1918 errichtete er auch eine Schule für die Behandlung von Wunden und Knochenbrüchen. Die zentrale Technik dabei war neben der Ruhigstellung der verletzten Extremität der Einsatz von Extensionen anstatt der üblichen Gipsverbände. BÖHLER konstruierte selbst Extensionsgeräte und Apparate, die er zur Behandlung benötigte, wobei ihm sein technisches Verständnis aus der Tischlerwerkstätte des Vaters bzw. aus der von einem Onkel geführten Schlosserei zugute kam.

Nach dem Krieg arbeitete BÖHLER als Facharzt für Chirurgie und Orthopädie. Er plante und konkretisierte seine Ideen zur Verbesserung der Unfallchirurgie. Den Generaldirektor der Wiener Arbeiter- und Unfallversicherungsanstalt konnte er mit einer Kosten-Nutzen-Rechnung und seiner Statistik aus dem Bozener Lazarett überzeugen, dass mit seinen Behandlungsmethoden verletzten Menschen besser geholfen und zudem bis zu 70% der Kosten eingespart werden könnten – wenn man ihm nur Gelegenheit gäbe, seine Vorstellungen zur modernen Unfallchirurgie zu realisieren. Im Jahre 1924 wurde er daher zum Direktor und Primarius des zu errichtenden Arbeiter-Unfallkrankenhauses in WIEN (das spätere „Lorenz-Böhler-Krankenhaus") ernannt. Es wurde nach seinen

Vorstellungen und Ideen gebaut, war das erste Unfallkrankenhaus der Welt, besaß 140 Betten und einen angeschlossenen Lehr- und Forschungsbetrieb. Beinahe alle modernen Techniken der Unfallheilkunde waren hier bereits etabliert: Schockbehandlung, Infusions- und Transfusionstherapie sowie die Behandlung von schweren Verbrennungen und Erfrierungen, auch die Rehabilitation wurde praktiziert.

Diesem Krankenhaus, das er geschaffen hatte und für das er lebte, blieb BÖHLER bis zu seiner Emeritierung treu. Seine vorwiegend konservativen Behandlungsmethoden wandte er an, weil die Erfolge der Knochenoperationen zu dieser Zeit noch ungünstig waren. Dies lag am Material und an dem Umstand, dass man damals Komplikationen durch Infektionen noch nicht im Griff hatte. Dennoch war BÖHLER auch für Neuerungen zu haben. So führte er die erste Schenkelhalsnagelung in EUROPA durch und übernahm im Jahre 1940 KÜNTSCHNERs Marknagelung in seinem Krankenhaus. Er entwickelte zahlreiche Apparate, von denen hier nur sein Zielgerät zur Schenkelhalsnagelung, eine Fersenbeinzwinge und vor allem der Dreilamellennagel zur Schenkelhalsnagelung genannt sein sollen.

Lorenz BÖHLER betätigte sich auch unermüdlich als Lehrer. 1930 erfolgte seine Habilitation. 1936 wurde er außerordentlicher, 1954 ordentlicher Professor und 1965 zum w. M. der Akademie der Wissenschaften gewählt. Er publizierte rund 450 Arbeiten, die (meist) seine Grundsätze widerspiegeln: z.B. „Wie schützen wir die Verwundeten vor Amputation und Krüppeltum"(1924), „Offene Kampfansage gegen Massage und passive Bewegung bei frischen Knochen- und Gelenksverletzungen"(1933) oder „Volkswirtschaftliche Bedeutung der Unfallkrankenhäuser". Sein Lehrbuch „Technik der Knochenbruchbehandlung"(1929) wurde vorerst von keinem Verleger angenommen, daher brachte BÖHLER das Buch im Selbstverlag heraus. Es verkaufte sich ausgezeichnet und nach wenigen Monaten war die Auflage vergriffen. Rund 30 Jahre später, 1963, war das Werk in der dreizehnten Auflage auf 1.500 Seiten und 3.000 Abbildungen gewachsen. Dieses Lehrbuch, in sieben Sprachen übersetzt, ist als Standardwerk auf der ganzen Welt verbreitet. Eine ähnliche Verbreitung erfuhr auch seine „Verbandlehre". Lorenz BÖHLER gilt daher zu Recht als Schöpfer der modernen Unfallchirurgie!

Franz Eduard SUESS (1867–1941),
der Sohn von Eduard SUESS, dem ersten Inhaber der paläologischen, dann der geologischen Lehrkanzel an der Universität WIEN (s. Kapitel 2.4), studierte und promovierte mit einer paläontologischen Dissertation über den Schlier von OTTNANG. Nach einer zwei Jahre dauernden Assistentenzeit an der Deutschen Technischen Hochschule in PRAG bei Viktor UHLIG kehrte er nach WIEN zurück und arbeitete an der Geologischen Reichsanstalt. In dieser Zeit erfolgte auch seine Habilitation an der Universität WIEN. SUESS begann mit ausgedehnter Tätigkeit im Grundgebirge der Böhmischen Masse; auch petrographische und tektonische Arbeiten über böhmische Gebiete entstanden in dieser Zeit. Die vielseitige Forschungsarbeit fand eine erste zusammenfassende Darstellung in dem Werk „Bau und Bild Österreichs", das zum internationalen Geologenkongress in WIEN 1903 erschien. SUESS lieferte hierfür die eingehende Beschreibung der Geologie

von BÖHMEN und MÄHREN. Er schuf damit eine wertvolle Grundlage für weitere Forschungen, an denen er selbst maßgebend beteiligt blieb.

1911 wurde SUESS zum Nachfolger UHLIGs als Professor an die Universität WIEN berufen und widmete sich weiterhin hauptsächlich den Problemen des Baus und der Entstehung der älteren Gebirge. Er lieferte die Neubearbeitung des 1. Bandes von NEUMAYERs Erdgeschichte und war wohl auch der erste, der 1912 die Münchberger Gneismasse in NORDBAYERN als wurzellose Deckscholle deutete, was dann später durch die Spezialkartierung WURMs bestätigt wurde. Die Akademie der Wissenschaften wählte Franz Eduard SUESS 1911 zum korrespondierenden und 1915 (ein Jahr nach dem Tode seines Vaters) zum wirklichen Mitglied.

Eine Zusammenfassung seiner in den alten Gebirgsmassen EUROPAs gewonnenen Anschauungen formulierte SUESS 1926 in seinem Buch „Intrusions- und Wandertektonik im variszischen Grundgebirge". Anlässlich der Hauptversammlung der Deutschen Geologischen Gesellschaft in WIEN 1928 legte er seine Auffassung über die Baustoffe und die Entstehung der Landschaft um WIEN und darüber hinaus des böhmisch-mährischen und des alpinen Raumes umfassend dar.

SUESS wurde zum Ehrenmitglied der Wiener Geologischen Gesellschaft gewählt und war nach Vollendung seines 70. Lebensjahres emeritiert worden. Probleme bereitete in der NS-Zeit der Erlass des Reichsministers für Wissenschaft, Volksbildung und Erziehung, wonach der Ausschluss von „Mischlingen" und „jüdisch Versippten" aus der Akademie der Wissenschaften angeordnet wurde. In seiner präzisen Darstellung dieser Zeit hält Herbert MATIS fest: *„In einem einzigen Fall, nämlich bei Franz Eduard Suess (Geologie), der bereits seit 1915 wirkliches Mitglied war, gab es nachweislich Bemühungen, den Ausschluß zu verhindern. Am 18. April 1939 richtete jedenfalls die Akademie an Reichsminister Bernhard Rust ein Ansuchen, das o. M. Suess in der Akademie zu belassen. Rust lehnte dies allerdings in einer mit 2. Dezember 1939 datierten Note ab und gab in dieser Angelegenheit am 9. Jänner 1940 auch einen dementsprechenden Erlaß heraus, der in der Gesamtsitzung vom 9. Februar 1940 ohne weiteren Kommentar zur Kenntnis genommen wurde. Die durch das Ausscheiden von Suess in zwei Kommissionen freiwerdenden Plätze wurden durch die sofortige Nachwahl eines Ersatzmannes nachbesetzt."* Und MATIS fügt noch an: *„Obwohl der Almanach 1939 den Austritt von o. M. Suess mit 2.12.1939 angibt, nahm dieser bis inklusive 15.12.1939 regelmäßig an den Sitzungen teil."*

Die letzten Arbeiten von SUESS erschienen in den „Fortschritten der Geologie und Paläontologie" in BERLIN unter dem Obertitel „Bausteine zu einem System der Tektogenese". Das vierte Heft dieser Arbeiten war im Wesentlichen fertiggestellt, als Ende Jänner 1941 SUESS der Tod ereilte. Die Wiener Geologische Gesellschaft machte sein letztes Werk der Öffentlichkeit zugänglich.

Franz Eduard SUESS hat grundlegende Arbeiten über kristalline Grundgebirge, insbesondere die Böhmische Masse, und hydrogeologische Studien (TEPLITZ, KARLSBAD u. a.) sowie die Erforschung der Moldavite als bleibende Werke hinterlassen.

Hermann Franz MARK (1895–1992)

wurde am 3. Mai 1895 als Sohn von Hermann Karl MARK (ein bekannter Wiener Arzt) und Lilly MARK, geborene MÜLLER, in WIEN geboren. Er wuchs, umgeben von den medizinischen Größen des WIEN der Jahrhundertwende (Ernest FUCHS, Sigmund FREUD, Julius SCHNITZLER, u. a.), auf. Zu dieser Zeit waren einige Verwandte des Vaters bekennende Zionisten, die nach ISRAEL reisten, und die Familie kam mit vielen jüdischen Persönlichkeiten (unter ihnen HERZL und WEIZMANN) in Kontakt. Nach der Volksschule absolvierte MARK das Theresianum auf der WIEDEN, wo er 1913 die Reifeprüfung ablegte. Im Herbst desselben Jahres begann er das Chemie- und Physikstudium und rückte zur aktiven Militärdienstleistung als Einjährig-Freiwilliger beim Kaiserschützen-Regiment Nr. 2 ein. Am 1. August 1914 wurde MARK mobilisiert und ging am 5. August an die russische Front. Viereinhalb Jahre lang (mit insgesamt 4-monatiger Unterbrechung wegen Verwundungen) war er an allen Fronten eingesetzt, im Osten, Westen und im Süden. Er wurde für seinen Einsatz und seine Tapferkeit vielfach ausgezeichnet, und gegen Ende des Krieges war Leutnant MARK der meistdekorierte junge Offizier der k.u.k. Armee. Am 3. November 1918 geriet er bei ROVERETO in italienische Kriegsgefangenschaft, der er sich im August 1919 durch Flucht entzogen hat. Als Chemiestudent nutzte MARK die Zeit im italienischen Gefangenenlager, um Chemiekurse abzuhalten, wodurch viele Teilnehmer nach ihrer Entlassung mit dem dort erworbenen Wissen unmittelbar zu ihren Prüfungen antreten konnten. Diesen Zwangsaufenthalt hat er auch dazu genützt, um Italienisch zu lernen, sodass er fürderhin seine Vorträge je nach Auditorium in deutscher, englischer, französischer oder italienischer Sprache halten konnte.

Nach seiner Rückkehr nach WIEN nahm MARK sein Chemie- und Physikstudium an der Universität wieder auf (bei Prof. SCHLENK und Prof. JÄGER), wurde im Oktober 1920 Assistent am II. Physikalischen Institut und promovierte 1921 „summa cum laude" zum Doktor der Philosophie. Seine Dissertation behandelte „Die Synthese von Pentaphenylethyl". Diese Verbindung war besonders interessant, da sie das erste organische Radikal war, das im festen, kristallinen Zustand stabil war. Nach seiner Promotion folgte MARK als Assistent seinem Lehrer W. SCHLENK, der einen Ruf an die Universität BERLIN erhalten hatte. Die Organische Chemie an der Universität BERLIN war zu dieser Zeit weltweit führend. MARK wurde damals mit der Naturstoffchemie bekannt, mit Akaloiden, Polysacchariden, Polypeptiden und Kautschuk. Darüber hinaus erhielt er seine ersten fortwirkenden Eindrücke über die Kompliziertheit und den Reiz natürlicher Polymere, die schon damals enormes Interesse bei vielen Chemikern auslösten. Im Jänner 1922 kam MARK als Assistent an das Kaiser-Wilhelm-Institut (heute: Max Planck Institut) für Faserstoffchemie in BERLIN-DAHLEM und studierte die Molekularstrukturen von Zellulose, Seide und Wolle. Am 22. August 1922 heiratete MARK Maria SCHRAMEK, die ihm für die nächsten fünfzig Jahre seines Lebens zur Seite stehen sollte.

Im Februar 1925 habilitierte sich MARK an der Universität BERLIN als Privatdozent für Chemie und erhielt im März die Vorstandsstelle der physikalisch-chemischen Abteilung des Kaiser-Wilhelm-Institutes für Faserstoffchemie. Aus dieser Zeit stammen die ersten veröffentlichten Bücher: „Beiträge zur Kenntnis der Wolle und ihrer Bearbeitung" (gemeinsam mit F. EPSTEIN) und „Die Verwendung der Röntgenstrahlen in Chemie und Technik".

Mit 1. Jänner 1927 nahm MARK die Position eines Forschungschemikers im Hauptlaboratorium der I.G.-Farben-Industrie A.G. (heute: BASF) in LUDWIGSHAFEN an. Dort hatte er glänzende Möglichkeiten auch in der Grundlagenforschung, war zunächst Gruppenleiter und dann Leiter eines Forschungslaboratoriums. MARK organisierte eine größere Gruppe von Chemikern und Physikern, die sich der Erforschung der Strukturen von natürlichen Polymeren, und da wiederum hauptsächlich von Zellulose, Stärke, Kautschuk und Seide, widmeten. Ihr Ziel war es, die Anwendbarkeit von natürlichen Polymeren im technischen Bereich zu verbessern, aber auch quantitative Schlüsse über Synthese, Struktur und Eigenschaften von synthetischen Polymeren zu ziehen. In dieser Zeit leistete MARK auch wichtige Beiträge zur Erforschung der Elektronenstreuung von Gasen und über die elektrischen Eigenschaften von Ionenkristallen. Die ersten Anfänge der Erforschung der systematischen und mechanischen Eigenschaften von natürlichen und synthetischen Polymeren stammen ebenfalls aus dieser Zeit. Gleichzeitig war MARK a. o. Professor für Physikalische Chemie an der Universität KARLSRUHE geworden, wo er Vorlesungen über Materialuntersuchungen mit Röntgenstrahlen und über technische Katalyse gehalten hat. Unter seinen Studenten waren u. a. WIGNER, TELLER und PERUTZ.

In dieser Periode (1927–1932) lebte MARK mit seiner Frau in MANNHEIM, arbeitete (hauptberuflich) in LUDWIGSHAFEN und hielt Vorlesungen in KARLSRUHE. Am 17. Juni 1929 wurde Sohn HANS geboren, am 8. April 1931 folgte Sohn PETER. Dennoch hat Hermann Franz MARK in dieser Zeit über achtzig Abhandlungen veröffentlicht, das Buch „Physik und Chemie der Zellulose" verfasst und mit dem Direktor der I.G.-Farben-Industrie A.G., Prof. Kurt MEYER, das Buch über „Die Struktur der hochmolekularen Substanzen" geschrieben.

Als 1932 die Schatten einer drohenden Herrschaft der Nationalsozialisten über Deutschland dunkler und dunkler wurden, ließ der Werksdirektor der I.G.-Farben-Industrie A.G., Dr. GAUS, MARK in sein Büro rufen und erklärte ihm die vorhersehbaren Schwierigkeiten für seine weitere Tätigkeit in LUDWIGSHAFEN sowie die praktische Unmöglichkeit irgendeiner Beförderung. Er wies MARK darauf hin, dass er besser ein akademisches Amt übernehmen sollte und versprach ihm für diesen Fall Hilfe – auch finanzielle. MARK war froh über den fairen, weisen Rat und ließ sofort bekannt werden, dass er für eine akademische Position verfügbar sei. Nach Verhandlungen über einige andere Angebote leistete er einem Ruf nach WIEN Folge und wurde Nachfolger Rudolf WEGSCHEIDERs als Professor für Physikalische Chemie und Direktor des I. Chemischen Institutes der Universität. So übersiedelte die Familie im Herbst 1932 nach WIEN. MARK organisierte eine grundlegende Modernisierung des Institutes, nicht nur in den Bereichen Lehre und Forschung.

Mit großzügiger Hilfe der Industrie und mit der Unterstützung des Unterrichtsministeriums konnte MARK eine Gruppe von begeisterten und hochqualifizierten Mitarbeitern (J. W. BREITENBACH, F. BRUNNER und A. v. WACEK in organischer

Chemie; P. GROSS, E. HAJEK, O. KRATKY, F. PATAT und H. E. SUESS in physikalischer Chemie; E. BRODA, E. GUTH und R. SIMHA in Physik) um sich versammeln und innerhalb weniger Jahre wurde das Institut die Wiege dieses neuen, anspruchsvollen Wissenszweiges, des weiten Feldes der Polymere. Zahlreiche ausländische Gelehrte besuchten die MARK'sche Schule, blieben für kürzere oder längere Perioden am Institut in WIEN und trugen entscheidend zur Entwicklung seines Weltrufes bei. Eine Reihe wichtiger Entwicklungen nahm damals ihre Anfang: So wurden eine einfache Molekulargewichtsbestimmungsmethode auf Basis des Zusammenhanges der Lösungsviskosität mit anderen Methoden wie Osmometrie oder, gemeinsam mit GUTH, die ersten Schritte zur Erforschung der Kautschukelastizität entwickelt. Einige hundert Abhandlungen wurden von der Wissenschaftlergruppe des Institutes publiziert und das Buch „Röntgenographische Untersuchung von Kristallen" von F. HALLA und H. MARK veröffentlicht. In diesen Jahren füllte MARK etliche offizielle Funktionen in Österreich aus: Er war Berater von Ministerien (Unterricht, Industrie, Land- und Forstwirtschaft, Außenamt), für die Industrie und für Fachvereinigungen. Es ist daher nicht weiter verwunderlich, dass der Vielbeschäftigte sehr oft unterwegs war, um seinen Verpflichtungen nachzukommen.

Eine Reise sei hier kurz angeführt: Es handelte sich um die Expedition im August 1935 zu den Gletschern des KAUKASUS, bei der es um die Konzentration von schwerem Wasser (das Verhältnis von Wasserstoff zu Deuterium) in natürlichem Eis ging. Diese Expedition wurde mit Unterstützung der Akademien der Wissenschaften in WIEN und MOSKAU ermöglicht und gefördert, von MARK geleitet und brachte 21 Wasserproben (vom ELBRUS aus einer Höhe von 5.630 m) nach WIEN. In einem Schreiben vom 8. September 1950, welches der damalige Vorstand des I. Chemischen Laboratoriums, L. EBERT, an den damaligen Rektor der Universität (damaligen Vize- und späteren Präsidenten der ÖAW), R. MEISTER, vorgelegt hat, wird über die Teilnehmer der Expedition festgehalten:

„Soweit in der kurzen Zeit Erkundigungen möglich waren, nahmen an der Expedition teil:

1.) *Prof. H. Mark als Leiter*

2.) *Herr Schintlmeister, damals Lehrer in Golling als hervorragender Alpinist.*

3.) *Dr. Josef Schintlmeister, Bruder von 2), als Physiker und Alpinist (bis 1945 Assistent am II. Physikalischen Institut der Universität Wien; seit 1946 freiwillig in Rußland als Physiker tätig).*

4.) *Dr. Eugen Baroni (damals noch Student, später Demonstrator und Assistent am I. Chem. Univ. Labor, seit 1942 eingezogen zur Deutschen Wehrmacht, 1944 als Ölchemiker der Wehrmacht in Rumänien von den Russen gefangengenommen, seitdem in Rußland als Chemiker tätig).*

Jedenfalls handelte es sich bei dieser KAUKASUS-Expedition um ein Glied in der systematischen Erforschung hochalpiner Eis- und Schneeproben ganz verschiedener Herkunft. MARKs Abhandlung „Das Schwere Wasser" wurde noch 1935 veröffentlicht.

Die Akademie der Wissenschaften war natürlich auf den erfolgreichen Wissenschaftler aufmerksam geworden. So hält der Vorschlag des Jahres 1934, MARK zum k. M. der mathematisch-naturwissenschaftlichen Klasse zu wählen, u. a. fest:

„[…] Hermann Mark hat etwa 100 Abhandlungen veröffentlicht, die ihm einen ausgezeichneten Namen in der Wissenschaft und in der Technik verschafft haben. […] Im Anschluss an diese wissenschaftlichen Arbeiten […] hat Mark auch rein technische Erfolge aufzuweisen. Aus dem Forschungslaboratorium in Ludwigshafen, welches unter der Leitung von Hermann Mark stand, sind etwa 150 Patente hervorgegangen, die sich auf die verschiedensten Arbeitsgebiete beziehen und z. T. technische Verwendung gefunden haben, so die Herstellung von Essigsäure aus Methylalkohol und Kohlenoxyd, Dehydrierung organischer Verbindungen, […]. Außerdem liegen von Hermann Mark Verfahren zur Synthese von Farbstoffen und Textil-Hilfsmitteln vor, die über weite Gebiete verteilt sind."

Hermann Franz MARK wurde 1934 zum korrespondierenden Mitglied der Österreichischen Akademie der Wissenschaften gewählt, nur ein Jahr später wurde er wirkliches Mitglied. Bei der Jahrestagung der Akademie am 2. Juni 1937 hielt MARK einen Vortrag zum Thema „Die Chemie als Wegbereiterin des Fortschrittes". Dabei führte er einleitend aus: „[…] es gibt große chemische Einzelleistungen, die mit einem Schlage ein weites Feld neuer wissenschaftlicher und industrieller Betätigung erschließen und es gibt eine allmählich durch die zusammenwirkenden Arbeiten vieler Forscher zunehmende Beherrschung der Stoffe, die in ihren Auswirkungen auf die Physik und Technik von der größten Bedeutung sein kann." Dann brachte er drei große Entwicklungen als Beispiele: 1. die Herstellung synthetischer Farbstoffe, keineswegs als Ersatzprodukte der natürlichen, sondern als „[…] neue Werkstoffe, denen aufgrund eingehender Kenntnis des gesamten Sachverhaltes mit voller Absicht bestimmte zweckdienliche Eigenschaften erteilt worden sind."; 2. die Herstellung künstlicher Heilmittel, „[…] welche den natürlichen im wesentlichen aus dem Pflanzenreich stammenden Arzneien an Sicherheit, Bequemlichkeit und Wirkung meist deutlich überlegen sind," und 3. die Industrie der künstlichen Düngemittel, welche in der Lage ist, „[…] aus dem Stickstoff der Luft und dem Wasserstoff des Wassers eine fast unübersehbare Menge wertvoller Düngesalze herzustellen, für die günstigste Verwertung im Boden vorzubereiten und in ihrer Mischung zur Förderung des Wachstums aller heimischen Pflanzen festzulegen." Für MARK zeigen diese Beispiele „[…] besonders deutlich, daß ein erfolgreicher Ausbau eines technisch-wirtschaftlichen Gebietes nur möglich ist, wenn die wissenschaftlichen Grundlagen hinreichend fundiert sind." Es folgte die Frage, ob es zu diesem Zeitpunkt wissenschaftliche Entwicklungen bestimmter Forschungszweige der Chemie gab, die „[…] mit großer Wahrscheinlichkeit als Wegbereiter des technischen Fortschrittes auf den Plan treten werden?". Dabei ging MARK zuerst auf das Gebiet der synthetischen Treibstoffe ein und hielt fest: „Die moderne synthetische Chemie ist in der Lage, alle gegenwärtig verwendeten flüssigen Treibstoffe aus Rohprodukten herzustellen, die praktisch überall erreichbar sind und kann die mindestens gleiche Qualität dieser Produkte durchaus verbürgen. Über die Wirtschaftlichkeit darf aber das letzte Wort heute noch nicht gesprochen werden." Dann folgte das große und wichtige Gebiet der Kunststoffe im weitesten Sinne: „[...] eine große Gruppe von im wesentlichen organischen Substanzen, die als Bau- und Konstruktionsstoffe von immer steigender Bedeutung werden." Man habe in den letzten Jahren organische Stoffe gefunden, deren Moleküle aus sehr vielen Atomen bestehen und die daher sehr viel höhere Molekulargewichte haben. „[...] Natürliche Substanzen dieser Art sind Zellulose, Stärke, Lignin, Kautschuk, Chitin, Proteine, Keratine usw., d.h. alle jene Körper, die in der organisierten Natur als Gerüststoffe, Schutz- oder Reservestoffe verwendet werden." Damit war MARK bei „seinem" Forschungsbereich, den synthetischen organischen Baustoffen, dem Zweig der hochpolymeren oder hochmolekularen Substanzen, angelangt. Er berichtete, dass es gelungen ist, „[...] nicht einen Kautschukersatz, sondern eine ganze Reihe neuartiger Werkstoffe herzustellen, die in der Zukunft sicherlich den Naturkautschuk aus manchem Verwendungsgebiet verdrängen werden, weil sie die hiefür verlangten Eigenschaften in höherem Maße besitzen als dieser. [...] In Deutschland, USA und Rußland ist diese Entwicklung soweit fortgeschritten, daß im Jahr bereits etliche tausend Tonnen solcher Produkte hergestellt und verwendet werden." Im Hinblick auf die künstlichen Isolierstoffe folgerte MARK: „So hat es den Anschein, als ob in den nächsten Jahren unsere metallischen und keramischen Werkstoffe aus zahlreichen Anwendungsgebieten durch diese neuartigen Kunststoffe auf organisch-chemischer Basis verdrängt werden würden, weil die letzteren mit überlegenen Eigenschaften ausgestattet werden können." Auch der Bereich der natürlichen Fasern (Wolle, Seide und Baumwolle) ist vom wissenschaftlichen Fortschritt auf dem Gebiet der natürlichen Hochpolymeren betroffen. „[...] Daher ist man in der Lage, sowohl die natürlichen Fasern durch entsprechend angepaßte Nachbehandlungen sehr weitgehend zu veredeln, als auch neuartige Faserstoffe zu schaffen, die von billigen und überall verfügbaren Materialien ausgehend für gewisse Verwendungszwecke bereits von großem Interesse sind." Dann ging Hermann MARK auf die zweite Art des Eingreifens der Chemie in die Wegbereitung des Fortschrittes ein: Erfindungen, die von anderer Seite – besonders von der Physik – gemacht worden sind und bei denen es erst die Chemie ermöglicht, sie in vollem Umfange auszuwerten. Als besonders klares Beispiel stellte er dabei die Entwicklung der Glühlampe dar: „Daß man mit Hilfe des elektrischen Stromes einen Draht zum Glühen bringen und auf diesem Wege Wärme und Licht zu erzeugen vermag, ist eine Erfindung der Physik; der weite Weg von der ersten Kohlenfadenlampe Edisons über die Osmiumlampe Auer v. Welsbachs bis zur heutigen Wolframlampe und bis zur modernen Reklamebeleuchtung mit Edelgasen wurde aber in engster Zusammenarbeit mit der präparativen Chemie zurückgelegt." Ein weiteres Beispiel war für MARK die Betrachtung der Photographie, denn auch hier seien Physik und Chemie untrennbar an dem Ausbau der Gesamtleistung verbunden. „[...] Die chemischen Fortschritte beziehen sich hauptsächlich auf die in den letzten Jahren besonders gesteigerte Kornfeinheit und Empfindlichkeit der Filme, [...] auf die möglichste Zähigkeit und Wasserklarheit der Filmunterlage, auf die leichte Bearbeitbarkeit der zur Linsenherstellung verwendeten Gläser und auf die Mitwirkung von Leichtmetallen bei der Konstruktion von Einstellvorrichtungen und Verschlüssen." Und er fügte hinzu: *„Auch für die Zukunft ist hier noch eine erhebliche Weiterentwicklung zu gewärtigen, denn die endgültige Lösung der Frage des Farbenfilmes steht unmittelbar bevor und ist gegenwärtig schon keine technische Frage mehr, sondern lediglich eine wirtschaftliche."* Ähnliche Verhältnisse fand MARK auch bei der Entwicklung der Radiotechnik und er war überzeugt: *„[...] In der nahen Zukunft ist ohne Zweifel die endgültige praktische Lösung des Fernsehproblems zu erwarten, das gegenwärtig auch im wesentlichen noch an einem chemischen Problem stockt, nämlich an der Herstellung eines genügend kräftigen und geeignet auslöschenden Leuchtschirmes."* Auch die Technik der modernen Verkehrsmittel – Flugzeug und Auto – war für MARK mit dem chemischen Fortschritt auf das Engste verbunden: feste und korrosionsbeständige Leichtmetall-Legierungen, leistungsfähige Treibstoffgemische, höchst viskose und gleichzeitig kältebeständige Öle, nicht vereisende Lacke usw. Und er beendete seinen Vortrag mit den Worten: *„ Neben den großen Geistern unserer Wissenschaft, die mit kühnem Griff die Bahn des Fortschrittes aufreißen und sich mit unvergänglichen Lettern in das Buch von der Entwicklung des Menschengeschlechtes eintragen, muß daher auch der großen Menge braver Soldaten gedacht werden, deren jeder nur einen kleinen Stein in das große Mosaik der Gemeinschaftsarbeit fügt, die aber in ihrer Gesamtheit doch eine wichtige Leistung vollbringen, nämlich die unaufhaltsame systematische Förderung und Hochzüchtung der Beherrschung von Kraft und Stoff."*

Im Herbst 1937 traf MARK in WIEN mit Dr. C. B. THORNE, dem Chef der „Canadian International Pulp and Paper Company", zusammen. THORNE suchte einen Nachfolger für Prof. Emil HEUSER, dem langjährigen Forschungschef der Firma in HAWKESBURY (ONTARIO, KANADA) und kam mit MARK überein, dass dieser (nach Verfügbarkeit) für einige Monate nach HAWKESBURY kommen sollte, um das Forschungslaboratorium zu modernisieren und eine junge Forschungsmannschaft zusammen zu holen, welche besonderes Interesse für den Bereich Zellulose und Lignin hatte.

Nach dem „Anschluss" 1938 gab es für MARK aufgrund seiner jüdischen Herkunft und Verwandtschaft kein Bleiben mehr in ÖSTERREICH. Er nahm deshalb Kontakt mit THORNE auf und teilte ihm mit, dass er ab sofort als Forschungschef verfügbar sei. Er wurde zwar in WIEN inhaftiert, kam aber durch glückliche Umstände bald wieder frei. Im April 1938 wurde MARK von der Universität als Professor und Direktor des I. Chemischen Institutes entlassen. Mit der ganzen Familie und einer jüdischen Nichte floh er im Mai aus ÖSTERREICH zuerst nach ITALIEN, dann in die SCHWEIZ und von dort nach FRANKREICH. Anfang 1939 erreichten sie ENGLAND, wo MARK seine Familie zurückließ und allein nach KANADA ging; seine Familie folgte im November nach. Sogleich stürzte sich MARK in die Arbeit: Er reorganisierte mit dem technischen Direktor Sigmund WANG das Forschungslaboratorium und sorgte für eine moderne Ausstattung mit Geräten und Maschinen. Zugleich schrieb er sein Buch über die „Physikalische Chemie der Hochpolymere" fertig und veröffentlichte es auch in der englischen Version. In Zusammenarbeit mit der „Interscience Publishing Company (NEW YORK)" begann MARK mit der Herausgabe der Reihe über „Highpolymers and Related Substances", deren erste Nummer er gemeinsam mit G. WHITLEY über „Collected

Papers of W. H. Carothers" verfasste, die zweite Nummer war seine Abhandlung über „Physical Chemistry of Polymere".

Die Tätigkeit in KANADA ließ MARK rasch erkennen, dass seine Forschungen auf den Bereich der Zellulose beschränkt waren und er den Kontakt zum sich rasch entwickelnden Gebiet der synthetischen Polymere verlor. Aus diesem Grunde nahm er Kontakt zu einigen (Forschungs-) Freunden in KANADA und den USA auf. Im Frühjahr 1940 erhielt er die Einladung von Dr. Harry ROGERS, dem Präsidenten des Polytechnic Institute of BROOKLYN (NEW YORK), als „Adjunct Professor" ans Institut zu kommen. Zugleich wollte ihn der Chef von DuPont, Dr. E. B. BENGER, als Berater für den Kunstseidebereich in seine Firma holen. MARK nahm beide Angebote an und verließ Ende Mai 1940 HAWKESBURY, seine Familie kam im Frühling 1941 nach.

Das Institut in BROOKLYN bot MARK entsprechende Möglichkeiten der Lehre und der Forschung, 1942 wurde er ordentlicher Professor für Organische Chemie. Zwei Jahre später gründete er am Polytechnic Institute das „Polymer Research Institute" und war viele Jahre lang dessen Direktor. In der Folge entwickelte sich das Institut zum Weltzentrum für Lehre und Forschung im Bereich der Polymerwissenschaften.

Während des Zweiten Weltkrieges begann MARK auch als technischer Berater der U.S. Navy und des U.S. Quartermaster Corps zu arbeiten. Dabei hatte er u. a. die Aufsicht über ein vom Militär finanziertes und am Polytechnic Institute of BROOKLYN durchgeführtes Projekt, bei dem, so steht es in seiner Biographie, „[...] he worked at the development of a snow going vehicle – the „weasel" – of an amphibious truck – the „Ducqu" – and of an ice-made aircraft carrier, the ‚Habbakuk' [...]."

Doch zurück nach ÖSTERREICH, wo MARK seit 1935 wirkliches Mitglied der Akademie der Wissenschaften gewesen ist. Die Zeit des Dritten Reiches war für die Akademie in WIEN, wie Herbert MATIS nachgewiesen hat, eine „Epoche des angepassten Überlebens": Man passte sich in vielen Bereichen den Wünschen der neuen Machthaber an, ohne aber so etwas wie „vorauseilenden Gehorsam" zu entwickeln, und man leistete durchaus auch Widerstand dort, wo es um die Wahrung der eigenen Freiräume ging. Manches wiederum fiel eher unter den Begriff des „symbolischen Widerstands". Im Gefolge der Ereignisse rund um den „Anschluss" vom 12. März 1938 kam es zu einigen Veränderungen, die auch die innere Organisation der Akademie, vor allem ihre Satzungen sowie die damit verbundenen Wahlmodalitäten, betrafen. Deren Umsetzung dauerte allerdings einige Zeit: So brauchte es mehr als ein halbes Jahr, bis es zur Einsetzung eines neuen Präsidiums kam. Die gültige Satzung des Jahres 1921 (mit einer Ergänzung aus 1925) musste durch die „vorläufige Satzung (1938)" ersetzt werden, wobei die wesentlichste Satzungsänderung die Wahl bzw. die Bestätigung der gewählten Mitglieder betraf (die Wahl von Mitgliedern bedurfte nunmehr der Bestätigung durch den Reichsminister für Wissenschaft, Erziehung und Volksbildung, dem auch die Ernennung der Mitglieder des Präsidiums oblag). Die „vorläufige Satzung" blieb während der ganzen NS-Zeit in Kraft und konnte erst 1945 durch die ursprünglichen Satzungen des Jahres 1921 ersetzt werden. Auch die „Säuberung" und die „Gleichschaltung" liefen in der Akademie mit einer gewissen zeitlichen Verzögerung ab. In der Gesamtsitzung am 16. Dezember 1938 beschloss man (aufgrund der Note des Unterrichtsministeriums „betr. Suspendierung nichtarischer Mitglieder") *„durch persönliche Fühlungnahme die jüdischen Mitglieder zum freiwilligen Austritt zu veranlassen".* Zu diesem Zeitpunkt hatten Stefan MEYER und Horst MEYER von sich aus bereits ihren Austritt erklärt, die Mitglieder Bertold HASCHEK, Alfred PRIBRAM, Ernst PICK, Emil ABEL und Eduard NORDEN erklärten daraufhin zum Jahreswechsel ebenfalls ihren „Austritt". Einen Höhepunkt in dieser Angelegenheit setzte der Erlass des Reichsministers vom 3. Oktober 1940, wonach insgesamt sieben Mitglieder gleichzeitig, nämlich Walther BRECHT, Hermann MARK, Karl BÜHLER, Viktor F. HESS (Nobelpreis 1936), Erwin SCHRÖDINGER (Nobelpreis 1933), Franz BOAS und Alfred HETTNER, aus der Akademie auszuschließen seien.

Betrachtet man die Liste der, wie dies im Almanach umschrieben wurde, *„ausgetretenen Mitglieder"* und den jeweiligen Zeitpunkt ihres Ausschlusses, so erkennt man, dass sich die nationalsozialistische „Gleichschaltung" in Österreich nahezu ein dreiviertel Jahr auf die Mitgliedschaft bei der Akademie nicht auswirkte. Die Akademie wurde von sich aus in dieser Zeit jedenfalls nicht aktiv und hatte es auch später nicht besonders eilig damit, die dem Regime aus rassischen oder politischen Gründen missliebigen Mitglieder auszuschließen.

Bereits in der ersten Gesamtsitzung nach Kriegsende am 22. Juni 1945 wurden die seinerzeit aufgrund der Rassengesetze geforderten Aufhebungen von Mitgliedschaften für ungültig erklärt. Die davon betroffenen Mitglieder wurden, sofern erreichbar, umgehend benachrichtigt und aufgefordert, ihre frühere Mitgliedschaft wieder anzunehmen. Es ist kein Fall bekannt, dass jemand die Wiederaufnahme abgelehnt hätte; allerdings zogen es die meisten der zum Wiedereintritt aufgeforderten Gelehrten vor, an ihren neuen Wirkungsstätten zu bleiben, so dass sie als „korrespondierende Mitglieder im Ausland" geführt wurden. An alle betroffenen Mitglieder erging ein Schreiben von Präsident SPÄTH mit folgendem Inhalt: *„Nach dem Umbruch wurde in der Gesamtsitzung der Akademie der Wissenschaften am 22. VI. 1945 beschlossen, daß allen wirklichen und korrespondierenden Mitgliedern der Akademie, die nach 1938 aus politischen oder rassischen Gründen ihre Mitgliedschaft niederlegten oder ausgeschlossen wurden, ihr Platz in der Akademie zurückgegeben wird. Im Sinne dieses Beschlusses, der keiner Bestätigung von Seiten der Regierung bedarf, sind Sie [...] Mitglied und ich freue mich, daß damit ein Teil des Unrechts, das Ihnen widerfuhr, wieder gutgemacht wird."*

Im Laufe der Zeit war also das w. M. Hermann MARK des Jahres 1935 zum „ausgetretenen" oder „ausgeschlossenen" Mitglied des Jahres 1940 und schließlich zum „korrespondierenden Mitglied im Ausland" des Jahres 1945 geworden.

Das Bundesministerium für Unterricht bestellte mit Erlass vom 17.08.1954, Zl. 67.799/I-4/54, Prof. Dr. Hermann MARK zum Gastprofessor für physikalische Chemie an der Philosophischen Fakultät der Universität WIEN für das Sommersemester 1955. Dies war auf Antrag des akademischen Senats der Universität, der den 60. Geburtstag von MARK für eine besondere Ehrung nutzen wollte, erfolgt. So erhielt am 20. Juni 1955 der in Amerika tätige österreichische Chemiker im Senatssitzungssaal die Urkunde der Verleihung der Ehrenmitgliedschaft und des Goldenen Ehrenzeichens der

Universität WIEN überreicht. Dieser Feier wohnten Unterrichtsminister DRIMMEL, Landeshauptmann GLEISSNER und der Präsident der Akademie der Wissenschaften MEISTER bei, die vom Rektor RADON begrüßt wurden. Die Laudatio hielt Prof. EBERT, der u. a. ausführte: *„Durch die Ereignisse des Jahres 1938 wurden Sie Ihrer Stellung und Ihrem Vaterlande entrissen. [...] Sie und Ihre Familie mußten auswandern und schließlich sind Sie nach manchen schweren Jahren in Ihrer neuen Heimat Bürger im vollen Sinne des Wortes geworden, [...] haben wieder ein blühendes Institut mit weitgespannter wissenschaftlicher und technischer Wirksamkeit unter sich. [...] Aber umso lauter möchte ich Ihrer Wirksamkeit gedenken bei Ihrem Eintreten zugunsten der frühen Anerkennung der an österreichischen Universitäten und anderen Hochschulen erworbenen akademischen Grade, die von größter Bedeutung für die berufliche Laufbahn unserer nach den Staaten gehenden Absolventen ist, aber auch ganz allgemein für das Ansehen unserer österreichischen Hochschulen. Umso lauter muß ich Ihnen danken für Ihre, wie in alter Zeit, unerschöpflich scheinende Gastfreundschaft gegenüber allen, die für kurz oder lang von hier übers große Wasser kommen und in Brooklyn auftauchen oder anklopfen; für Ihren Rat und Ihre Sorge, die Sie ganz besonders unseren jüngeren Fachgenossen widmen! [...] Sie übersehen in Ihrer Schlüsselstellung die gesamte stürmische technisch-wissenschaftliche Entwicklung unseres Zeitalters besser wie wir. Sie halten in dieser Entwicklung als treuer Sohn Ihrer Heimat zu uns und unseren Landsleuten, Sie sind – trotz Beanspruchung von allen Seiten – als Gastprofessor zu uns gekommen. [...] Sie werden nun in einem besonderen Sinne mit uns verbunden sein. Möge diese Ehrung Ihnen persönlich Freude und Genugtuung bereiten. [...] In diesem Sinne überreiche ich Ihnen, lieber Herr Mark, das Diplom der Ehrenmitgliedschaft unserer Universität.“* Rektor Prof. RADON dekorierte Prof. MARK mit dem Goldenen Ehrenzeichen der Alma Mater Rudolfina. In der „Wiener Zeitung" vom 21. Juni 1955 konnte man lesen: *„Prof. Dr. Mark dankte sichtlich gerührt für die Auszeichnungen. In Österreich beobachte man mit Besorgnis, sagte er, das Abströmen von Wissenschaftlern in andere Länder und Erdteile. Bei dieser Erscheinung überwiege aber angesichts der erstaunlichen Produktivität Österreichs auf dem Gebiet der Wissenschaften der Gewinn den Verlust. [...] Und so schließe er seinen Dank in der Überzeugung, daß die österreichische Wissenschaft trotz ihrer geringen Mittel immer einen bedeutenden Platz in der Welt einnehmen werde.“*

Diese Anwesenheit MARKs in WIEN nutzte die Akademie der Wissenschaften, um ihr k. M. im Ausland zu einem Vortrag über „Neue Gebiete chemischen Fortschrittes" bei der Gesamtsitzung am 24. Juni 1955 einzuladen. Bereitwillig nahm der Wissenschaftler diese Einladung an. Ab diesem Zeitpunkt stand Hermann MARK mit den österreichischen wissenschaftlichen Instituten und mit der österreichischen Industrie als Konsulent in engem Kontakt und vermittelte in aktueller Weise die neuesten Entwicklungen in seinen (nahezu) alljährlichen Vorträgen. So kam es, dass die Akademie der Wissenschaften 1970 MARK zum „Ehrenmitglied" der mathematisch-naturwissenschaftlichen Klasse wählte. Als Begründung stand im diesbezüglichen Antrag kurz und bündig: *„Die bahnbrechenden Arbeiten Marks in der Frühzeit der Röntgenkristallstrukturanalyse und seine bis in die letzte Zeit betriebenen Pionierarbeiten auf dem Gebiet der makromolekularen*

Stoffe sind so allgemein bekannt, dass sich eine Aufzählung erübrigt. Seine zahlreichen Ehrendoktorate und Mitgliedschaften von Akademien belegen sein höchstes internationales Ansehen."

Doch zurück zu Hermann MARK in BROOKLYN: Gemeinsam mit Maurits DEKKER und Erich S. PROSKAUER brachte er das „Journal of Polymer Science" heraus, das noch heute die bedeutendste Zeitschrift der Polymerwissenschaften ist. In den 1950er Jahren führte MARK am Polytechnic Institute die berühmten „Samstagsseminare" ein und leitete sie viele Jahre lang. Diese Seminare ermutigten junge und erfahrene, unbekannte und berühmte Wissenschaftler aus aller Welt, über ihre Forschungsergebnisse zu berichten. Hier fanden auch die Diskussionen über die neuesten und aufregendsten Entwicklungen im Bereich der Polymerwissenschaften statt.

Nach etlichen Jahren am Polytechnic Institute wurde Hermann MARK 1961 Dekan und half bei der Reorganisation und Neuausrichtung des Institutes hinsichtlich der Forschung und Lehre mit. Neben seiner Tätigkeit am Institut trug MARK auch zur Gründung von etlichen Fachvereinigungen der Polymerchemie bei, wie etwa der Division of the Polymer Chemistry der Amerikanischen Chemischen Gesellschaft und der Makromolekularen Division der IUPAC (International Union for Pure and Applied Chemistry). 1964 emeritierte er als Dekan, wurde einer der Kuratoren (Trustees) der Universität und erhielt den Titel „Dean Emeritus of the Faculty". 1965 begann H. F. MARK mit der Herausgabe der „Encyclopedia of Polymer Science and Technology"(im Verlag Wiley-Interscience), die er 1972 beendete.

Während seines langen und erfüllten Lebens erhielt Professor MARK unzählige Ehrungen; insgesamt wurden ihm 21 Ehrendoktorate verliehen, u. a. auch von den Universitäten GRAZ (1964), PRAG (1965) und WIEN (1980). Von einer vergleichbaren Zahl wissenschaftlicher Akademien wurde er zum Mitglied und in vielen gelehrten Gesellschaften zum Ehrenmitglied gewählt. MARK erhielt über 50 Auszeichnungen und Medaillen, darunter die Wilhelm-Exner-Medaille (1934), das Österreichische Ehrenkreuz für Wissenschaft und Kunst (1966), die „National Medal of Science" (1980; vom damaligen US-Präsidenten Jimmy CARTER persönlich überreicht), den Wissenschaftspreis der Stadt WIEN (1970) und das Große Goldene Ehrenzeichen mit dem Stern für Verdienste um die Republik ÖSTERREICH (1985).

Der 1992 verstorbene Hermann MARK kann zu Recht als ein Gigant der chemischen Wissenschaft bezeichnet werden. Er spielte eine führende Rolle in der Erforschung und Entwicklung der Polymerwissenschaften und der Polymertechnologie. Neben der reinen Forschertätigkeit lag seine große Stärke in einer außergewöhnlichen Fähigkeit, Informationen zu übermitteln und mit Leuten auf der ganzen Welt zusammenzuarbeiten. Als Herausgeber und Autor bewies MARK stets Weitblick und hohes Verantwortungsbewusstsein. Er war Autor von über 600 Publikationen, zahlreicher Artikel, Inhaber etlicher Patente und Gründer von Zeitschriften und Enzyklopädien. Sein Einsatz führte zur Gründung zahlreicher wissenschaftlicher Komitees, Gesellschaften und Gremien. Als geschätzter Konsulent wurde Hermann MARKs Sachverständigenmeinung auch zu einschlägigen Gerichtsfällen gesucht.

Hans Eduard SUESS (1909–1993)

entstammte einer berühmten österreichischen Gelehrtenfamilie: *„Sein Vater Franz E. SUESS war Professor der Geologie der Universität Wien und wirkliches Mitglied der Österreichischen Akademie der Wissenschaften, sein noch berühmterer Großvater war Eduard Suess, dessen geologisches Meisterwerk „Das Antlitz der Erde" weltweite Bedeutung erlangte, und der unter anderem auch Präsident der ÖAW war."* Hans E. SUESS brach aus der Familientradition aus und widmete sich dem Studium der Chemie und Physik an der Wiener Universität. Die Promotion zum Dr. phil. erfolgte im Juli 1935, nachdem er seine Fachrigorosen bei den Professoren Hermann MARK, Ernst SPÄTH und Stefan MEYER abgelegt hatte. Nach Beendigung seines Studiums verbrachte er ein Jahr an der ETH ZÜRICH und arbeitete nach seiner Rückkehr kurz bei Professor Hermann MARK. Auf dessen Empfehlung hin erhielt er im Jahre 1937 eine Assistentenstelle am Physikalisch-Chemischen Institut der Universität HAMBURG bei Professor P. HARTECK, wo ihm der Grad eines Dr. habil. und die Dozentur verliehen wurden. Er hielt Vorlesungen über Physikalische Chemie an der Universität und war während der Kriegsjahre Mitarbeiter der Arbeitsgruppe zur „Nutzbarmachung der Atomkernenergie" sowie mit technischen Fragen der Herstellung von schwerem Wasser beschäftigt, die ihn zwischen 1941 und 1943 mehrmals nach NORWEGEN führten, wo er als wissenschaftlicher Berater der Firma Norsk Hydro wirkte.

Nach Kriegsende beschäftigte er sich mit theoretischen Überlegungen zur Häufigkeitsverteilung und Entstehung der chemischen Elemente sowie gemeinsam mit seinem Freund Hans JENSEN mit dem Schalenmodell der Atomkerne, für das JENSEN im Jahre 1963 zusammen mit Maria GÖPPERT-MAYER der Nobelpreis verliehen wurde; Arbeiten, die zum Großteil auf den „magischen Zahlen" von SUESS beruhten. Hans JENSEN hat auch in seinem Vortrag anlässlich der Verleihung des Nobelpreises ausdrücklich auf die Beiträge von Hans SUESS hingewiesen.

Im Herbst 1949 erhielt SUESS eine Einladung an die University of CHICAGO zur Mitarbeit am berühmten Kernforschungsinstitut, dem damals die Nobelpreisträger UREY, FERMI und James FRANCK sowie ein Großteil der amerikanischen Wissenschaftler, die während des Zweiten Weltkrieges am amerikanischen Atombombenprogramm gearbeitet hatten, angehörten. Von 1950 bis 1951 arbeitete SUESS am Enrico FERMI Institute for Nuclear Studies als Gast im Laboratorium von Harold UREY und hatte auch Gelegenheit, sich mit den Arbeitsmethoden von Willard LIBBY zur radioaktiven Altersbestimmung vertraut zu machen. Beginnend mit 1951 baute er für den Geological Survey der USA ein Laboratorium zur Messung äußerst schwacher Radioaktivitäten auf – eine Anwendung der von LIBBY entwickelten Methode der Radiokohlenstoffdatierung auf Probleme der Geologie. 1955 folgte er dem Angebot des Direktors der „Scripps Institution of Oceanography", Roger REVELLE, der ihm wiederum die Möglichkeit zur reinen Forschung bot. Dieses Institut in LA JOLLA, einem Vorort von SAN DIEGO, wurde zu einem Teil der University of CALIFORNIA. Seit 1958 gehörte SUESS dieser Universität als eines der ersten Fakultätsmitglieder als ordentlicher Professor im Department für Chemie des Revelle College an.

In einer epochemachenden Arbeit von REVELLE und SUESS im Jahre 1957 wiesen diese auf die potentiellen Effekte des durch die Verbrennung von fossilen Brennstoffen zunehmenden Kohlendioxyds in der Atmosphäre hin, die sie als „globales geophysikalisches Experiment" bezeichneten. Heutzutage firmiert dieses Problem unter der Bezeichnung „globale Erwärmung" als ganz großes Umweltschlagwort.

In LA JOLLA gründete SUESS ein Radiocarbon Laboratory, dessen Radiokohlenstoffmessungen weltweit Beachtung fanden und zu wichtigen Revisionen in der Archäologie geführt haben. Die Messungen an der Meeresoberfläche einerseits und in den Tiefen des Ozeans andererseits, die von SUESS durchgeführt wurden, gehörten zu den ersten, die wesentliche Daten über die Meereszirkulation lieferten.

Hans SUESS war nicht nur Praktiker, sondern auch ein Theoretiker von großer Intuition, der Lösungsvorschläge für Probleme machte, die erst viel später experimentell in Angriff genommen werden konnten, wie z.B. die Entwicklung der radioaktiven Kalium-Argon-Datierungsmethode. Eine fundamentale Arbeit über die Verteilung der chemischen Elemente zusammen mit dem Nobelpreisträger UREY bildete auch die Datenbasis für die später erstellte Theorie der Synthese chemischer Elemente.

Hans Eduard SUESS wurde 1967 zum korrespondierenden Mitglied im Ausland der ÖAW gewählt, war auch Mitglied der Heidelberger Akademie der Wissenschaften, der American Academy of Arts and Sciences sowie der U.S. National Academy of Sciences. Eine in Meteoriten vorkommende Substanz wurde zu seinen Ehren „Suessite" benannt, seine Publikationsliste umfasst über 150 Veröffentlichungen. In den siebziger Jahren war er als Gastprofessor sowohl an der Universität WIEN als auch an der Universität BERN tätig. Er war ein bedeutender, vielseitiger und ideenreicher Forscher, dessen Beiträge sich von der Kernphysik bis zur Geochemie und Kosmochemie erstreckten, auf welchen Gebieten er jeweils Pionierarbeiten erbracht hatte, die sogar auch auf die Archäologie Einfluss hatten.

Otto HITTMAIR (1924–2003)

absolvierte Volksschule und Gymnasium in seinem Geburtsort INNSBRUCK und maturierte 1942 mit Auszeichnung. Unmittelbar darauf wurde er zur Militärdienstleistung bei der Deutschen Wehrmacht einberufen und in der Luftnachrichtentruppe eingesetzt. *„Durch diese Verwendung erhielt ich einen interessanten technischen Einblick in das Funkwesen"*, schrieb er in seinem Lebenslauf. Aus dieser Zeit stammten also seine ersten Kontakte zur Physik und zu technischen Problemen. Als er zu Kriegsende 1945 die Wehrmacht als Leutnant verlassen konnte, begann HITTMAIR Physik und Mathematik an der Universität INNSBRUCK zu studieren. Die theoretisch-physikalischen Vorlesungen von Prof. Arthur MARCH in der sich entwickelnden Quantenfeldtheorie hatten es ihm angetan, deshalb dissertierte er bei ihm über ein Problem der Quantenelektrodynamik. Das Studium wurde in kurzer Zeit abgeschlossen und die hervorragenden Noten einschließlich der Dissertation im Jahre 1949 ergaben eine spätere Amtsbestätigung in der Erfüllung der „sub auspiciis praesidentis rei publicae"-Bedingungen.

Die Situation eines jungen Wissenschaftlers an einer österreichischen Universität von Kriegsende bis zum Beginn der 1960er-Jahre war ziemlich hoffnungslos: die experimentellen Geräte waren völlig veraltet oder gar nicht vorhanden, als Theoretiker war man weitgehend von der Entwicklung im Ausland abgeschnitten und die politischen Verhältnisse ließen Reisen im Allgemeinen nur unter großen Schwierigkeiten zu. Daraus ergab sich für einen jungen Wissenschaftler quasi als einzige Möglichkeit der Weg ins Ausland, der möglichst nach der Dissertation zu beginnen hatte. So wurde aus dem Tiroler HITTMAIR der polyglotte Wissenschaftler. 1950 konnte er sich als Gast bei Prof. Markus FIERZ in BASEL weiter in die Quantenelektrodynamik einarbeiten. Im Jahr darauf erhielt er ein Stipendium am „Dublin Institute for Advanced Studies", wo er mit Prof. Erwin SCHRÖDINGER, dem österreichischen Nobelpreisträger, relativistische Studien in vereinheitlichter Feldtheorie betrieb. Mit diesem veröffentlichte er eine Arbeit über „Studies in the Generalized Theory of Gravitation". Noch im selben Jahr hatte er die Gelegenheit, an das „Massachusetts Institute of Technology (MIT)" in den USA zu gehen. Die sehr aktive Kernphysikergruppe unter Prof. Viktor WEISSKOPF nahm HITTMAIR in Beschlag und er widmete sich den Problemen der niederenergetischen Kernphysik. 1952 bis 1954 war er als Forschungsassistent am Institut Henri Poincare der Sorbonne in PARIS tätig. Er verfasste wichtige Beiträge zur Richtungsverteilung in Kernreaktionen und konnte sich 1953 an der Universität INNSBRUCK habilitieren. Die Jahre 1955 und 1956 verbrachte er an der Universität SYDNEY als Senior Fellow und beschäftigte sich mit Deuteronreaktionen. Er arbeitete dort mit S. T. BUTLER, einem der Altmeister der direkten Kernreaktionen, zusammen und veröffentlichte mit ihm ein wichtiges Buch über „Nuclear Stripping Reactions" (J. Wiley & Sons, NEW YORK 1957). In den Jahren 1957 und 1958 war HITTMAIR als Berater und Dozent in der argentinischen Atomkommission in BUENOS AIRES tätig. Die mit seinen umfangreichen Auslandserfahrungen verbundene Perfektionierung seiner Sprachkenntnisse (Englisch, Französisch, Spanisch) kam ihm bei späteren Tätigkeiten in internationalen Organisationen wie OECD, IUPAP und European Science Foundation zugute.

1958 kehrte HITTMAIR zurück und war bis 1960 Mitarbeiter am Atominstitut der österreichischen Universitäten in WIEN. Bereits 1960 wurde er zum Vorstand des Institutes für Theoretische Physik bestellt und 1963 zum Ordinarius für Theoretische Physik an der Technischen Universität WIEN als Nachfolger von Walter GLASER berufen. Er stellte die Physikausbildung auf eine neue Grundlage und nahm die Quantentheorie – worüber er auch ein viel beachtetes Lehrbuch geschrieben hat („Lehrbuch der Quantenmechanik", Thiemig-Hanser Verlag, MÜNCHEN 1972) – in den Vorlesungskurs aus theoretischer Physik auf. Die entsprechenden Anwendungen dieser fundamentalen Theorie lagen nicht nur im Bereich der Kernphysik, sondern auch in den Bereichen Supraleitung und Festkörperphysik. Zusammen mit Gerhard ADAM verfasste HITTMAIR ein Lehrbuch der „Wärmetheorie" (Vieweg, BRAUNSCHWEIG 1971), das 1987 bereits die 3. Auflage erfuhr. Und sein mit Harald WEBER geschriebenes Buch „Supraleitung" (Thiemig-Hanser Verlag, MÜNCHEN 1979) vereint theoretisches Grundlagenverständnis mit experimentellen und technischen Anwendungen. Die Beschäftigung mit Supraleitung und Quantentheorie bedeutete nicht, dass die Verbindung zur Kernphysik abgerissen war – seit 1972 war HITTMAIR Mitherausgeber der Zeitschrift „Kerntechnik".

Im Bereich der akademischen Selbstverwaltung war HITTMAIR 1968/69 Dekan der Naturwissenschaftlichen Fakultät und 1977 bis 1979 bekleidete er das Amt des Rektors der Technischen Universität WIEN in einer Zeit, in der das umstrittene Universitätsorganisationsgesetz (UOG 1975) umzusetzen war. Dadurch bekam er ein besonderes Interesse für Hochschuldidaktik und Ingenieurpädagogik. Sein Engagement für die Begründung der Ingenieurpädagogik an der Universität KLAGENFURT, wofür er später die Goldene Medaille der Internationalen Gesellschaft für Ingenieurpädagogik erhalten hat, sei hier hervorgehoben.

Die Österreichische Akademie der Wissenschaften wählte HITTMAIR 1966 zum korrespondierenden und 1970 zum wirklichen Mitglied. Von 1987 bis 1991 war er Präsident der Akademie, anschließend hatte er bis 1997 das Amt des Vizepräsidenten inne. Er hat sich zeit seines akademischen Lebens für die Ziele der ÖAW überzeugend eingesetzt und sich bemüht, zu ihrem Ansehen beizutragen. Auf sein Engagement hinsichtlich der Gründung des ÖAW-Institutes für „Mittelenergiephysik" sei hier hingewiesen. Und noch zwei Ereignisse sollen hervorgehoben werden:

- 1993/94 hatte HITTMAIR nicht nur maßgeblichen Anteil an der Gründung unserer gemeinsamen Kommission, sondern er scheute sich auch nicht – als Vizepräsident der Akademie – die Funktion des Obmannes in der schwierigen Anfangsperiode zu übernehmen; Kommissionsmitglied blieb er bis zu seinem Tode.
- 1997 hat Otto HITTMAIR mit Herbert HUNGER das Buch „Akademie der Wissenschaften – Entwicklung einer österreichischen Forschungsinstitution" herausgegeben und dafür selbst über die „Entwicklung der mathematisch-naturwissenschaftlichen Klasse von 1947 bis 1997" geschrieben. In diesem Kapitel wird auch unsere Kommission dargestellt.

Die wissenschaftlichen Leistungen von Otto HITTMAIR wurden durch zahlreiche Preise und Ehrungen gewürdigt: Ehrendoktorat der Universität BUDAPEST 1982, Großes Goldenes Ehrenzeichen für Verdienste um die Republik Österreich 1980, Erwin-Schrödinger-Preis der Österreichischen Akademie der Wissenschaften 1974, ordentliches Mitglied der Königlich-Schwedischen Sozietät der Wissenschaften in UPPSALA, um nur einige zu nennen.

Otto HITTMAIR wollte im September 2003 zum letzten Male seinen Hausberg, die Rumerspitze der Nordkette, erklimmen, stürzte dabei ab und kam 79-jährig tragisch ums Leben.

Helmut RAUCH hat über Otto HITTMAIR festgehalten: *„Er war Naturwissenschaftler mit Herz und Seele, aber gleichzeitig Philanthrop, er war Tiroler und gleichzeitig Weltbürger, und er war ein bekennender Christ und gleichzeitig tolerant gegenüber anderen Weltanschauungen. Er überzeugte weniger durch seine Wortgewalt als durch den Gehalt und die Ehrlichkeit seiner Aussagen."*

4 Die Zeit ab 1955

Mehr als einhundert Jahre sind seit der Gründung der Akademie der Wissenschaften durch Kaiser Ferdinand I. vergangen. Seither hat sich die Welt radikal verändert: Monarchien verschwanden, Reiche zerfielen, neue Staaten entstanden. *„Gleich geblieben ist das oberste Ziel der Akademie, die Wissenschaften nach Kräften zu fördern – von Generation zu Generation unter dem jeweiligen Selbstverständnis der Förderungsform. War dies bisher noch fast ausschließlich diejenige der Gelehrten Gesellschaft im Sinne einer Learned Society, wo die Mitglieder als Einzelforscher oder im Zusammenschluss in kleinen Kommissionen ihre wissenschaftlichen Projekte verfolgen"*, so beginnt sich nun neben dieser Vorgangsweise eine solche der Forschungsinstitute mit eigenen Räumen, Einrichtungen und eigenen Mannschaften herauszubilden. *„Die Akademie, in ihrer Struktur noch immer die Gelehrtenrepublik und in ihrer Funktion auch immer noch die Gelehrtengesellschaft"*, wird durch diese Erweiterung zu einem außeruniversitären Forschungsfaktor ersten Ranges im Lande werden. In ihrer „Entwicklung einer österreichischen Forschungsinstitution" haben HITTMAIR und HUNGER *„das Spannungsverhältnis zwischen Gelehrter Gesellschaft und Forschungsträgereinrichtung in der Entwicklung der beiden Klassen von 1947 bis 1997 und dann in der Beschreibung einer exemplarischen Reihe von Instituten und Arbeitsrichtungen deutlich gemacht"*.

Da die beiden Institutionen, Akademie der Wissenschaften und Streitkräfte, getrennte Wege gehen und ein vergleichbares Werk über die Streitkräfte für diesen Zeitraum nicht existiert, widmet sich dieses Kapitel der Landesverteidigung und der Strukturentwicklung des Bundesheeres der Zweiten Republik sowie der Entwicklung eines organisatorischen Rahmens für Wissenschaft und Forschung innerhalb des Bundesministeriums für Landesverteidigung. Abgeschlossen wird das Kapitel mit der Vorgeschichte und Gründung der gemeinsamen Kommission.

4.1 Vom Wesen und Wert der militärischen Landesverteidigung im Herzen Europas

„Si vis pacem, para bellum …" – Dieses sehr europäische Prinzip scheint seit dem Ende des Kalten Krieges in Europa seine Bedeutung langsam zu verlieren. Unter dem Druck allgemeiner Budgetknappheit und mit der trügerischen Vorstellung behaftet, die Geschichte sei vielleicht doch zu ihrem Ende gekommen (Fukuyama), werden Jahr für Jahr europaweite Militärreduktionen als zukunftsweisende Reformen angepriesen und an das staunende europäische Wahlvolk verkauft. Doch es steht zu befürchten, dass diese allgemeine Friedfertigkeit (zumindest im klassisch-kriegerischen Feldschlachtsinn) nur ein trügerischer Schein ist, der erst dann wirklich gefährlich wird, wenn die politischen Eliten ihren eigenen Wunschvorstellungen selbst erliegen sollten.

Es ist das – wenn man so sagen kann – „Unangenehme" an Prinzipien, dass ihnen eine zeitlose Gültigkeit zukommt. Die Zeiten mögen kommen und gehen, derartige Prinzipien bleiben bestehen. Je weniger man sich daher auf den Krieg vorbereitet, desto eher findet man sich letztlich mit ihm ab oder hofft darauf, dass dieser Kelch, sprich die Geschichte, an einem vorübergehen möge – eine Hoffnung, die im Wechsel von nationalstaatlicher Marginalität hin zur europäischen Geschichtlichkeit durchaus als kognitive Unschärfe im politischen Raum stehen mag. Wenn man dieses Prinzip als „martialisch" oder gar „militaristisch" abtun möchte, so sollte man sich im Klaren sein, dass die Intention dahinter Frieden, *„allerdings ein täglich zu erringender"* (GOETHE), ist.

Die Frage nach dem eigentlichen Wesen von Krieg und Frieden lässt sich durchaus auch am Beispiel der österreichischen Landesverteidigung festmachen. Diese ist bekanntlich für das Land in eigentümlich konstitutiver Weise bedeutsam, wie ein kurzer Blick in seine Verfassung klar macht. Hat man ein souveränes Land, so kann man dieses nicht denken, ohne notwendigerweise seine Verteidigung als wesentlich mit zu denken, solange sich die „internationalen Beziehungen" im Großen und Ganzen nicht als rechtlich geordnet, sondern gleichsam als „Naturzustand" darstellen. Dies ist allein schon begrifflich bedingt, denn eine internationale Rechtsordnung, die Sicherheit gewährleisten könnte, stünde dem staatlichen Prädikat, „souverän zu sein", bereits diametral entgegen. Dies mag einem gefallen oder auch nicht, es bleibt als Ausgangspunkt einer jeden relevanten Überlegung zum Thema „Staat" und seiner Verteidigung unbestreitbar – bzw. verfällt man im Falle der ernsthaften Bestreitung einer radikalen Fehleinschätzung der politischen Realitäten.

Die zentrale Einsicht CLAUSEWITZ' lautet, dass das Wesen des Krieges (wie auch des Handelns) strukturell darin besteht, einem anderen den je eigenen Willen aufzuzwingen, den anderen zu einem Handeln zu nötigen, das im je eigenen Interesse gelegen ist. Das muss an sich noch keine Tragödie sein, oftmals wird man zu durchaus angenehmem Gehorsam gedrängt, wie es sich im Falle der europäischen Nationalstaaten auf ihrem Marsch aus der Geschichte (1945–1995) ereignet hat im Lichte der unbestrittenen und in gewisser Weise unwiderstehlichen Freundlichkeit des Hegemons USA, die allerdings kalkülbasiert war. Europa (seit 1995 als politische Entität ansprechbar) ist – wie vor 1492 – im Wesentlichen wieder Objekt der Geschichte und nicht seine bestimmende Kraft. Es mag eine Tragik der Weltgeschichte sein, dass Europa durch seine eigene neuweltliche Schöpfung marginalisiert wurde, doch offensichtlich frisst eine Revolution nicht nur ihre Kinder, sondern fallweise auch ihre Schöpfer.

Wenn man die Geschichte des 20. Jahrhunderts betrachtet, so ist in geradezu beängstigender Weise Österreich dem europäischen Schicksal vorausgeeilt. Sind die europäischen Mächte – Russland, Großbritannien, Frankreich, Deutschland – erst langsam und unter sehr unterschiedlichen Bedingungen von der Weltbühne als Hauptdarsteller zurückgetreten und haben sich mit der Charge zu bescheiden, so ist Österreich – als die fünfte Großmacht des 19. Jahrhunderts – seinen Schicksalsgenossen gleichsam im freien

Fall bereits 1918 vorausgeeilt und hat sich von der Weltgeschichte in die kleinstaatliche Bedeutungslosigkeit verabschiedet. Dieser Abschied hat sich – durchaus schmerzhaft – an den tektonischen Bruchlinien des 20. Jahrhunderts, „Anschluss" 1938 und 40-jährige unmittelbare Grenzlage zum Sowjetblock, ereignet.

Ohne Übertreibung kann man sagen, dass Österreich aus den Trümmern des 2. Dreißigjährigen Krieges (1914–1945) wiedererstanden ist. Es galt nicht nur, die Kontinuität zu wahren, sondern auch die republikanischen Einrichtungen neu zu schaffen bzw. wiederzubeleben. Bundesheer wie Neutralität stehen gleichermaßen an der Wiege der österreichischen Freiheit und Unabhängigkeit. Doch da beide Faktoren nicht direkt und unmittelbar für die Sicherheit Österreichs gerade stehen konnten, wählte das Land eine passive militärische Nischen-Neutralität im Kalten Krieg. Österreich hat damit in dieser ersten Phase von 1955 bis 1975 eindeutig eine hochgradig taktische Sicherheitspolitik mit den juristisch notwendigen minimalen Referenzstreitkräften betrieben.

In der zweiten Phase von 1975 bis 1995 wandelte sich die Weltlage grundlegend, die „Entspannung" nahm ihren Anfang. Stichworte wie Konferenz für Sicherheit und Zusammenarbeit in Europa (jetzt: OSZE) sowie Charta 77 seien nur erwähnt. Österreich hat sehr sensibel auf das sicherheitspolitische Umfeld reagiert, indem die Sicherheitsagenda nicht nur in einer sehr fortschrittlich „umfassenden" Weise betrachtet, sondern auch gleichsam „vergesellschaftet" wurde: durch die „Umfassende Landesverteidigung", die alle Bereiche der Gesellschaft betroffen hat – von der Wirtschaft bis hin zu den Schulen. Es war dies ein Paradigmenwechsel weg von einer militärischen Monokompetenz hin zu einer gesamtgesellschaftlichen Verantwortung für die Landesverteidigung. Und es ist dies auch die Zeit der so genannten „aktiven Neutralitätspolitik", welche in Form von – in der Regel – UNO-basiertem Friedensinterventionismus („Blauhelmeinsätzen") abgewickelt wurde. Das Österreichische Bundesheer wandelte sich von einer neutralitätsrechtlich erforderlichen Schollenarmee hin zu einer strukturell zumindest interventionstauglichen Streitkraft. Auch in dieser Phase eilte Österreich Europa voraus: Für das Bundesheer stellt „Petersberg" strukturell und mentalitätsmäßig nur eine Fortsetzung der 1970er- und 1980er-Jahre mit anderen Mitteln dar, während andere Armeen Mitteleuropas mit ganz anderen Umstellungsschwierigkeiten kämpfen.

Die dritte Phase ist durch die Bündnisfreiheit in der Europäischen Politischen Integration gekennzeichnet, die sich seit dem EU-Beitritt 1995 ergeben hat. Hier wurden die Weichen weg von nationalstaatlicher Neutralität (Modell 20. Jahrhundert) hin zur europäischen Solidarität (Modell 21. Jahrhundert) gestellt. Unter diesem Gesichtspunkt ist auch die jüngste Bundesheerreformkonzeption (Bundesheer 2010) zu sehen – vielleicht die letzte nationalstaatlich zu setzende Reform eines Österreichischen Bundesheeres. Wenn man in der derzeitigen Umbruchsphase den Bericht der Bundesheerreformkommission als Orientierungsrahmen für die zukünftige Positionierung Österreichs im Rahmen der europäischen Sicherheitsarchitektur heranziehen darf, so fällt auf, dass Österreich – wie auch schon mit der Neutralität 1955 und der Umfassenden Landesverteidigung 1975 – seiner Zeit einen halben Schritt voraus war; ein Luxus, den man sich vielleicht ab einer gewissen machtpolitischen Marginalität erlauben darf. Jedenfalls vollzieht Österreich hiermit einen erneuten Paradigmenwechsel, setzt vollständig auf die „europäische Karte" und plant seine Streitkräfte bereits heute als integralen Bestandteil einer (bis dato noch nicht konkret absehbaren) europäischen Verteidigungsgemeinschaft.

Diese neue Lage hat Folgen für das Verständnis von „Landesverteidigung" im Herzen des neuen Europa. Eines neuen Europa, das sich anschickt, in die Geschichte zurückzukehren, in der Hoffnung, vielleicht doch wieder in absehbarer Zeit sein Schicksal in die eigenen Hände und damit auch in die eigene Verantwortung zu nehmen. Es wird die Aufgabe der österreichischen (Sicherheits-)Politik der Zukunft sein, ähnlich wie es schon in der Vergangenheit geschehen ist, die Chancen Österreichs mit weiser Voraussicht zu nutzen. In diesem Sinne ist die Sicherheitspolitik Österreichs – so wie im Bundesheer 2010-Prozess angelegt – massiv zu europäisieren, doch dabei ist die österreichische Verantwortung für das Gelingen des zu Grunde liegenden politischen europäischen Integrationsprozesses voll wahrzunehmen. Denn das Militär, wie es schon CLAUSEWITZ festgehalten hat, weist seinem Wesen nach einen instrumentell-dienenden Charakter auf – gegenüber der Politik. Erst wenn die Politik versagt, ist das Militär aufgerufen, tätig zu werden. Daher trifft die „zivile" Politik eine existentielle Verantwortung für den Frieden in Europa, der durch eine gemeinsame Außen- und Sicherheitspolitik der EU auch zu einem Frieden für Europa in der Welt gewandelt werden und somit Europa als EU wieder auf die Bühne der Weltgeschichte zurückführen muss. Die nächste Etappe auf dem Weg einer gelingenden EU-Vertiefung ist die Verarbeitung der wahrhaft historischen Wiedervereinigung Europas und die Ratifizierung der EU-Verfassung. Es sollte auch im Bereich der Sicherheitspolitik nicht unterschätzt werden, dass erst eine gelingende politische vertiefende Integration EU-Europas die stabile Basis für das Reformwerk Bundesheer 2010 darstellt.

Mit freundlicher Genehmigung
Gekürzte Fassung aus ÖMZ 1/2005

4.2 Strukturentwicklung des Bundesheeres der Zweiten Republik

Die Entwicklung von Streitkräften hängt im Wesentlichen von zwei dominierenden Aspekten ab: der eine ist das sicherheitspolitische Umfeld und dessen Ausstrahlung und Einfluss auf den betroffenen Staat, der andere ist die Einstellung der Bevölkerung des Staates gegenüber dieser Situation und ihr daraus entspringendes Bedrohungsgefühl. Ein Spannungsfeld zwischen diesen beiden gestaltenden Elementen entsteht dadurch, dass das sicherheitspolitische Umfeld vorgegeben und mehr oder weniger außenbestimmt ist, während das Bedrohungsempfinden und die daraus resultierende Politik hausgemacht sind und den Realitäten nicht unbedingt entsprechen müssen.

Die Anfänge des Bundesheeres der Zweiten Republik gehen auf mobile Gendarmerie-Einheiten zurück, die Anfang der 1950er-Jahre als so genannte „B-Gendarmerie" aufgestellt und nach Abzug der Besatzungsmächte und Erlangung der staatlichen Souveränität zum Kern des neu geschaffenen Bundesheeres wurden.

Im September 1955 wurde das „Wehrgesetz" verabschiedet, womit die allgemeine Wehrpflicht mit durchgehender Dienstzeit von 9 Monaten eingeführt wurde. Aus dem „Amt für Landesverteidigung" (seit Juli 1955 eine Sektion im Bundeskanzleramt) wurde im Juli 1956 ein eigenes „Bundesministerium für Landesverteidigung" gebildet und mit der **„Heeresgliederung 56"** die konkrete Organisation in drei „Gruppenkommanden" (WIEN, GRAZ, SALZBURG) mit de facto neun Brigaden festgelegt. Die Mannschaftsstärke von etwa 60.000 Mann war allerdings zu ehrgeizig ausgelegt; tatsächlich verfügbar waren knapp 40.000 Mann.

Anfang der 1960er-Jahre machten Kaderpersonalmangel und zu geringes Grundwehrdieneraufkommen eine Reform notwendig, die auf die Schaffung kleinerer, rasch einsetzbarer Streitkräfte zielte. Die **„Heeresgliederung 62"** resultierte in der Schaffung von zwei mechanisierten und fünf Jäger-Brigaden, die sich auf neun (neu geschaffene) Militärkommanden territorial abstützen konnten und von drei Ausbildungsregimentern personell gespeist wurden. Die Mannschaftsstärke betrug in dieser Zeit etwa 60.000 Mann.

Rückblickend betrachtet ist dieser Reformschritt des Jahres 1962, bezogen auf Bedrohungsbeurteilung und Reaktionsmöglichkeiten, als konsequent anzusehen und hat die Effizienz einsatzbereiter Verbände bei mehreren Gefährdungen (Katastrophenhilfe 1965 und 1966, Assistenzeinsatz an der österreichisch-italienischen Grenze 1967, Sicherungseinsatz während der SSR-Krise 1968) unter Beweis gestellt.

Das Spannungsverhältnis zwischen Organisationsgröße und Personalaufkommen führte 1968 zu einer Organisationsänderung, an deren Ende eine Umfangsreduzierung (um 30 Einheiten), aber keine Änderung der grundsätzlichen Gliederung der Streitkräfte stand. Nach einer einzelnen Strukturkorrektur gliederte sich das Bundesheer Ende der 1960er-Jahre in vier Jägerbrigaden, drei Panzergrenadierbrigaden und drei mobilzumachende Reservebrigaden. Daneben existierte die neu geschaffene Territorialorganisation in Form von 20 Landwehrverbänden (Grenzschutzkompanien, Sicherungskompanien zum Schutz von besonderen Einrichtungen und Objekten), die den Militärkommanden zugeordnet waren. Die Größenordnung der Streitkräfte betrug rund 100.000 Mann.

Aus der Diskussion über eine Wehrdienstzeitverkürzung und der Rückbesinnung auf den Verteidigungsfall wurde das Konzept der **„Raumverteidigung"** entwickelt, wodurch die Abhaltewirkung des Bundesheeres eine ernst zu nehmende Größe werden sollte. Konkret erfolgte die Bearbeitung dieser komplexen Aufgabe im Rahmen der **„Bundesheerreformkommission"** (Vorsitz: Bundeskanzler) im Jahre 1970.

Die Umsetzungen der Empfehlungen der Bundesheerreformkommission führten zur **„Heeresgliederung 72"**: Zunächst wurde ein dem Ministerium nachgeordnetes „Armeekommando" geschaffen (welches aber 1978 als eigene Sektion in das Ministerium eingegliedert wurde) und die Gruppenkommanden zu Gunsten zweier Korpskommanden

(GRAZ, SALZBURG) aufgegeben. Der (präsenten) Bereitschaftstruppe (eine Panzergrenadierdivision mit 3 Panzergrenadierbrigaden; Planungsgröße 15.000 Mann) stand die „Landwehr" (in einer mobilen und einer raumgebundenen Komponente) als Träger des Raumverteidigungskonzeptes gegenüber. Die Militärkommanden fungierten als (aufgewertete) territoriale Kommanden. Der Grundwehrdienst wurde mit einer Dauer von 6 Monaten plus Truppenübungen im Ausmaß von 60 Tagen (also 8 Monate) festgelegt. Der Ausbau des Heeres war in einem ersten Schritt („Zwischenstufe") auf 150.000 Mann, in einer zweiten Phase auf 300.000 Mann auszurichten. Diese Heeresgliederung bedeutete den Umbau der Streitkräfte auf ein starkes Milizheer, kombiniert mit einer rasch verfügbaren und reaktionsschnellen Einsatzkomponente (Bereitschaftstruppe). Die grundsätzliche Neuausrichtung fand mit dem Übergang in die Landwehrorganisation im Jahre 1978 (Bildung der Landwehrstammregimenter) ihren Abschluss.

Im Jahre 1986 war der Ausbau der „Zwischenstufe" mit einer Stärke von 186.000 Mann abgeschlossen. Die sich langsam abzeichnende Neugestaltung des europäischen Umfeldes und die restriktiven budgetären Bedingungen ließen erkennen, dass eine Größenordnung von 300.000 Mann, wie in der HG 72 gefordert, nicht sichergestellt werden konnte. Es kam daher 1987 zum Entschluss, den weiteren Ausbau der Streitkräfte zu beenden und eine zwischenzeitliche Rationalisierung durchzuführen. Mit der Einfügung fehlender Elemente, vor allem im Ersatz- und Logistik-Bereich, in die Organisation stand schließlich ein Heer in der Größenordnung von 240.000 Mann zur Verfügung.

Nach dem Ende des Kalten Krieges, dem Fall des Eisernen Vorhanges und dem Wandel des Bedrohungsbildes erfolgten als Vorwegnahme einer Gesamtreform 1991 die Auflösung des Armeekommandos und des Kommandos der Panzergrenadierdivision sowie die Errichtung eines dritten Korpskommandos (BADEN). Die **„Heeresgliederung 92"** (auch „Heeresgliederung Neu" genannt) bedeutete dann den wesentlichen Schritt weg vom Konzept der Raumverteidigung hin zu einem mobilen und flexibleren Heer und damit eine Auflösung der raumgebundenen Landwehrverbände. Die Landwehrstammregimenter wurden in 12 Jäger- sowie 4 Stabs-Regimenter umgewandelt, aus denen im Mobilmachungsfall 12 Jägerbrigaden erwachsen sollten. Die drei Panzergrenadierbrigaden wurden beibehalten. Die Dauer des Grundwehrdienstes blieb mit 8 Monaten gleich, allerdings erhöhte sich die Flexibilität durch nunmehr drei mögliche Varianten (6+2, 7+1 oder 8+0). Die Mobilmachungsstärke der Streitkräfte betrug rund 150.000 Mann (120.000 plus ergänzende Personalreserve rund 30.000 Mann).

Noch während die neue Organisation eingenommen wurde, erfolgten weitere Reformschritte, die in der **„Strukturanpassung 98"** ihre Ausprägung fanden: die Umwandlung der bisherigen mobilzumachenden 12 Jägerbrigaden in drei stehende Jägerbrigaden, das Zusammenführen der unterdurchschnittlich ausgestatteten drei Panzergrenadierbrigaden auf zwei – somit stärkere – Brigaden, die Auflösung eines Korpskommandos (BADEN) und eine Organisationsstraffung der neun Militärkommanden mit insgesamt 20 mobilzumachenden territorialen Milizbataillonen waren die Folge. Der erforderliche Streitkräfteumfang reduzierte sich von 150.000 auf 110.000 Mann Mob-Stärke (92.000 plus Personalreserve 18.000 Mann).

Mit Dezember 2002 wurde die neue Führungsstruktur, betreffend Zentralstelle und obere Führung, **„REORG 2002"** genannt, eingenommen: Der entscheidende Schritt in der Umstrukturierung des Bundesministeriums für Landesverteidigung lag darin, aus den bisherigen fünf Sektionen (Sektion I bis IV und Generaltruppeninspektorat) drei Bereiche zu schaffen. Diese drei Organisationselemente gliederten sich in eine Zentralsektion für den gesamten „administrativen" Bereich, den Generalstab mit Planungs-, Führungs- und Rüstungsstab sowie eine Kontrollsektion. Die obere Führung bestand – nach Auflösung der zwei Korpskommanden – aus dem Kommando Landstreitkräfte (SALZBURG), dem Kommando Internationale Einsätze (GRAZ), dem Kommando Luft (LANGENLEBARN) und dem Kommando Spezialeinsatzkräfte (WIENER NEUSTADT).

Die Bundesregierung setzte 2003 unter Federführung des Bundesministers für Landesverteidigung eine **„Bundesheerreformkommission"** ein. Im Juni 2004 erfolgte die Übergabe des Berichtes (mit den Empfehlungen) an die Regierung, die wesentlichen Punkte waren: Straffung der Grundorganisation (Führung, Planung, Beschaffung, Verwaltung, Ausbildung sowie Logistik) zugunsten der Einsatzorganisation, Beibehaltung der Miliz und der allgemeinen Wehrpflicht (allerdings Verkürzung des Grundwehrdienstes auf 6 Monate), strukturbegründende Orientierung der Streitkräfte an Auslandsaufgaben, Aufstellung kaderpräsenter Einheiten, Verkauf von bis zu 40% der Liegenschaften, Streitkräfteumfang 55.000 Personen und Einrichtung eines Projektmanagements für den Transformationsprozess.

Das **Management „ÖBH 2010"** wurde eingerichtet und arbeitet seither an der **Transformation der Streitkräfte**. Der Grundwehrdienst wurde mit Beginn 2006 auf 6 Monate verkürzt. Mit September 2006 wurden zur Straffung der oberen Führung das Einsatzunterstützungskommando (für Logistik, Munition, Sanität, Sport) sowie das Streitkräfteführungskommando (GRAZ, Teile in SALZBURG) eingerichtet, welches die Verantwortung für Land- und Luftstreitkräfte, Spezialeinsatzkräfte sowie die Einsätze des Bundesheeres im In- und Ausland trägt. Mit Juli 2006 wurden aus den 20 territorialen Milizbataillonen zehn Jägerbataillone/Miliz (für jedes Bundesland eines, nur Wien hat zwei) geschaffen. Anfang 2007 nahm die Heerestruppenschule (EISENSTADT, BRUCKNEUDORF, ZWÖLFAXING) ihre Tätigkeit auf, sie vereint die Agenden der bisherigen Artillerie-, Pioniertruppen-, Jäger- sowie Panzertruppenschule und ist verantwortlich für das Gebirgskampfzentrum (SAALFELDEN) und die Ausbildung des Aufklärungskaders. Die Zentralstelle wurde mit Juni 2008 neu organisiert und wird nun wieder in vier Sektionen (Zentral-, Planungs-, Bereitstellungs- und Einsatz-Sektion) gegliedert. Hinsichtlich der Truppenorganisation werden die Brigaden von fünf auf vier (zwei mechanisierte und zwei Jäger-Brigaden), die kleinen Verbände (Bataillone) von 57 auf 39 reduziert und die Spezialeinsatzkräfte neu organisiert.

Mit freundlicher Genehmigung
Gekürzte Fassung aus ÖMZ 2/2005

4.3 Wissenschaft und Forschung im Österreichischen Bundesheer

Nach 1955 konzentrierten sich die Anstrengungen der Streitkräfte klarerweise auf den Auf- und Ausbau der bewaffneten Macht der Republik. Daneben lief aber auch die Wiederherstellung der militärischen Bildungsanstalten. In Nachfolge der Kriegsschule wurde 1956 „auf der Laimgrube" (im Sappeurtrakt, der Akademietrakt beherbergte seit dem Auszug der Technischen Militärakademie das Kriegsarchiv) das Kommando „Höhere Offizierslehrgänge" eingerichtet und 1961 in „Stabsakademie" umbenannt. Im Jahre 1967 entstand daraus die „Landesverteidigungsakademie (LVAk)": Sie gliederte sich in die Lehrgruppe I (Höhere Offiziersausbildung), die Lehrgruppe II (Institut für Umfassende Landesverteidigung) und die Lehrgruppe III (Institut für Militärische Grundlagenforschung). Zur letzteren zählten die „Dokumentation" und die „Grundlagenforschung". Der Aufbau dieser die Forschung wie auch die Lehre unterstützenden zentralen Dokumentations- und Informationsstelle hat zum ersten EDV-gestützten Archiv Österreichs geführt, dessen Dienstleistungen weit über das Bundesheer hinaus genutzt wurden und werden (siehe Abb. 5).

Abb. 5: Luftaufnahme der Landesverteidigungsakademie im AG Stiftgasse
(aus: Festschrift 30 Jahre Landesverteidigungsakademie)

Die Militärakademie nahm aufgrund der kriegsbedingten Schäden in WIENER NEUSTADT vorerst in ENNS Quartier und begann mit der Offiziersausbildung, bis sie im Dezember 1958 in ihre alte Heimat an die *Alma Mater Theresiana* zurückkehren konnte.

Auf der Ebene der Zentralstelle entstand mit der Aufstellung des Bundesministeriums für Landesverteidigung (15. Juli 1956) die für technisch-wirtschaftliche Angelegenheiten zuständige Sektion III, in der eine Gruppe „Technik und Forschungswesen" eingerichtet wurde. Der damalige Leiter der Sektion III, Sektionschef Dr. MAURER, ein Physiker, war zugleich Leiter dieser Gruppe. 1957/58 wurde die „Heeresfachschule für Technik" gebildet, 1961 entstand durch die Zusammenführung der fachtechnischen Abteilungen das „Amt für Wehrtechnik" (AWT). Zugleich wurde eine fachliche Spitze durch die Person des „Heeres-Chefingenieurs" im Ministerium gebildet: Ihm unterstanden die „Wehrtechnische Zentralabteilung" (u. a. mit den Agenden „Forschungsauswertung und Dokumentation"), die „Wehrtechnische Planungsabteilung" (u. a. mit den Agenden „Entwicklungs-, Forschungs-, samt Bedarfs- und Budgetplanung der Wehrtechnik") und das Amt für Wehrtechnik (mit den Abteilungen Waffen- und Munitionswesen, Mathematik-Chemie-Physik, Maschinenwesen, Elektrotechnik, Pionier- und Bauwesen, Flugwesen sowie Technisches Abnahme- und Güteprüfwesen).

Alle Kräfte und die – von Anfang an zu geringen – finanziellen Ressourcen waren auf den Aufbau und die Ausrüstung der Streitkräfte gerichtet, Wissenschaft und Forschung waren typische „Nebenaufgaben". Im Wesentlichen „passierte" daher Forschung dort, wo engagierte und einfallsreiche Personen versuchten, ihre Ideen und Verbesserungen einzubringen bzw. umzusetzen. Diese Personen gab es – wie in der Monarchie – immer noch, aber sie waren – aufgrund des Kleinstaates – nicht mehr so zahlreich. Einen Bereich kann man hier anführen, in dem quasi von Anfang an Forschung betrieben wurde: dies war der militärhistorische Bereich. Das Heeresgeschichtliche Museum (HGM) gab beispielsweise die „Militärhistorische Schriftenreihe" heraus: Im Jahre 1980 war das 41. Heft, 1987 bereits das 58. Heft erschienen.

Die Änderung der Geschäftseinteilung der Zentralstelle im Jahre 1978 und die prinzipielle Regelung der militärischen Gesamtplanung führten zur Aufnahme der „Forschungskoordination" in den Aktenplan des Ministeriums und zur Zuweisung der Aufgabe „Koordinierung der Forschungsangelegenheiten, soweit sie das Ressort betreffen" an die Abteilung „Grundsatzplanung" (GSP im Bereich des Generaltruppeninspektorates (GTI, sogenannte „5. Sektion", neben der S I – Präsidialsektion, der S II – Personal- und Ergänzungswesen, der S III – Führung und Ausbildung sowie der S IV – Rüstung und Beschaffung). Diese Maßnahmen waren aus dem Bedürfnis heraus entstanden, der Forschung im militärischen Bereich einen sinnvoll organisierten Rahmen zu geben, um durch rationellen Einsatz der Mittel größtmögliche Effizienz der Ergebnisse zu erzielen. Dies sollte ermöglichen, Zielsetzungen und Ergebnisse der Forschung in die weiteren militärischen Planungsarbeiten einzubinden.

Als Grundvoraussetzung einer zielgerichteten österreichischen Forschungspolitik wurde mit 1. Juli 1981 das „Forschungsorganisationsgesetz – FOG" (BGBl. Nr.

448/1981) erlassen, womit das Instrumentarium für die Koordination der Forschung auf gesetzlicher Basis gesichert, die Kooperation institutionalisiert und die wechselseitige Information sowie der Dialog auf breiter Basis fundiert wurde. Als Beratungsorgan mit Vorschlagsrecht an Bundesregierung und Bundesminister in Fragen von Wissenschaft und Forschung wurden beim Bundesministerium für Wissenschaft und Forschung (BMWF) der „Österreichische Rat für Wissenschaft und Forschung" und die „Österreichische Konferenz für Wissenschaft und Forschung" (auf Beamtenebene; das Ressort war hier durch den Leiter der Generalstabsgruppe A, in dessen Bereich die Abteilung GSP angesiedelt war, vertreten) eingerichtet. Letztere hatte den Auftrag, die „Österreichische Forschungskonzeption 80" (BMWF, WIEN 1983) zu erarbeiten. Bedeutsam in diesem Zusammenhang war, dass es – entgegen dem herrschenden Zeitgeist – dem Ressort gelang, die „Friedens- und Konfliktforschung" als eigenen Schwerpunkt zu verankern.

Gemäß § 8 des FOG 81 war die Bundesregierung verpflichtet, dem Nationalrat jährlich einen Forschungsbericht vorzulegen, *„[...] soweit nicht aus Gründen der Landesverteidigung eine Geheimhaltung geboten ist"*. Dies war dann eine heikle ressortinterne Aufgabe, die bisherigen Interessen der Geheimhaltung gegenüber jenen der Verbreitung und Verwirklichung im Sinne des Milizgedankens, wann immer es möglich war, hintanzustellen.

Das BMLV hat im Jahre 1983 als Reaktion auf das FOG 81 und die Forschungskonzeption 80 den ressortinternen „Forschungsbeirat" als unmittelbares Führungsinstrument des Generaltruppeninspektors ins Leben gerufen. Die Federführung dieses Gremiums lag bei der Abteilung GSPl. Es setzte sich aus den ständigen Mitgliedern, die von den Sektionen, dem Kabinett des Bundesministers, dem Amt für Wehrtechnik, dem Heeresnachrichtenamt, der Landesverteidigungsakademie und dem Heeresgeschichtlichen Museum entsandt wurden, zusammen. Dazu kamen noch fallweise heranzuziehende Mitglieder, die nach Bedarf als Vertreter von Fachabteilungen (wie z.B. Wehrpolitik, Rüstungsplanung, Sanität, Informatik-Fernmelde-Elektronik) einberufen wurden. Die Vorsitzführung lag beim Herrn Generaltruppeninspektor, sein Stellvertreter war der Leiter der Generalstabsgruppe A.

Im Jahre 1984 folgte mit der grundsätzlichen Weisung für die „Konzeption des Forschungsbereiches im BMLV" die erlassmäßige Regelung der Ressortforschung, womit diese eine ordnungsgemäße Grundlage erhalten hat. Nach der damals gängigen Gliederung der Forschung wurde die Grundlagenforschung an die Genehmigung durch den Forschungsbeirat gekoppelt, die angewandte Forschung blieb bis zu einer bestimmten Höhe der Kosten in der Kompetenz der zuständigen Fachabteilung (bei höheren Kosten musste der Forschungsbeirat befasst werden) und die experimentelle Entwicklung erforderte lediglich eine Information des Forschungsbeirates. Die „wehrwissenschaftliche Forschung" wurde entsprechend der allgemein anerkannten Systematik der Wissenschaftszweige in die geistes- und sozialwissenschaftliche (in Verantwortung der LVAk und des HGM), die wehrtechnisch-naturwissenschaftliche (dem AWT zugewiesen) und die wehrmedizinische Forschung (dem Heeresspital überantwortet) unterteilt. Anstelle eines Forschungsprogrammes wurde ein jährlicher „Forschungsthemenkatalog" herausgegeben, in dem die beantragten, in Durchführung stehenden und die abgeschlossenen Forschungsprojekte, gegliedert nach Wissenschaftszweigen, aufgelistet waren.

Der organisatorische Rahmen der Ressortforschung begann rasch zu greifen, das Problem lag über Jahre hinweg im fehlenden „Forschungsbudget". Für die Bedeckung von Forschungsprojekten war man daher gezwungen, den jeweils zuständigen Fachabteilungen quasi Geld „wegzunehmen" (sie mussten ihre Forschungsaufträge im Rahmen ihrer einschlägigen Projekte bedecken), was immer wieder zu Blockaden, Verstimmungen und internen Querelen geführt hat.

Im Jahre 1986 wurden seitens des Ressorts Überlegungen angestellt, wie man die Intentionen des BMLV besser mit den Ressourcen der österreichischen Universitäten vernetzen könnte. So kam es unter Bundesminister Dr. Robert LICHAL zur Einrichtung der „Geistes- und sozialwissenschaftlichen Kommission beim BMLV (GSK)", die von 1987 bis Ende 1991 bestand und von Univ.-Prof. Dr. Heinrich SCHNEIDER (als Vorsitzender) und Univ.-Prof. Dr. Egon MATZNER (als sein Stellvertreter) geführt wurde. Diese Kommission hatte mit nicht unerheblichen Schwierigkeiten zu kämpfen, da erstmals das Ressort eine Kommission gemäß § 8 des Bundesministeriengesetzes eingerichtet hatte, sie auf die Geistes- und Sozialwissenschaften eingeschränkt war und organisatorisch an die Sektion I (Präsidialsektion) und nicht dem GTI-Bereich „angehängt" war. Nichtsdestotrotz konnte die GSK auf einige Erfolge verweisen, wie die Verbesserung des Stellenwertes der Geistes- und Sozialwissenschaften innerhalb des Ressorts oder die Erstellung des Berichtes „Sicherheitspolitisches Umfeld und Streitkräfte-Entwicklung" (WIEN, 1991), der einerseits eine wesentliche Grundlage für die im Jahre 1992 verfügte „Heeresgliederung – Neu" gewesen ist und andererseits dazu führte, dass sich erstmals in der Geschichte der Zweiten Republik eine Bundesregierung mit einem sicherheitspolitischen Bericht auseinandergesetzt hat.

Ein Problem lag auch in der „Grundlagenforschung", die ja ex lege den Universitäten und der Akademie der Wissenschaften obliegt, nicht aber den einzelnen Ressorts. Deshalb wurde der Versuch gestartet, mit dem BMWF ein Verwaltungsübereinkommen zu schließen und die diesbezüglichen Verhandlungen in Angriff genommen. Der damalige Bundesminister, Univ.-Prof. Dr. Hans TUPPY (w. M. und Alt-Präsident der ÖAW), zeigte sich – im Gegensatz zu seiner Beamtenschaft – den Bestrebungen des BMLV gegenüber aufgeschlossen, aber als das Übereinkommen nach zähen Verhandlungen unterschriftsreif vorlag, war plötzlich – von einem Tag auf den anderen – Dr. Erhard BUSEK der Minister. Dadurch verzögerte sich das Übereinkommen neuerlich, wurde aber schließlich von den beiden Ministern unterschrieben (1989). Dem BMLV ist es dann gelungen, auf Basis dieser Vereinbarung gemeinsam mit dem BMWF und Joanneum Research (GRAZ) ein Forschungsprojekt im Bereich „Bildwahrnehmung und Bilderkennung" durchzuführen, das zu gleichen Teilen von den beiden Ressorts finanziert worden ist. Das Übereinkommen lief die vereinbarten fünf Jahre, eine Verlängerung war leider aus verschiedenen Gründen nicht möglich. Trotzdem agierte die beiderseitige Beamtenschaft weiterhin so, als wäre das Übereinkommen noch in Kraft.

Im November 1991 gab Bundesminister Dr. Werner FASSLABEND den Auftrag, die GSK auslaufen zu lassen, ihren Ansatz zu verbreitern [hinsichtlich der Wissenschaftszweige sowie der Einbindung der außeruniversitären Forschungseinrichtungen (SEIBERSDORF, ARSENAL und Joanneum Research)] und mit 1. Juli 1992 die „Wissenschaftskommission beim BMLV" (WissKomm) einzurichten. In Umsetzung der Erfahrungen aus der Arbeit mit der GSK ging das Ressort daran, diese Ministerentscheidung umzusetzen. Die WissKomm wurde – organisatorisch richtig – beim Generaltruppeninspektorat angesiedelt, wodurch eine entsprechende Verknüpfung mit den Forschungsbereichen des Ministeriums erfolgen konnte. Zum Vorsitzenden wurde Univ.-Prof. Dr. Klaus ZAPOTOCZKY (Univ. LINZ) gewählt, zum stellvertretenden Vorsitzenden Generaltruppeninspektor General Karl MAJCEN.

Die Wissenschaftskommission beim BMLV trat einmal jährlich zur Abhaltung einer Tagung bzw. eines interdisziplinären Symposiums zusammen, beispielsweise „Die Rolle der Streitkräfte in einer Informationsgesellschaft" oder „Führen und verantworten (Military Ethics)". Es ist auch gelungen, seit 1996 alljährlich beim „Europäischen Forum ALPBACH" im Rahmen des „Politischen Gespräches" einen sicherheitspolitischen Halbtag zu organisieren und durchzuführen. In Zusammenarbeit mit der Karl-Franzens-Universität GRAZ hat die WissKomm mehrere Tagungen veranstaltet, wie z.B. „Die Rolle des Krieges in der europäischen Gesellschaft am Beginn des 21. Jahrhunderts" im Jahre 2000. Eine wichtige Rolle spielte die WissKomm bei der Organisation der Offiziersausbildung in einem Fachhochschul-Studiengang, die aufgrund der Veränderungen der zivilen Bildungslandschaft notwendig geworden war. Nach umfangreichen Beratungen empfahl die WissKomm im April 1995 dem Herrn Bundesminister, einen derartigen Antrag an den Fachhochschulrat zu stellen und bot zugleich an, bei der Erstellung des Curriculums sowie der später notwendigen Evaluation entsprechend mitzuwirken. Diese Empfehlung wurde umgesetzt, der Fachhochschul-Studiengang „Militärische Führung" wurde 1997 bewilligt und an der Militärakademie eingerichtet. Im Mai 2000 erfolgte die erste Sponsion zum „Magister (FH) der Militärischen Führung" in WIENER NEUSTADT. Aufgrund der Novelle 2002 des Fachhochschulgesetzes wurde „Militärische Führung" zum Fachhochschul-Diplomstudiengang.

Mit der Änderung der Geschäftseinteilung des BMLV im Februar 1992 wurde die Aufgabe „Wissenschaft und Forschung" zu einem sogenannten „selbständigen Referat" und erhielt die Approbationsbefugnis für den Herrn Bundesminister, die zu einer wesentlichen Erleichterung im administrativen Bereich geführt hat. Die personelle Besetzung war ein 2-Mann-Team (WALLNER / SUETTE), welches allerdings noch die Aufgabenbereiche „Gesamtinfrastruktur" und „Militärische Raumplanung/-ordnung" der Abteilung „Militärische Gesamtplanung (MGP)" – „unbeschadet ihrer Einteilung" – zu betreuen hatten. Im selben Jahr ist es auch gelungen, finanzielle Ressourcen in einem inoffiziellen „Forschungsbudget" zusammenzuführen, wodurch eine flexiblere Gestaltung der Durchführung von Forschungsprojekten ermöglicht wurde.

Der ressortinterne Rahmen für Wissenschaft und Forschung war damit organisatorisch gut verankert, (geringe) Budgetmittel verfügbar, mit der Wissenschaftskommission die Universitäten und außeruniversitären Forschungseinrichtungen eingebunden – was jetzt noch fehlte, war eine entsprechende Zusammenarbeit mit der für Wissenschaft und Forschung höchsten Institution, nämlich der Akademie der Wissenschaften, doch das ist schon das nächste Kapitel!

* * * * *

Anmerkung 1: Es ist dem Ressort im Jahre 2001 gelungen, den Generalstabslehrgang der Landesverteidigungsakademie als „Individuelles Diplomstudium" an der Universität WIEN zu verankern. Der Abschluss erfolgt mit der Sponsion zum „Mag. phil.". Im Oktober 2004 erfolgte die nachträgliche Sponsion für vor 2001 durchgeführte Generalstabslehrgänge.

Anmerkung 2: Im Auftrag der Bundesregierung organisiert und veranstaltet die LVAk den „Strategischen Führungslehrgang" für hochrangige Vertreter aus Verwaltung und Wirtschaft, um das Wissen voneinander und das Verständnis für sicherheitspolitische Fragen zu vertiefen. Der erste dieses jährlichen Lehrganges zur Schaffung einer „Strategic Community" fand im Jahre 2004 statt.

Anmerkung 3: Nach dem Auszug des Kriegsarchives aus dem Akademietrakt wurde dieser einer Generalsanierung unterzogen, die feierliche Eröffnung fand am 09.09.2004 statt und seither ist die Landesverteidigungsakademie in diesem Trakt untergebracht.

Anmerkung 4: Im Jahre 2006 wurde das „Konzept für die Forschung im Österreichischen Bundesheer" genehmigt und damit eine tiefgreifende Änderung des ressortinternen Forschungssystems vorgenommen. Dieses Konzept ersetzt die grundsätzliche Weisung für die „Konzeption des Forschungsbereiches im BMLV" aus dem Jahre 1984, welche daher im Februar 2007 außer Kraft gesetzt wurde. Der „Forschungsthemenkatalog" (letzte Ausgabe: 2005) wurde durch das „Forschungsprogramm" und der „Forschungsbeirat" durch die „Forschungskonferenz" ersetzt. Aufgrund der neuen Geschäftseinteilung des BMLV vom 1. Juni 2008 wurde die Abteilung „Wissenschaft, Forschung und Entwicklung (WFE)" in der Gruppe „Grundsatzplanung" der Sektion II („Planung") geschaffen; sie hat einen Personalstand von neun Abteilungsangehörigen.

Anmerkung 5: Der Österreichische Wissenschaftsrat hat in seinem Entwicklungskonzept „Universität Österreich 2025" (WIEN, November 2009) im Kapitel über „Politikwissenschaft, Kommunikationswissenschaft und verwandte Disziplinen" u. a. festgehalten (S. 119): *„Eine gewisse Schwerpunktbildung existiert allenfalls in Bezug auf Sicherheitspolitik/Internationale Politik. Hier, und wohl auch im militärischen tertiären Ausbildungsbereich, könnte eine geeignete forschungsgeleitete universitäre Struktur, einschließlich der Bologna-Studienarchitektur, geschaffen werden, um Absolventen aus diesem Bereich europaweit akademische Anerkennung und Mobilität zu gewährleisten."*

4.4 Vorgeschichte und Gründung der Kommission 1992–1994

Zu Beginn des Jahres 1992 stellte sich für die Kommission für Geowissenschaftliche Forschungen der Österreichischen Akademie der Wissenschaften unter ihrem damaligen Obmann w. M. WEBER die Aufgabe, unter der Projektbezeichnung *Österreichische Gletscher: Flächen und Volumina 1992* alle österreichischen Gletscher mittels Bildflug zur Zeit maximaler Ausaperung zu erfassen und mittels Radio-Echolot auf Motorschlitten Eisdicken und Profile des Felsuntergrundes sowie interne Gletscherstrukturen zu messen. Das Projekt, den Richtlinien des Weltgletscherinventars folgend, sollte für Österreich erstmals das Wasseräquivalent aller österreichischen Gletscher liefern, vielfältig nutzbare Grundlagen etwa für glaziologische und klimatologische Forschungen bereitstellen, aber auch erstmals eine tragfähige Informations- und Datenbasis für land- und wasserwirtschaftliche Planungen österreichischer Bundes-, Landes- und Gemeindebehörden ergeben. Das Projekt unter der Leitung des damaligen Innsbrucker Dekans und Glaziologen o. Univ. Prof. Dr. KUHN war nur im Zusammenwirken zahlreicher Projektpartner und mit so großem Aufwand, dass er die Möglichkeiten der ÖAW und der beteiligten Universitäten deutlich überstieg, zu bewältigen.

Der damalige Aktuar der Mathematisch-Naturwissenschaftlichen Klasse der ÖAW (und Milizoffizier) VOGEL schlug Kommissionsobmann w. M. WEBER vor, für die notwendigen Befliegungen das Österreichische Bundesheer um Unterstützung zu ersuchen und eine Zusammenarbeit anzustreben. VOGEL nahm Anfang Februar 1992 informell ersten Kontakt in der Sache zum Leiter des selbständigen Referates Militärgeographie im BMLV, Brigadier Dr. FASCHING, auf. Dieser zeigte Interesse an der Fragestellung und einer Zusammenarbeit mit der ÖAW. In einem Folgegespräch Anfang März 1992 im Beisein von Projektleiter KUHN empfahl FASCHING zur raschen Lösung der Befliegungsfrage an ein Verwaltungsübereinkommen zwischen ÖAW und BMLV zu denken und stellte genehmigungsfähige Musterabkommen zur Verfügung. Grundlage der Zusammenarbeit sollte entweder die „Erfüllung gemeinsamer Aufgaben" oder eine „Assistenzanforderung" sein. Weiters sollte diese Forschungsfrage und ein Vorschlag über mögliche weiter reichende Kooperationen zwischen der ÖAW und dem BMLV durch die ÖAW brieflich an den Bundesminister für Landesverteidigung herangetragen werden. Auch sollte eine Einbindung des für Wissenschafts- und Forschungsfragen im BMLV zuständigen selbständigen Referenten, Oberst des Höheren Militärtechnischen Dienstes Dr. Hans WALLNER, erfolgen.

Im Mai 1992 richtete dann der damalige Präsident der ÖAW, w. M. Werner WELZIG, auf Ersuchen der Kommission für Geowissenschaftliche Forschung ein Schreiben an den damaligen Bundesminister für Landesverteidigung, Dr. Werner FASSLABEND, in welchem Präs. WELZIG „um Prüfung der Möglichkeit, das erwähnte Projekt im Rahmen eines gemeinsamen Projektabkommens durch z. B. lastenfreie Bereitstellung von Bildflügen zu unterstützen." ersuchte. In diesem Schreiben wies die ÖAW auch auf

Zusammenarbeitsinteressen in weiteren Forschungsfeldern hin und schlug vor, einen offiziellen Vertreter des BMLV in das Koordinationskomitee des Forschungsprogramms *Geophysik der Erdkruste* an der Österreichischen Akademie der Wissenschaften zu entsenden.

Mit diesem Schreiben ist offenbar das Interesse an wissenschaftlicher Zusammenarbeit mit der ÖAW im BMLV, aber auch an der LVAk, angestoßen worden. Dieses entwickelte sich zunächst und am raschesten im Bereich *Luftbild* (BMLV Abteilung Luft) zu einer *Vereinbarung auf dem Gebiet der Geowissenschaften* (mit 26.01.1993) weiter. Etwas später (mit 11.04.1994) kam es zu einer zusätzlichen, umfassenden *Vereinbarung betreffend Zusammenarbeit auf allen Wissenschaftsgebieten beiderseitigen Interesses.*

Für den **Interessensbereich *Luftbild*** einschließlich Befliegungen nominierte das BMLV mit 26. Juni 1992 den Referenten für Luftbildwesen und Umweltschutz der Abteilung Luft im Generaltruppeninspektorat (GTI), Oberstleutnant Ing. Helmut HÖFLINGER, als Kontaktperson für die angestrebten Befliegungen. In einem ersten Kontaktgespräch an der ÖAW zwischen HÖFLINGER, KUHN und VOGEL Anfang Juli 1992 konnten alle befliegungsrelevanten Projektanliegen erstmals an die fachlich Weisung gebende Dienststelle des BMLV herangetragen werden. Erste Flugtests wurden noch für 1992 (Dachsteingebiet) vereinbart und erwiesen die volle Tauglichkeit von Fluggerät, Besatzungen, Aufnahmetechnik sowie Organisation und damit der wissenschaftlichen Zusammenarbeit mit dem militärischen Partner. Parallel dazu erfolgte die Erstellung einer *Vereinbarung abgeschlossen zwischen der österreichischen Akademie der Wissenschaften und dem Bundesministerium für Landesverteidigung betreffend die Zusammenarbeit auf dem Gebiet der Geowissenschaften* sowie die Nominierung von HÖFLINGER als ständigem Vertreter des BMLV im Koordinationskomitee des Forschungsprogrammes *Geophysik der Erdkruste* an der ÖAW. Die Vereinbarung trat nach Unterzeichnung durch Generaltruppeninspektor General Karl MAJCEN (30. Dezember 1992) und durch den Präsidenten der ÖAW, w. M. WELZIG, sowie durch den Generalsekretär der ÖAW, w. M. SCHLÖGL, am 26. Jänner 1993 in Kraft. Das Abkommen sah die Gründung eines begleitenden Arbeitsausschusses vor, der regelmäßig, mindestens jedoch einmal jährlich, unter dem Vorsitz des BMLV zusammenzutreten und die Durchführung der konkreten Aufgabenstellungen zu koordinieren hatte. In der Folge tagte der Arbeitsausschuss, dem HÖFLINGER (Vorsitz), VOGEL und k. M. KUHN angehörten am 27. Juni 1994, am 27. Juli 1995 und am 10. Dezember 1997 und legte den Rahmen für die wissenschaftlichen Befliegungsoperate für 1994, 1995 und 1998 fest. Die Umsetzung der Gletscherbefliegungen oblag der Fliegerbildkompanie der Fliegerdivision (FlDiv/FlBiKp) des ÖBH in Langenlebarn, Niederösterreich. Kompaniekommandant Major Ing. WENDNER hatte mit dem verfügbaren Fluggerät und den Besatzungen aufgrund der starken Vorgaben aus den wissenschaftlichen Randbedingungen absolute fliegerische Spitzenleistungen an den technischen Leistungsgrenzen des Fluggerätes und damit verbundenen extremen Belastungen für die Besatzungen [Flüge in ca. 13 km Höhe ohne Druckkabine, Heizung (Temperatur etwa – 40 °C) und mit Sauerstoffmasken, dabei manuelle Bedienung der Kamera] zu erbringen. Dabei erwiesen sich die Anflugdauer zu den alpinen Flugzielen, wechselnde Wetterbedingungen, Schneefälle und damit Ausaperungszustände der Gletscher, besonders aber die unbeeinflussbaren Wolkenüberdeckungen der Befliegungsziele im alpinen Raum als ständige Herausforderungen, die auch eine sehr enge Zusammenarbeit mit Flugwetterdiensten im Westen und Süden Österreichs erforderten und letztendlich drei Sommer zur vollen Abdeckung des wissenschaftlichen Flugprogrammes erforderten. Das Forschungsprojekt selbst erwies sich letztendlich als derart umfangreich, aber auch wissenschaftlichen und sonstigen öffentlichen Erwartungen entsprechend ergiebig, dass es erst 2008 vollständig publiziert und damit abgeschlossen werden konnte. Der Beitrag der wissenschaftlichen Zusammenarbeit zwischen der ÖAW und dem ÖBH am letztlich großen Erfolg des Projektes ist gleichermaßen bedeutend und bleibend.

Der in der Wissenschaftsgemeinde wahrgenommene Erfolg dieser mehrjährigen Zusammenarbeit führte auch zur „Mitnahme" einzelner Operate für andere wissenschaftliche Zielsetzungen von ÖAW-Wissenschaftern und wurde von einem Abstimmungsprozess namens „Runder Tisch Luftbild" begleitet, welcher am 9. Dezember 1993 in Langenlebarn startete und über die geschilderte Zusammenarbeit hinaus alle österreichischen Luftbildbedarfsträger (Bundesministerien, Bundesländereinrichtungen, Universitäten, Bundesämter, ÖAW u. a. m.) versammelte und im Wege von durchschnittlich 3 Sitzungen jährlich zumindest bis 1996 koordinierte.

Der **Interessensbereich** *Umfassende Zusammenarbeit auf allen Wissensgebieten beiderseitigen Interesses* entwickelte sich unmittelbar vor dem Schreiben von ÖAW-Präsident w. M. WELZIG an Bundesminister Dr. FASSLABEND Ende Mai 1992 zunächst durch einen Brief des damaligen Kommandanten der Landesverteidigungsakademie, Korpskommandant EDER, an seinen ehemaligen Schulkameraden Akademiepräsident w. M. Werner WELZIG weiter, indem das tausendste Bezieherexemplar der Informationsdokumentation der LVAk an die ÖAW übermittelt und der Vorschlag angeschlossen wurde, auch den Komplex der Strategie und der Militärstrategie in allfällige Zusammenarbeitsüberlegungen zwischen der ÖAW und dem BMLV einzubeziehen. KKdt EDER vermittelte über den damaligen Adjutanten des Bundesministers für Landesverteidigung, Brigadier SPINKA, schließlich ein Gespräch zwischen Akademiepräsident w. M. WELZIG und Minister Dr. FASSLABEND. Dieses fand am 5. August 1992 im Beisein des Kommandanten LVAk, KKdt EDER und des Aktuars der Mathematisch-Naturwissenschaftlichen Klasse der ÖAW, VOGEL, im Ministerbüro des BMLV statt. Im Gesprächsverlauf schlug Minister Dr. FASSLABEND vor, ein auf beiden Seiten etwa drei Personen umfassendes Komitee zur konkreten Erarbeitung aller Bereiche wechselseitiger Kooperationsinteressen einzurichten und diese bis Ende 1992 zusammenzustellen. Dabei trug KKdt EDER den Wunsch der LVAk vor, eine formal abgesicherte, interdisziplinäre Zusammenarbeit mit der ÖAW eingehen zu dürfen. Als Instrument erschien KKdt EDER die Einrichtung einer gemeinsamen wissenschaftlichen Kommission geeignet. Minister Dr. FASSLABEND zeigte sich über den Vorschlag EDERs und die positive Reaktion von Präsident w. M. WELZIG erfreut und beauftragte KKdt EDER mit der sofortigen Inangriffnahme aller nötigen Schritte auf Seiten der LVAk. Präsident w. M. WELZIG bot an, nach Vorliegen der Übereinkommenstexte und nach Zustimmung der Gesamtakademie die Unterzeichnung des Übereinkommens im Rahmen eines Besuches von Bundesminister Dr. FASSLABEND an der ÖAW feierlich vorzunehmen.

Die Vorbereitungen zur Erstellung eines gemeinsamen Abkommens wurden unmittelbar nach dem Ministerbesuch in Angriff genommen. Auf Seiten der LVAk wurden Brigadier Heinz KOZAK, Hofrat Dr. Rudolf HECHT und Dr. Wilhelm SANDRISSER vom Institut für Strategie und Sicherheitspolitik beauftragt, auf Seiten der ÖAW übernahmen der damalige Vizepräsident, Altpräsident der Akademie, Altrektor der TU-Wien und theoretische Physiker, o. Univ.-Prof. Dr. Dr. h. c. Otto HITTMAIR, w. M., gemeinsam mit o. Univ.-Prof. Dr. Herwig FRIESINGER, korrespondierendes Mitglied der Philosophisch-Historischen Klasse, welcher schon früher positive wissenschaftliche Kooperationserfahrungen mit den Fliegerkräften des ÖBH im Bereich Luftbildarchäologie als seiner wissenschaftlichen Spezialisierung gemacht hatte, sowie der Aktuar der Mathematisch-Naturwissenschaftlichen Klasse, Dipl.-Ing. Dr. VOGEL, die Gespräche. Diese begannen am 14. Jänner 1993 an der ÖAW. SANDRISSER und VOGEL erstellten am 2. Februar 1993 einen Vereinbarungsentwurf und legten diesen in der zweiten Komiteesitzung am 9. März 1993 an der LVAk zur Diskussion vor. Nach der Übernahme des Institutes für Strategie und Sicherheitspolitik durch HECHT (auf Grund der Erkrankung von KOZAK) liefen auf Seiten der LVAk die Gespräche ab Mai 1993 in der neuen Zusammensetzung HECHT, RUMERSKIRCH (Leiter der Wehrpädagogischen Abteilung) und SANDRISSER weiter. Die Verhandler erzielten schließlich Einvernehmen über alle Modalitäten der Vereinbarung sowie Offenheit in der Frage der der Kooperation zuzurechnenden Wissenschaftsbereiche. Damit konnte das ÖAW-Präsidium die Akademiemitglieder in der Gesamtsitzung am 17. Dezember 1993 informieren und den Antrag auf Einrichtung einer Kommission der Gesamtakademie zur wissenschaftlichen Zusammenarbeit mit Dienststellen des BMLV stellen. Seitens der ÖAW sollten der Kommission die Mitglieder der Philosphisch-Historischen Klasse w. M. LICHTENBERGER, w. M. PLASCHKA und w. M. FRIESINGER, seitens der Mathematisch-Naturwissenschaftlichen Klasse Vizepräsident w. M. HITTMAIR, w. M. WEBER und Aktuar VOGEL angehören. Weiters nominierte die ÖAW die beiden Experten o. Univ.-Prof. Dr. KUHN (Univ. Innsbruck) und Univ.-Prof. Dr. JANAUER (Univ. Wien). Der Antrag wurde angenommen und das BMLV eingeladen, ebenfalls Kommissionsmitglieder zu nominieren. Mit Schreiben vom 8. Februar 1994 wurden seitens des BMLV KKdt EDER, HR Dr. HECHT, Divisionär Dr. HÖTZL, Divisionär KÖNIG, HR Univ. Doz. Dr. MAGENHEIMER, Oberst dhmfD Dr. MANG, Brigadier Dr. PEXA, Divisionär PLEINER, HR Univ.-Doz. Dr. RAUCHENSTEINER und Dr. SANDRISSER genannt und in der Sitzung der Gesamtakademie am 14. März 1994 die Kommission in ihrer nunmehr gesamten Zusammensetzung bestätigt. Die Gründungssitzung fand am Montag, dem 11. April 1994 im Johannessaal der ÖAW unmittelbar nach dem Festakt der feierlichen Unterzeichnung der Zusammenarbeitsvereinbarung im Beisein von

Bundesminister für Landesverteidigung Dr. Werner FASSLABEND statt. Diese nahmen für das BMLV und die LVAk Generaltruppeninspektor General Karl MAJCEN und der Kommandant LVAk Korpskommandant Erich EDER, für die ÖAW Präsident o. Univ.-Prof. Dr. Werner WELZIG und Generalsekretär o. Univ.-Prof. Dr. Karl SCHLÖGL vor. In einer kurzen Ansprache hob Minister FASSLABEND die wachsende Bedeutung von Wissenschaft und Forschung für die Zukunft von Streitkräften hervor und wünschte der neuen ÖAW-Kommission im Interesse beider Kooperationspartner viel Erfolg. Präsident w. M. WELZIG schloss sich diesem Wunsche an und lud die Kommissionsmitglieder zur konstituierenden Sitzung ein. Unter seinem Vorsitz wurden Vizepräsident w. M. HITTMAIR zum Obmann und HR Dr. HECHT zum Stellvertretenden Obmann der ÖAW-Kommission für die wissenschaftliche Zusammenarbeit mit Dienststellen des Bundesministeriums für Landesverteidigung gewählt. Beide übernahmen unmittelbar die Amtsgeschäfte. Mit dieser ersten Sitzung am Gründungstag, dem 11. April 1994, nahm die Kommission ihre wissenschaftliche Tätigkeit auf.

Gründung der Kommission der Österreichischen Akademie der Wissenschaften (ÖAW) für die wissenschaftliche Zusammenarbeit mit Dienststellen des Bundesministeriums für Landesverteidigung (BMLV)

11. April 1994

Bundesminister f. LV
Dr. Werner
FASSLABEND

Präsident der ÖAW
o. Univ.-Prof. Dr. phil.
Werner WELZIG, w. M.

Generaltruppeninspektor
General
Karl MAJCEN

Abb. 6: Unterzeichnung der Vereinbarung

Abb. 7: Gründungsversammlung

5 Die Kommission 1994 – 2009

5.1 Obmann und Obmannstellvertreter

Obmann   **Obmann-Stellvertreter**

1994–1997

ÖAW-Vizepräsident
Emer. o. Univ.-Prof. Dr. Dr. h. c.
Otto HITTMAIR, w. M. †

Hofrat
Dr. Rudolf HECHT

1998–2001

Emer. o. Univ.-Prof., Mag. rer. nat.
Dr. phil. DDr. h. c.,
Elisabeth LICHTENBERGER, w. M.

General
Ernest KÖNIG

2002–2003

ÖAW-Generalsekretär o. Univ.-Prof.
DI Dr. techn. Dr. h. c. mult.
Herbert MANG, Ph. D., w. M.

General Mag.
Raimund SCHITTENHELM

2003–2007

Magnifizenz o. Univ.-Prof.
DI Dr. techn. Hans SÜNKEL, w. M.

General Mag.
Roland ERTL

2007–(2012)

Magnifizenz o. Univ.-Prof.
DI Dr. techn. Hans SÜNKEL, w. M.

General Mag.
Edmund ENTACHER

5.2 Sitzungen der Kommission

Kommissionssitzungen finden abwechselnd im Haus der Österreichischen Akademie der Wissenschaften und an der Landesverteidigungsakademie statt. Beide Ubikationen bieten Vorteile wie gute Erreichbarkeit mit öffentlichen Verkehrsmitteln und eine ausgezeichnete Sitzungsinfrastruktur, an der Landesverteidigungsakademie mit der zusätzlichen Möglichkeit zur Einnahme eines gemeinsamen Mittagessens, was die Kommission auch öfters genutzt hat. Die Sitzungen finden jeweils am Vormittag an Freitagen statt, an denen die Gesamtakademie abends Akademiesitzungen abhält, zu denen auch die Akademiemitglieder aus den Bundesländern anreisen. Auf diese Weise ist die Einbindung von Kommissionsmitgliedern der ÖAW aus den Bundesländern in die Sitzungstätigkeit der Kommission ohne zusätzlichen Reiseaufwand gewährleistet. Die Kommissionssitzungen folgen der ÖAW-Geschäftsordnung, verlaufen gemäß einer beschlossenen Tagesordnung und werden protokolliert.

Seit Gründung der Kommission wurden folgende Kommissionssitzungen abgehalten:

Sitzung	Tag	Datum	Zeit	Ort	Bemerkungen
1. (W.)	Mo	11.04.1994	11:00–11:55	ÖAW, Johannessaal	W: Hittmair, Hecht
2.	Fr	14.10.1994	10:00–11:15	ÖAW, Sitzungszimmer	
3.	Fr	10.03.1995	10:00–11:50+	LVAk, LS 2 (S.)	
4.	Fr	13.10.1995	10:00–11:05	ÖAW, Sitzungszimmer	
5.	Fr	08.03.1996	09:30–11:33+	LVAk, LS 2 (S.)	
6.	Fr	11.10.1996	09:15–10:40	LVAk, LS 3 (S.)	
7.	Fr	21.03.1997	10:00–12:10	ÖAW, Sitzungszimmer	
8.	Fr	19.12.1997	10:00–11:53	ÖAW, Sitzungssaal	
9. (W.)	Fr	03.04.1998	10:00–10:55	ÖAW, Theatersaal	W: Lichtenberger, König
10.	Fr	16.10.1998	10:00–12:30	LVAk, LS 3 (S.)	
11.	Fr	26.03.1999	10:00–12:10+	ÖAW, Clubraum	
12.	Fr	15.10.1999	10:00–12:15	LVAk, LS 3 (S.)	
13.	Fr	10.03.2000	10:00–12:10	ÖAW, Clubraum	
14.	Fr	17.11.2000	10:00–12:15	LVAk, LS EG (A.)	
15.	Fr	16.11.2001	10:00–12:40	ÖAW, Clubraum	† w. M. Plaschka (27.10.01)
16. (W.)	Fr	26.04.2002	10:00–11:45	ÖAW, Clubraum	W: Mang, Schittenhelm
17. (W.)	Fr	27.06.2003	10:00–11:40	ÖAW, Clubraum	W: Sünkel, Ertl
18.	Fr	14.11.2003	10:00–12:30+	LVAk, LS 3 (S.)	† w. M. Hittmair (05.09.03)
19.	Fr	23.04.2004	10:00–11:32	ÖAW, Clubraum	
Sympos.	Mi	09.06.2004	09:15–17:05+	ÖAW, Theatersaal	Festsymposium (10 J.)
20.	Fr	15.10.2004	10:00–11:23+	LVAk, LS 3 (S.)	
21.	Fr	29.04.2005	10:00–12:55	LVAk, LS 12 (A.)	
22.	Fr	17.11.2006	10:00–13:05+	LVAk, LS 12 (A.)	
23.	Fr	23.03.2007	10:00–12:05	ÖAW, Clubraum	

Sitzung	Tag	Datum	Zeit	Ort	Bemerkungen
24.	Fr	16.11.2007	10:00–12:00+	LVAk, LS 25 (A.)	† w. M. Schlögl (04.05.07)
25. (W.)	Fr	17.10.2008	10:00–12:45(+)	ÖAW, Sitzungssaal	W: Sünkel, Entacher
26.	Fr	19.06.2009	10:00–12:50+	LVAk, Kinosaal	
27.	Fr	18.06.2010	10:00–13:00+	ÖAW, Festsaal	Festsitzung (15 J.), † w. M. Kurat (27.11.09)

A.: Akademietrakt; J.: Jahre; S.: Sappeurtrakt; W.: Wahlsitzung: Obmann, Stv. Obmann; +: plus Mittagessen; †: Todesfall Kom.-Mitglied; LS: Lehrsaal

Tab. 1: Kommissionssitzungen

5.3 Vorträge bei Kommissionssitzungen

Seit Beginn der gemeinsamen Kommissionsarbeit wurden im Rahmen der Kommissionssitzungen zahlreiche Vorträge gehalten. Diese behandelten Themen zur wechselseitigen Information bei Veränderungen in den Partnereinrichtungen, im Umfeld oder allgemeine Entwicklungen von Relevanz für die Zusammenarbeit, stellten Projektvorschläge, -verläufe und -ergebnisse vor oder wiesen auf besonders bedeutsame sowie potentiell folgenreiche Entwicklungen in Wissenschaften, Forschung und Technikanwendungen hin. Die Referenten waren in aller Regel Kommissionsmitglieder beider Partnereinrichtungen selbst.

Zahlreiche Vorträge von Kommissionsmitgliedern wurden auch im Zuge von externen Veranstaltungen beider Einrichtungen anlässlich von z. B. Vortragseinladungen oder Lehrtätigkeiten (z. B. an der LVAk) gehalten.

Von besonderer Bedeutung für die Kommission waren in den vergangenen fünf Jahren Referate zu speziellen Sachthemen eingeladener erstrangiger nationaler oder internationaler Fachleute, was vor allem die Akzeleration in den Veränderungen des Umfeldes von ÖBH und ÖAW deutlich widerspiegelt.

Es referierten in der:

18. Sitzung: **Dr. John GOODMAN (RPSI), USA:**
Influence of the Atmosphere on Communication, Navigation and Ranging and its Potential for Strategic Applications

22. Sitzung: **Magnifizenz o. Univ.-Prof. Dipl.-Ing. Dr. techn. Hans SÜNKEL, w. M., Rektor TU-Graz:**
Forschungsspektrum Technische Universität Graz

23. Sitzung:	**o. Univ.-Prof. Dipl.-Ing. Dr. techn. Franz RAMMERSTORFER, w. M., Vizerektor für Forschung, TU-Wien:**
	Forschungsspektrum Technische Universität Wien

24. Sitzung:	**Magnifizenz o. Univ.-Prof. DI Dr. techn. Wolfhard WEGSCHEIDER, Rektor Montanuniversität Leoben:**
	Forschungsspektrum Montanuniversität Leoben

25. Sitzung:	**Brigade General Dr. Adam SOWA, Deputy Chief Executive, European Defence Agency (EDA), Brussels:**
	European Defence Agency Integration Capabilities with Special Attention to Integration Aspects for New European Member Countries

26. Sitzung:	**Ingénieur Général de l`Armement Alain PICQ, French Director, Institut franco-allemand de Recherches de Saint-Louis (ISL), France & Germany:**
	The French-German Research Institute of Saint-Louis – Premium European Asset in Fundamental Armament and Security Research

Aus Anlass des 10-jährigen Bestandsjubiläums veranstaltete die Kommission am 9. Juni 2004 eine ganztägige wissenschaftliche Festveranstaltung im Theatersaal der ÖAW, Sonnenfelsgasse 19, 1010 Wien, unter Beteiligung internationaler Experten als Referenten. Alle, auch die von Mitgliedern der Kommission aus diesem Anlass gehaltenen Vorträge und Panelmoderationen sind als Projektbericht 7 dieser Kommission unter dem Titel *Wissenschaft, Forschung, Landesverteidigung – 10 Jahre ÖAW-BMLV/LVAK* im Verlag der ÖAW 2005 erschienen.

Anlässlich des 15-jährigen Bestehens der ÖAW-Kommission für die wissenschaftliche Zusammenarbeit mit Dienststellen des Bundesministeriums für Landesverteidigung und Sport ist ein besonderer Festvortrag vorgesehen:

27. Sitzung:	**Prof. Dr. Hans MARK, John J. McKetta Centennial Energy Chair in Engineering, Department of Aerospace Engineering and Engineering Mechanics, The University of Texas at Austin, USA:** (Working title)
	Civil and Military Co-operation in Science, Research and Technology Development – The US Experience

Eingeladene Gastreferate, ganz bestimmt jene der vergangenen fünf Jahre, ergänzten und ergänzen die Übersicht und vertiefen das Verständnis der Kommission in als wesentlich erachteten Aspekten der gemeinsamen Kommissionsarbeit. Sie führen gewöhnlich zu intensiver Beschäftigung mit den angesprochenen Themenstellungen beziehungsweise zur Nutzung der vorgestellten Einrichtungen und ihrer wissenschaftlichen Angebote für zukünftige Zusammenarbeit in gemeinsamen Forschungsvorhaben.

5.4 Mitglieder der Kommission

Generalleutnant Mag.
Freyo APFALTER
Leiter Sektion III (Bereitstellung)
Bundesministerium für Landesverteidigung
und Sport
geb. 23. April 1951
Kommissionsmitglied: 27.06.2008–(31.12.2012)

Emer. o. Univ.-Prof. Dr. phil.
Siegfried J. BAUER, w. M.
Institutsbereich Geophysik, Astrophysik und
Meteorologie
Institut für Physik
Karl-Franzens-Universität GRAZ
geb. 13. September 1930
Kommissionsmitglied: 13.11.1998–(31.12.2012)

Brigadier Mag.
Erich CSITKOVITS
Leiter Gruppe Grundsatzplanung, Dienstverwendung als
Stabschef des Bundesministers für Landesverteidigung
und Sport
geb. 30. März 1961
Kommissionsmitglied: 27.06.2008–(31.12.2012)

General i. R.
Erich EDER
Kommandant Landesverteidigungsakademie
Bundesministerium für Landesverteidigung
geb. 20. Mai 1933
Kommissionsmitglied: 04.03.1994–31.12.2002

General Mag.
Edmund ENTACHER
Chef des Generalstabes
Bundesministerium für Landesverteidigung
und Sport
geb. 30. September 1949
Kommissionsmitglied: 17.10.2008–(31.12.2012)
Obmannstellvertreter: 12.12.2008–(31.12.2012)

General i. R. Mag.
Roland ERTL
Chef des Generalstabes
Bundesministerium für Landesverteidigung
geb. 23. Juli 1945
Kommissionsmitglied: 27.06.2003–31.12.2007
Obmannstellvertreter: 27.06.2003–31.12.2007

Dekan o. Univ.-Prof. Dr. phil.
Heinz FASSMANN, w. M.
Fakultät für Geowiss., Geographie und Astronomie
Institut für Geographie und Regionalforschung
Universität WIEN
Direktor,
ÖAW-Institut für Stadt- und Regionalforschung
geb. 13. August 1955
Kommissionsmitglied: 18.01.2002–(31.12.2012)

Brigadier Mag. Dr.
Walter FEICHTINGER
Leiter Institut für Friedenssicherung und
Konfliktmanagement,
Landesverteidigungsakademie
Bundesministerium für Landesverteidigung und Sport
geb. 13. November 1956
Kommissionsmitglied: 14.10.2005–(31.12.2012)

Prof. Dr. phil.
Friedrich FIRNEIS
Institut für Mechanik der Werkstoffe und Strukturen
Technische Universität WIEN
geb. 10. Juni 1940
Kommissionsmitglied: 13.10.1995–(31.12.2012)

Generalleutnant Mag.
Dietmar FRANZISCI
Leiter Sektion II (Planung)
Bundesministerium für Landesverteidigung
und Sport
geb. 25. Juli 1953
Kommissionsmitglied: 27.06.2008–(31.12.2012)

o. Univ.-Prof. Dr. phil. Dr. h. c.
Herwig FRIESINGER, w. M.
Institut für Ur- und Frühgeschichte
Universität WIEN
Generalsekretär der ÖAW 2003–2009
geb. 5. März 1942
Kommissionsmitglied: 04.03.1994–06.07.2009

Emer. o. Univ.-Prof. Dr. phil.
Giselher GUTTMANN, w. M.
Institut (Fakultät) für Psychologie
Universität WIEN
Dekan,
Siegmund-FREUD-Privatuniversität WIEN
geb. 2. Oktober 1934
Kommissionsmitglied: 04.03.1994–(31.12.2012)

Hofrat i. R. Dr.
Rudolf HECHT
Leiter Institut für Strategie und Sicherheitspolitik
Landesverteidigungsakademie
Bundesministerium für Landesverteidigung
geb. 7. März 1942
Kommissionsmitglied: 04.03.1994–31.12.2002
Obmannstellvertreter: 04.03.1994–31.12.1997

General i. R.
Friedrich HESSEL
Leiter Generalstabsgruppe A
Bundesministerium für Landesverteidigung
geb. 4. Dezember 1941
Kommissionsmitglied: 11.10.1996–31.12.2002

Emer. o. Univ.-Prof. Dr. Dr. h. c.
Otto HITTMAIR, w. M. †
Institut für theoretische Physik,
Technische Universität WIEN (TUW)
Rektor TUW 1977–1979
Präsident der ÖAW 1987–1991
geb. 16. März 1924   † 05. September 2003
Kommissionsmitglied: 04.03.1994–05.09.2003
Kommissionsobmann: 04.03.1994–31.12.1997

Brigadier Mag.
Klemens HOFMEISTER
Leiter Abteilung Wissenschaft, Forschung und
Entwicklung
Bundesministerium für Landesverteidigung
und Sport
geb. 10. November 1954
Kommissionsmitglied: 27.06.2008–(31.12.2012)

**Generalmajor i. R. Dipl.-Ing. Dr. techn.
Otto HORAK**
Leiter Heeresdatenverarbeitungsamt
Bundesministerium für Landesverteidigung
geb. 30. August 1928
Kommissionsmitglied: 04.03.1994–31.12.1997

**General i. R. Dr.
Friedrich HÖTZL**
Leiter Sektion I
Bundesministerium für Landesverteidigung
geb. 9. Oktober 1939
Kommissionsmitglied: 04.03.1994–31.12.2002

**Ao. Univ.-Prof. Dr.
Georg JANAUER**
Stellvertretender Leiter
Department für Limnologie und Hydrobotanik
Universität WIEN
geb. 19. Jänner 1947
Kommissionsmitglied: 04.03.1994 – 31.12.2002

**Brigadier Mag.
Johann KOGLER**
Leiter Budgetabteilung
Bundesministerium für Landesverteidigung
und Sport
geb. 2. Jänner 1961
Kommissionsmitglied: 14.10.2005–31.12.2007

General i. R. Prof. Mag.
Ernest KÖNIG
Kommandant Landesverteidigungsakademie
Bundesministerium für Landesverteidigung
geb. 29. Juli 1937
Kommissionsmitglied: 04.03.1994–31.12.2002
Obmannstellvertreter: 23.01.1998–31.12.2001

o. Univ.-Prof. Dr. phil.
Michael KUHN, k. M.
Institutsvorstand
Institut für Meteorologie und Geophysik
Universität INNSBRUCK
geb. 8. Juli 1943
Kommissionsmitglied: 04.03.1994–(31.12.2012)

Ao. Univ.-Prof. i. R. Dr. phil.
Gero KURAT, w. M. †
Leiter Mineralogisch-Petrographische Abteilung
Naturhistorisches Museum WIEN
geb. 18. November 1938   † 27. November 2009
Kommissionsmitglied: 12.10.2007–27.11.2009

Oberst dhmfD Mag.
Christian LANGER
Leiter Psychologischer Dienst
Bundesministerium für Landesverteidigung
und Sport
geb. 25. April 1966
Kommissionsmitglied: 27.06.2008–(31.12.2012)

Brigadier Mag.
Harald LEOPOLD
Informations- und
Kommunikationstechnologiebeauftragter des
Bundesministers für Landesverteidigung und Sport
geb. 5. Mai 1953
Kommissionsmitglied: 27.06.2003–13.10.2005

Emer. o. Univ.-Prof. Mag. rer. nat.
Dr. phil. DDr. h. c.
Elisabeth LICHTENBERGER, w. M.
Institut für Geographie und Regionalforschung
Universität WIEN
geb. 17. Februar 1925
Kommissionsmitglied: 04.03.1994–(31.12.2012)
Kommissionsobmann: 03.03.1998–26.04.2002

Univ.-Doz. HR Dr.
Heinz MAGENHEIMER
Stellvertretender Leiter i. R.
Institut für Strategie und Sicherheitspolitik
Landesverteidigungsakademie
Bundesministerium für Landesverteidigung
geb. 21. Jänner 1943
Kommissionsmitglied: 04.03.1994–31.12.1997

o. Univ.-Prof. Dipl.-Ing. Dr. techn. Dr. h. c. mult.
Herbert MANG, Ph. D., w. M.
Institutsvorstand
Institut für Mechanik der Werkstoffe und Strukturen
Technische Universität WIEN
Präsident der ÖAW 2003–2006
geb. 5. Jänner 1942
Kommissionsmitglied: 26.04.2002–(31.12.2012)
Kommissionsobmann: 26.04.2002–27.06.2003

Brigadier Dr.
Reinhard MANG
Leiter
Institut Militärisches Geowesen
Bundesministerium für Landesverteidigung
und Sport
geb. 29. September 1950
Kommissionsmitglied: 04.03.1994–31.12.2007

Emer. o. Univ.-Prof. Dr. phil.
Herbert MATIS, w. M.
Institut für Wirtschafts- und Sozialgeschichte
Wirtschaftsuniversität WIEN
Rektor Wirtschaftsuniversität WIEN 1984–1985
Vizepräsident der ÖAW 2003–2009
geb. 22. Mai 1941
Kommissionsmitglied: 13.12.2002–(31.12.2012)

Brigadier i. R. Mag. Dr.
Edwin MICEWSKI
Leiter
Abteilung Human- und Sozialwissenschaften
Landesverteidigungsakademie
Bundesministerium für Landesverteidigung
geb. 7. September 1953
Kommissionsmitglied: 27.06.2003–31.12.2007

Univ.-Prof. Dr. phil.
Harald NIEDERREITER, k. M. A.
Department of Mathematics
National University of SINGAPORE
Hon.-Prof. für Mathematik und Informatik
Universität WIEN
geb. 7. Juni 1944
Kommissionsmitglied: 04.03.1994–31.12.2002

Brigadier Dipl.-Ing. Dr. techn.
Helmut OPPENHEIM
Leiter Abteilung Explosivstoff-, Werkstoff- und
Betriebsmitteltechnologie
Amt für Rüstung und Wehrtechnik
Bundesministerium f. Landesverteidigung u. Sport
geb. 31. März 1955
Kommissionsmitglied: 27.06.2003–(31.12.2012)

Brigadier MMag.
Wolfgang PEISCHEL, Chefredakteur
Österreichische Militärische Zeitschrift
Landesverteidigungsakademie
Bundesministerium für Landesverteidigung
und Sport
geb. 3. Juli 1956
Kommissionsmitglied: 27.06.2003–31.12.2007

Brigadier i. R. Dipl.-Ing. Dr. techn.
Wolfgang PEXA
Leiter
Abteilung Waffen und Munition
Amt für Wehrtechnik
Bundesministerium für Landesverteidigung
geb. 8. Juni 1940
Kommissionsmitglied: 04.03.1994–31.12.2002

Emer. o. Univ.-Prof. Dr. phil. Dr. h. c. mult.
Richard PLASCHKA †
Institut für Osteuropäische Geschichte
Universität WIEN
Rektor Universität WIEN 1981–1983
geb. 8. Juli 1927 † 27. Oktober 2001
Kommissionsmitglied: 04.03.1994–27.10.2001

General i. R.
Horst PLEINER
Generaltruppeninspektor
Bundesministerium für Landesverteidigung
geb. 14. November 1941
Kommissionsmitglied: 04.03.1994–31.12.2002

Generalmajor Mag.
Johann PUCHER
Leiter
Direktion für Sicherheitspolitik
Bundesministerium für Landesverteidigung
und Sport
geb. 1. Oktober 1948
Kommissionsmitglied: 27.06.2008–(31.12.2012)

Dekan o. Univ.-Prof. Mag. Dr.
Wolf RAUCH
Sozial- und Wirtschaftswissenschaftliche Fakultät
Institutsleiter
Institut für Informationswissenschaft und
Wirtschaftsinformatik
Karl-Franzens-Universität GRAZ (KFUG)
Rektor KFUG von 1997–1999
geb. 7. März 1952
Kommissionsmitglied: 01.01.2003–(31.12.2012)

Univ.-Prof. HR Dr.
Manfried RAUCHENSTEINER
Direktor i. R.
Heeresgeschichtliches Museum
Bundesministerium für Landesverteidigung
Berater Militärhistorisches Museum DRESDEN
geb. 25. Juli 1942
Kommissionsmitglied: 04.03.1994–31.12. 2007

Sektionschef i. R. DDr.
Erich REITER
Leiter
Direktion für Sicherheitspolitik
Bundesministerium für Landesverteidigung
Hon.-Prof. an der Karl-Franzens-Universität GRAZ
geb. 13. Juli 1944
Kommissionsmitglied: 23.01.1998–31.12.2007

Hon. Assoc. Prof. Dr.
Andrea RIEMER, Ph. D.
Leiterin
Institut für Strategie und Sicherheitspolitik
Landesverteidigungsakademie
Bundesministerium f. Landesverteidigung u. Sport
geb. 7. Juni 1963
Kommissionsmitglied: 27.06.2008–(31.12.2012)

Ministerialrat Dr.
Wilhelm SANDRISSER
Bereichsleiter Internationale Angelegenheiten,
Öffentlichkeitsarbeit, Beschaffung, EU-Koordination,
Sektion I
Bundesministerium für Inneres
geb. 4. Juni 1959
Kommissionsmitglied: 04.03.1994–31.12.2002

General Mag.
Raimund SCHITTENHELM
Kommandant Landesverteidigungsakademie
Bundesministerium für Landesverteidigung
und Sport
geb. 24. Dezember 1947
Kommissionsmitglied: 22.03.2002–(31.12.2012)
Obmannstellvertreter: 22.03.2002–26.06.2003

Emer. o. Univ.-Prof. Dr. phil.
Karl SCHLÖGL, w. M. †
Institut für organische Chemie
Universität WIEN
Vizepräsident der ÖAW 1997–2000
geb. 5. Oktober 1924   † 04. Mai 2007
Kommissionsmitglied: 20.06.1997–31.12.2002

Ao. Univ.-Prof. HR Dr. phil.
Hans Peter SCHÖNLAUB, w. M.
Department für Lithosphärenforschung
Universität WIEN
Leiter Geowissenschaftliches Zentrum der ÖAW
Direktor Geologische Bundesanstalt i. R.
geb. 19. Jänner 1942
Kommissionsmitglied: 12.10.2007–(31.12.2012)

Emer. o. Univ.-Prof. Mag. rer. nat. Dr. phil.
Martin SEGER, k. M.
Institut für Geographie und Regionalentwicklung
Universität KLAGENFURT
geb. 27. Jänner 1940
Kommissionsmitglied: 05.05.2000–(31.12.2012)

Oberst dIntD Mag.
Hans STARLINGER
Stellvertretender Abteilungsleiter
Abteilung Wissenschaft, Forschung
und Entwicklung
Bundesministerium f. Landesverteidigung u. Sport
geb. 27. Jänner 1957
Kommissionsmitglied: 23.01.2004–31.12.2007

Oberst dG MMag. Dr. phil.
Andreas STUPKA
Leiter
Institut für Human- und Sozialwissenschaften
Landesverteidigungsakademie
Bundesministerium für Landesverteidigung
und Sport
geb. 28. September 1963
Kommissionsmitglied: 23.01.2004–(31.12.2012)

Magnifizenz o. Univ.-Prof. Dipl.-Ing. Dr. techn.
Hans SÜNKEL, w. M.
Rektor TUG 2003–(2011)
Institut für Navigation und Satellitengeodäsie
Technische Universität GRAZ (TUG)
Stellvertretender Direktor
ÖAW-Institut für Weltraumforschung
geb. 4. Oktober1948
Kommissionsmitglied: 18.01.2002–(31.12.2012)
Kommissionsobmann: 27.06.2003–(31.12.2012)

Brigadier Dipl.-Ing. Dr. techn.
Christian TAUSCHITZ
Leiter Direktion Rüstung und Beschaffung &
Leiter Amt für Rüstung und Beschaffung
Bundesministerium für Landesverteidigung
und Sport
geb. 9. Juli 1951
Kommissionsmitglied: 27.06.2003–(31.12.2012)

Brigadier Univ.-Prof. Dr. med.
Thomas TREU, F.E.B.U.
Kommandant Sanitätsschule und Sanitätschef
Bundesministerium für Landesverteidigung
und Sport
geb. 17. Jänner 1949
Kommissionsmitglied: 27.06.2008–(31.12.2012)

Brigadier Univ.-Doz. HR DDr.
Heinz VETSCHERA
Referatsleiter und Hauptlehroffizier
Institut für Strategie und Sicherheitspolitik
Landesverteidigungsakademie, BMLVS
Dozent Peace Support Operations Center SARAJEVO
(BOSNIEN und HERZEGOWINA)
geb. 19. März 1948
Kommissionsmitglied: 27.06.2003–31.12.2007

Oberst dhmtD Hon.-Prof. Dipl. Ing. Dr. techn.
Alfred VOGEL, MBA (IMD)
Arbeitsgemeinschaft Sicherheit und Wirtschaft
Fachverband Maschinen- u. Metallwarenindustrie
Wirtschaftskammer Österreich
geb. 29. Oktober 1955
Kommissionsmitglied: 04.03.1994–(31.12.2012)
Komm. Gen.-Sekretär: 04.03.1994–(31.12.2012)

Brigadier Dr.
Hans WALLNER
Leiter i. R.
Selbständiges Referat Wissenschaft und Forschung
Bundesministerium für Landesverteidigung
geb. 22. September 1948
Kommissionsmitglied: 13.10.1995–(31.12.2012)
Kommissionshistoriker: 27.06.2008–(31.12.2012)

Emer. o. Univ.-Prof. Dr. phil. Dr. rer. nat. h. c.
Franz Kurt WEBER, w. M.
Lehrstuhl für Geophysik
Department Angewandte Geowissenschaften
und Geophysik
Montanuniversität LEOBEN
geb. 25. August 1926
Kommissionsmitglied: 04.03.1994–(31.12.2012)

Generalmajor Mag.
Karl WENDY
Generalstab
Bundesministerium für Landesverteidigung
und Sport
geb. 15. Juni 1953
Kommissionsmitglied: 27.06.2003–31.12.2007

Emer. o. Univ.-Prof. Dr. med.
Georg WICK
Leiter Labor für Autoimmunität
Sektion für Experimentelle Pathophysiologie und
Immunologie, Biozentrum
Medizinische Universität INNSBRUCK
Präsident des FWF 2003–2005
geb. 28. April 1939
Kommissionsmitglied: 18.01.2002–(31.12.2012)

Oberstarzt Prim. Dr. med.
Peter WITTELS
Leiter Leistungsmedizin / Wehrergonomie
Heeresspital
Bundesministerium für Landesverteidigung
und Sport
geb. 12. Juli 1955
Kommissionsmitglied: 27.06.2003–31.12.2007

Emer. o. Univ.-Prof. Dr.
Klaus ZAPOTOCZKY
Institut für Soziologie
Universität LINZ
geb. 22. März 1938
Kommissionsmitglied: 23.01.1998–31.12.2002

5.5 Mitarbeiter der Kommission

ADir i. R.
Gerhard SUETTE
Ehemals Angehöriger der MGP / sRef a,
Bundesministerium für Landesverteidigung
geb. 13. Jänner 1947
Logistische Unterstützung
11.04.1994–30.06.2003

Vizeleutnant August PINT
Sachbearbeiter (SB)
Gruppe Präsidium, Ref. 3,
Bundesministerium für Landesverteidigung
und Sport
geb. 20. Juni 1952
Logistische Unterstützung
01.06.2003–31.12.2005

Dipl.-Ing. Dr. techn.
Guido KORLATH
Aktuar und Leiter der Verwaltungsstelle der
Mathematisch-Naturwissenschaftlichen Klasse
Österreichische Akademie der Wissenschaften
geb. 07. April 1968
ÖAW-Kommissionskontaktperson
01.01.2004–(31.12.2012)

VB Michael FUCHSHUBER
Sachbearbeiter (SB)
Abteilung Wissenschaft, Forschung
und Entwicklung
Bundesministerium für Landesverteidigung
und Sport
geb. 23. Mai 1973
Logistische Unterstützung
01.01.2006–(31.12.2012)

ADir
Alois FÜHRER
Referent
Abteilung Wissenschaft, Forschung
und Entwicklung
Bundesministerium f. Landesverteidigung u. Sport
geb. 04. Oktober 1967
Logistische Unterstützung
01.01.2006–(31.12.2012)

Oberst dhmfD
Walter MARINGER, M. A., MSD
Referent
Abteilung Wissenschaft, Forschung
und Entwicklung
Bundesministerium f. Landesverteidigung u. Sport
geb. 29. November 1962
Ressortinterne Kommissionskontaktperson
01.01.2008–(31.12.2012)

Mag. Dr.
Katja SKODACSEK
Ehemals ÖAW, derzeit ÖBB Infrastruktur AG
geb. 20. April 1970
Kommissionspublikationen,
Layout und Druckvorbereitungen,
Assistenz Protokollführung
01.07.1998–(31.12.2012)

MMag. DDr.
Josef KOHLBACHER
Stellvertretender Direktor,
Institut für Stadt- und Regionalforschung
Österreichische Akademie der Wissenschaften
geb. 09. Mai 1958
Lektorat Kommissionspublikationen
01.10.2002–(31.12.2012)

Vizeleutnant Johann KAINZ
Kommission für die wissenschaftliche Zusammenarbeit
mit Dienststellen des BMLVS
Bundesministerium für Landesverteidigung
und Sport
geb. 26. Oktober 1950
Administrator
01.12.2008–(31.10.2010)

5.6 Sitz der Kommission

Der Sitz der Kommission seit ihrer Gründung im Jahre 1994 war ident mit dem Sitz der Österreichischen Akademie der Wissenschaften am Dr.-Ignaz-Seipel-Platz 2, 1010 Wien.

Mit Ausweitung der Kommissionsaktivitäten im Laufe der Jahre, dem Anwachsen von Kommissionsschriften und damit verbundenen administrativen Vorgängen und Dokumentationsnotwendigkeiten stellte sich mit zunehmender Dringlichkeit die Frage nach einem eigenen Kommissionssekretariat.

Ein solches ist der Kommission im Zuge der Renovierung des ehemaligen Kriegsarchivs in der Stiftgasse 2a, den Räumlichkeiten der heutigen Landesverteidigungsakademie, vom BMLV in Aussicht gestellt worden.

Nach Abschluss der Renovierungsarbeiten am nunmehrigen LVAk-Gebäudetrakt des Amtsgebäudes Stiftgasse konnte die ÖAW-Kommission für die wissenschaftliche Zusammenarbeit mit Dienststellen des BMLV am 09. Juli 2004 ein sehr zweckmäßiges, modernes, mit allen notwendigen Kommunikations- und EDV-Einrichtungen ausgestattetes Büro im dritten Stock des Nordrisalits beziehen.

Seither bildet dieses Sekretariat den administrativen Mittelpunkt der gemeinsamen Kommissionsaktivitäten und fungiert seit der Besetzung durch den Administrator der Kommission, Vizeleutnant Johann KAINZ, mit 1. Dezember 2008 auch als ganztägig besetzter zentraler Anlauf- und Auskunftspunkt (Point of Contact: POC) der Kommission.

Abb. 8: Kommissionsbüro Infrastruktur

Abb. 9: Kommissionsbüro Ablagen

Österreichische Akademie der Wissenschaften (ÖAW)
Kommission für die wissenschaftliche Zusammenarbeit
mit Dienststellen des
Bundesministeriums für Landesverteidigung und Sport

Obmann:

Magnifizenz o. Univ.-Prof. Dipl.-Ing. Dr. techn. Hans **SÜNKEL**, w. M.

Obmannstellvertreter:

General Mag. Edmund **ENTACHER**, ChGStb

Sekretariat:

Landesverteidigungsakademie
Büro 3512 (POC)
Stiftgasse 2a
A-1070 Wien, Österreich

Tel.:   0043 – (0)50201 – 1028012
FAX: 0043 – (0)50201 – 1017276
E-mail: lvak.poc.oeaw@bmlvs.gv.at

Generalsekretär:

Hon.-Prof. Dipl.-Ing. Dr. techn. Alfred **VOGEL**, MBA (IMD), Oberst dhmtD

Administrator:

Vizeleutnant Johann **KAINZ**

5.7 Nutzenstiftung

Der damalige Kommissionsobmann und Vizepräsident der ÖAW, Otto HITTMAIR, hat 1997 festgehalten: *„Die Kommission für die wissenschaftliche Zusammenarbeit mit Dienststellen des Bundesministeriums für Landesverteidigung (BMLV) eröffnet ein neues Gebiet der Zusammenarbeit. Ganz abgesehen von wissenschaftlichen Problemen in einer hochtechnisierten Rüstungsindustrie, die in deren eigenem Bereich behandelt werden, gibt es in einer ‚Umfassenden Landesverteidigung' ein weites Feld wissenschaftlicher Fragen, das in den von der Akademie zu pflegenden Bereich einbezogen werden kann und für sie von großem Interesse ist. [...] Zusammenarbeit und gegenseitige Hilfeleistung von Akademie und BMLV sind daher offensichtlich wünschenswert.“*

Was ist nun nach 15-jähriger Tätigkeit dieser Kommission festzuhalten? Ist der Forschungsverbund im Staatsinteresse gelungen? Was haben die beiden, Akademie und BMLV, gemeinsam für den Staat, die Republik ÖSTERREICH, erbracht? Anhand der Tätigkeit und der Veröffentlichungen (Projektberichte) der Kommission soll die Nutzenstiftung im Folgenden untersucht werden. Einerseits sollen damit die Arbeiten der Kommission in Erinnerung gerufen, andererseits zutreffenden Nutzen-Kategorien zugeordnet werden. Es handelt sich um eine subjektive Zuordnung und es ist zu erwarten, dass der geneigte Leser versucht ist, nahezu alle Arbeiten mehreren Kategorien zuzuordnen.

Beginnen wir mit der Österreich- und Europakunde, die seitens der Kommission untrennbar mit w. M. Elisabeth LICHTENBERGER verbunden ist. Sie leitete das Forschungsprojekt „Externe und interne strategische Lage Österreichs", welches zwei Teile umfasste: der erste Teil („Geopolitische Lage und Transitfunktion Österreichs in Europa", WIEN 1999) stellte die geopolitischen Perspektiven zur strategischen Lage Österreichs in Europa und die Konsequenzen der Beendigung der Zweiteilung Europas durch die Trendwende in den ehemaligen COMECON-Staaten dar. Konkret ging es hierbei um die „Drehung des Staates" aus einer Randlage in eine Mittelpunktlage und um eine Standortbestimmung des Kleinstaates Österreich bei seinem Eintritt in das in Bildung begriffene „Haus Europa" im Hinblick auf den Transitverkehr und die Leitungsnetze Europas. Der zweite Teil („Analysen zur Erreichbarkeit von Raum und Gesellschaft in Österreich", WIEN 2001) fokussierte die räumliche Sichtweise auf die österreichischen Gemeinden, die Regionen und die Bundesländer. Dabei fächerte sich die Analyse auf: die externe Zugänglichkeit der österreichischen Gemeinden wurde mittels der Luftliniendistanz zu der jeweils nächstgelegenen Grenze gemessen (das österreichische Verkehrsmodell der „zentralen Peripherie" wurde bald zum geflügelten Wort). Die zweite Analyse untersuchte die Erreichbarkeit der österreichischen Bevölkerung durch den Bahnverkehr und die dadurch bedingte Differenzierung der Gesellschaft. Ergebnisse von geostrategischer Brisanz lieferte schließlich die dritte Analyse der Erreichbarkeit von GRAZ und SALZBURG hinsichtlich der Zuordnung der Bevölkerung Österreichs in einem Zeitzonenmodell.

Es traf sich gut, dass mehr als zwei Generationen nach dem Standardwerk von Norbert KREBS über „Die Ostalpen und das heutige Österreich" im Jahre 1928

w. M. LICHTENBERGER eine Länderkunde von Österreich („Österreich – Geographie, Geschichte, Wirtschaft, Politik") veröffentlicht hat. In die gemeinsame Kommission hat w. M. LICHTENBERGER (als damaliger Obmann) den Vorschlag eingebracht, diese Länderkunde Österreichs in einer englischsprachigen Version herauszugeben und hat um einen entsprechenden Druckkostenbeitrag ersucht. Die Kommission unterstützte dieses Vorhaben einstimmig und so erschien im Verlag der ÖAW „Austria – Society and Regions" (WIEN 2000). Der große Nutzen für das BMLV bestand auch darin, dass diese Länderkunde in der Zeit der unseligen „Sanktionen" der EU-Kommission gegenüber ÖSTERREICH ein sehr begehrtes Gastgeschenk für militärische Besuche im Ausland sowie für ausländische militärische Delegationen in ÖSTERREICH war.

Im Jahre 2005 hat w. M. Elisabeth LICHTENBERGER das Buch „Europa – Geographie, Geschichte, Wirtschaft, Politik", sozusagen eine Länderkunde Europas, herausgegeben. Es ist dies die einzige aktuelle Gesamtdarstellung Europas aus geographischer Sicht, wobei ausgehend von Natur, Raum und Geschichte Strukturen und Merkmale unseres Kontinents beschrieben werden. Und schließlich hat w. M. LICHTENBERGER 2006 „Die Stellung Europas im Prozess der Globalisierung" veröffentlicht, wo sie im Unterschied zu den meisten Globalisierungsabhandlungen auch die militärische und geostrategische Kategorie in die Analyse einbezogen hat. Sie hat in ihrer Analyse zwei weltumspannende historisch-geographische Vorgänge unterschieden, nämlich den Prozess der Europäisierung der Welt, welcher von ihr als erste Globalisierung aufgefasst wird und zeitlich bis zum Ersten Weltkrieg heraufreicht, und einen zweiten – gegenwärtigen – Vorgang der Globalisierung, der von den Vereinigten Staaten von Amerika ausgeht. Diese Globalisierung im amerikanischen Zeitalter steht im Zeichen der militärischen Supermacht der Vereinigten Staaten, welche u. a. mittels der NATO ein globales geostrategisches Regime aufgebaut haben, das bisher auch die Regeln für die räumliche Ausdehnung der Europäischen Union gesetzt hat.

Ein anderer Bereich ist das Gebiet der Kryptologie, mit dem sich die Kommission seit 1995 beschäftigt. K. M. A. Harald NIEDERREITER hat das Forschungsprojekt „Komplexitätstheorie und sequentielle Chiffrierung" (1998) ausgearbeitet. Die sequentielle Chiffrierung ist eine Datenverschlüsselungsmethode, die ein hohes Sicherheitsniveau bietet und daher für den diplomatisch-militärischen Bereich besondere Bedeutung besitzt. Das Projekt behandelte Grundfragen der sequentiellen Chiffrierung, und zwar hinsichtlich der Erzeugung und Analyse der als Schlüssel erforderlichen pseudozufälligen Bitfolgen. Mit neuen Methoden der Komplexitätstheorie wurden Kriterien für die Bewertung von konkreten, als Schlüsselfolgen zum Einsatz kommenden Bitfolgen erarbeitet, die Immunität gegen bekannte Attacken garantieren. Es liegt auf der Hand, dass diese Bearbeitung weit über das BMLV hinaus nicht nur für andere Ministerien, sondern auch für Industrie, Wirtschaft etc. von großer Bedeutung ist.

Neben der Österreich- und Europakunde sowie der Kryptologie wurde ein weiteres Gebiet vom Forschungsverbund im Staatsinteresse bearbeitet: es ist dies der Weltraum, der in den letzten zehn Jahren zunehmend an Bedeutung gewann. Die Kommission war durch zwei ihrer Mitglieder (VOGEL / WALLNER) seitens des BMLV in der interministeriellen Arbeitsgruppe „Galileo" (Federführung: BMVIT) vertreten, die beiden konzipierten die „Weltraumstrategie" des BMLV (die dann von anderen Ministerien übernommen wurde) und unterstützten andere Ministerien (BMäA, BMVIT) bei der „Abwehr" der Versuche der Militärdiplomatie der USA, Österreich zum Ausstieg aus dem Galileo-Projekt zu bewegen. In der Kommission waren wir der Zeit voraus, denn schon 1999 wurde ein weltraumbezogenes Forschungsprojekt in Angriff genommen: „Die Abhängigkeit der Nachrichtenübertragung, Ortung und Navigation von der Ionosphäre" (WIEN 2002) von w. M. Siegfried J. BAUER gab einen Überblick über den Stand der Forschung sowie über die Variabilität der Ionosphäre und deren Einfluss auf die genaue Ortung in geographisch begrenzten Gebieten (zum Beispiel dem österreichischen Bundesgebiet). Der Hauptteil befasste sich mit der Verwendung von GPS-Beobachtungen der zehn über das österreichische Bundesgebiet verteilten Zwei-Frequenz-GPS-Stationen für Korrelationen mit „Wetterdaten". Mit dieser Datensammlung wurde für den Zeitraum 2000 bis 2002 nachgewiesen, dass kleinräumige (mesoskalige) Variabilität der Ionosphäre (Auflösung: ca. 50x50 km^2) zu etwa 25% der Zeit aufgetreten ist und erstmals Hinweise auf ein eigenes „Ionosphärenwetter" gegeben waren, welches nicht nur durch äußere Einflüsse (also „Space Weather", d. h. Sonnenaktivität) hervorgerufen wurde, sondern auch von der unteren Atmosphäre (meteorologische Phänomene bedingt durch Hinderniswirkung von Gebirgsketten für Windströmungen) von atmosphärischen Schwerewellen und wandernden Ionosphärenstörungen herzurühren schien. Diese klein-räumige natürliche Ionosphärenvariabilität ist von besonderer Bedeutung als Hintergrund für in der Zukunft vorgesehene artifizielle Ionosphärenmodifikationen, die aus strategischen Gründen besonders über begrenzten geographischen Gebieten erzeugt werden sollen. Dieses Forschungsprojekt der Kommission war eine der ersten Studien zu dieser Thematik und wurde daher bei internationalen Tagungen stark nachgefragt. Wichtige Ergebnisse wurden in der Fachzeitschrift „Advances in Radio Sciences" publiziert. Die gemeinsame Kommission hat beschlossen, diese einzigartige Datensammlung weiterzuführen. Es soll auch bald eine weitere, über einen längeren Beobachtungszeitraum reichende Auswertung durchge-führt werden. Ionosphären- und Weltraumforschung war 2002 am Rande des Europäischen Forums ALPBACH auch Thema eines von deutscher Seite erwünschten Gespräches, wel-ches Generaltruppeninspektor General Horst PLEINER in Anwesenheit von Dipl.-Ing. Dr. Alfred VOGEL mit dem Generalinspekteur der Deutschen Bundeswehr, General von KIRCHBACH, der als Vortragender zur vom Ressort organisierten sicherheitspolitischen Veranstaltung gekommen war, geführt hat.

Diese drei Bereiche, Österreich- und Europakunde (einschließlich Geostrategie), Kryptologie und Weltraumanwendungen dokumentieren die Tätigkeit der Kommission als **Forschungsverbund im Staatsinteresse.**

Ein anderer Punkt der Nutzenstiftung der gemeinsamen Kommission liegt in der **Beteiligung des BMLV an Forschungsergebnissen der ÖAW.** Hier sind vor al-lem die ÖAW-Institute von Interesse, weil sie in der Regel für ihre Bereiche die ein-zigen Forschungsstätten in ÖSTERREICH sind. Sie beschäftigen sich mit Grundlagenforschung in jenen Bereichen, die innerhalb einer normalen universitären Zeit- und (vor allem) Budgetskala nicht machbar ist, oder haben eigene Staatsverträge zur Grundlage (z. B. Weltraum, Hochenergiephysik, EURATOM). So wird in der ÖAW weltführend Quantenkryptologie-Forschung am „Institut für Quantenoptik und Quanteninformation" (INNSBRUCK und WIEN) betrieben, in GRAZ befindet sich das „Institut für Weltraumforschung". Für das BMLV sind weiters das „Institut für Technikfolgen-Abschätzung" (WIEN), das „Institut für Demographie" (WIEN) und das „Institut für Biomedizinische Altersforschung" (INNSBRUCK) von besonderem Interesse. Damit ist der Einblick in oder die Information über nationale, europäische und globale Entwicklungen in diesen Bereichen sichergestellt.

Ein weiterer Punkt, wenn es um Nutzenstiftung geht, ist die **Einbindung der ÖAW in die sicherheitsbezogene Forschung des BMLV**. Dazu seien zwei Beispiele angeführt:

- „Die Internationale Ordnung am Beginn des 21. Jahrhunderts" (WIEN 2006) wurde von Andrea RIEMER und Herbert MATIS bearbeitet. Dabei wurden in diesem Forschungsprojekt der Kommission im Kontext der rezenten sozialwissenschaftlichen Theoriebildung eine Beschreibung und Analyse der Eigenschaften, Akteure und Herausforderungen der Internationalen Ordnung am Beginn des 21. Jahrhunderts versucht. Ausgangspunkt war die Tatsache, dass sich die „Post-Cold-War"-Ordnung deutlich von jener Ordnung unterschied, die zuvor etwa vierzig Jahre lang das Weltgeschehen geprägt hatte. Die Periode seit der „Wende" von 1989/90 bis in das Frühjahr 2006 stellt die soziopolitische Ereignisgrundlage für dieses Forschungsprojekt dar.

- Innerhalb des BMLV wurde mit der Verfügung des „Militärstrategischen Konzeptes" die Entwicklung einer „Vision Bundesheer 2025" als ein gemeinsam entwickeltes und getragenes Zukunftsbild angeordnet und die Landesverteidigungsakademie (LVAk) 2006 mit der Erstellung der Vision beauftragt. Für die Erarbeitung einer wissenschaftlich fundierten Trendanalyse als Phase 1 der Vision konnten – sehr kurzfristig – Mitglieder und Institutsdirektoren der ÖAW (FASSMANN, GLATZEL, LICHTENBERGER, MATIS, NENTWICH, WAGNER) eingebunden werden, die ihre fachspezifischen Expertisen zeitgerecht zur Verfügung stellen konnten. Das Redaktionsteam, von VOGEL geleitet, gestaltete aufgrund der Expertenbeiträge ein zusammenführendes Schlusskapitel mit abschließenden Überlegungen. Die fundierte Ausarbeitung (über 500 Seiten) „Aspekte zur Vision BH 2025" konnte so innerhalb von sechs Monaten fertiggestellt werden und wurde von der LVAk in ihrer Schriftenreihe mit der Nr. 7/2007 in gedruckter Form herausgegeben. Auf diesen Aspekten aufbauend wird ressortintern die Grundlage zur Evaluierung militärstrategischer Dokumente erarbeitet, die der Ausrichtung der nationalen Streitkräfteentwicklung und dem zukünftigen Einsatz des Bundesheeres dienen; diese Phase 2 der Vision ist noch in Bearbeitung.

- Nutzenstiftung erfolgt auch durch **„Dual-Use-Forschung"** (sog. „doppelter Verwendungszweck") der Kommission, für die ebenfalls zwei Beispiele angeführt werden:

1) „Kardiovaskuläre Risikofaktoren bei Stellungspflichtigen mit besonderem Augenmerk auf die Immunreaktion gegen Hitzeschockprotein 60" (WIEN 2004) von Georg WICK und Michael KNOFLACH: Es ist seit langem bekannt, dass entzündliche Prozesse bei der Entstehung und Progression der Atherosklerose als der Volkskrankheit Nummer 1 eine wichtige Rolle spielen. Die Ursachen dieser Entzündungsvorgänge, die sich vor allem in der Arterieninnenwand abspielen, waren jedoch lange nicht bekannt. So wurden unter anderem immer wieder bakterielle Infektionen als auslösende Faktoren diskutiert. Im Rahmen des Forschungsprojektes war es nun erstmals möglich, die immunologischen Entzündungsparameter im Blut von jungen (17- bis 18-jährigen), klinisch gesunden Männern zu untersuchen und diese zusammen mit klassischen Risikofaktoren, wie Rauchen, Bluthochdruck, hohen Cholesterinwerten etc., mit dem durch Ultraschall fassbaren Auftreten frühester atherosklerotischer Läsionen zu korrelieren. Es handelte sich dabei um die erste derartige Untersuchung in der gesamten medizinischen Weltliteratur. Dies eröffnet die Möglichkeit, diese wichtigste Volkskrankheit frühzeitig zu erkennen und zu verhindern bzw. therapeutisch zu bekämpfen. Georg WICK merkte noch an: *„Das Militär ist in der Bevölkerung als Institution zum Schutz gegen äußere Bedrohungen sowie als Einrichtung zur Hilfe bei Katastrophen („Katastrophenschutz") präsent, es könnte sich zukünftig aber auch stärker im Hinblick auf seine Rolle zum Schutz der Gesundheit engagieren und in dieser Funktion öffentlich bewusster wahrgenommen werden."* Die auf Basis dieses Forschungsprojektes von WICK durchgeführte „Erstellung eines erweiterten Gesundheits- und Krankheits-Risikoprofils bei österreichischen Stellungspflichtigen" steigert die Effizienz der Stellungsstraßen, gibt den Probanden (Stellungspflichtigen) ein wesentlich genaueres Bild ihres Gesundheitszustandes (immerhin wurden bei knapp einem Drittel der Probanden verdickte Arterien nachgewiesen), erhöht den Wissensstand der Medizin insgesamt und ist ein wesentlicher Beitrag zur Volksgesundheit.

2) „Feuerlastinduziertes Abplatzverhalten von Beton in Hohlraumbauten" (WIEN 2007) von Roman LACKNER, Mathias ZEIML, David LEITHNER, Georg FERNER, Josef EBERHARDSTEINER und Herbert MANG: Unterirdische Hohlraumbauten (z. B. Tunnel, Tiefgaragen, Explosivstofflager, Kommando- und Kommunikationseinrichtungen) sind in den meisten Fällen mittels Scheiben-, Platten- und Schalen-Tragwerken aus Stahlbeton gestützt und verkleidet. Die Feuerlast, ausgelöst durch besondere Ereignisse (z. B. Unfälle, Kampfmitteleinwirkung), kann zu gefährlichen Schädigungen der Stahlbetonbauteile führen und durch Abplatzungen Personen beispielsweise im Rettungseinsatz verletzen oder töten. Im Rahmen dieses Forschungsprojektes wurde der positive Effekt von Polypropylenfasern in der Betonrezeptur durch die experimentelle Charakterisierung des Porenraumes von erhitztem Beton untersucht und die Gaspermeabilität von Beton als Funktion der Temperatur für die Prognose der Tragsicherheit unterirdischer Hohlraumbauten ermittelt. Die Studie ergab konkrete „Schlussfolgerungen für die Schaffung bzw. Erhaltung militärischer Hohlraumbauten des Österreichischen Bundesheeres". Die Veröffentlichung des Forschungsprojektes als Projektbericht 9 der Kommission erfolgte aufgrund der internationalen Bedeutung ausnahmsweise in englischer Sprache. Dass dieses Thema in ÖSTERREICH (als „Alpenland") weit über den militärischen Bereich hinaus von Bedeutung ist, liegt auf der Hand, wenn wir „nur" an die Straßen- und Bahntunnel denken.

Der Kleinstaat ÖSTERREICH mit einem der geringsten Verteidigungsbudgets und daher mit minimalen Mitteln für die militärische Forschung ist darauf angewiesen, Forschung in „Marktnischen" zu betreiben, denn so können **Forschungsergebnisse als internationale Tauschobjekte** erfolgreich angeboten werden (getreu dem Grundsatz: *„If you have nothing, you will get nothing!"*). Ein solches Tauschobjekt, nämlich Resultate der Beschäftigung mit unterirdischen Explosivstofflager-Stollensystemen, soll hier angeführt werden.

- „Stoß- und Druckwellenausbreitung von Explosionen in Stollensystemen" (WIEN 1999) von Klaus-Dieter SCHNEIDERBAUER und Franz WEBER mit einem Beitrag von Wolfgang PEXA: Das Forschungsprojekt (November 1996 bis Dezember 1998) setzte sich zentral mit der Problematik optimierten Zusammenwirkens von Baumaßnahmen und Geologie bei der Anlage, im Ausbau und in der Verbesserung von unterirdischen Explosivstofflager-Stollensystemen unter den Gesichtspunkten von Sicherheit – und damit Kosten – auseinander. Die Zielsetzung war eine zweifache: Zum einen ging es um die Erarbeitung geowissenschaftlicher Grundlagen zur Beurteilung eines Areals hinsichtlich seiner Eignung zur Errichtung eines unterirdischen Explosivstofflagers, zum anderen um die Ausführung von Experimenten, welche eine Quantifizierung der physikalischen Parameter, insbesondere des Druckes und der Stoßwellenausbreitung, erlauben. Es war daher in weiterer Folge möglich, bestimmte bautechnische Parameter (wie z. B. die Dimensionierung von Prellsackkonstruktionen) zu optimieren, wodurch unnötige Baukosten vermieden werden können und gleichzeitig eine optimale Sicherheit der Anlage gewährleistet ist. Das Österreichische Bundesheer hat mit diesem Forschungsprojekt internationale Beachtung gefunden und Kooperationsinteresse geweckt.

- „Integrierte geophysikalische Messungen zur Vorbereitung und Auswertung von Großsprengversuchen am Erzberg/Steiermark" (WIEN 2003) von Klaus-Dieter SCHNEIDERBAUER und Franz WEBER mit einem Beitrag von Alfred VOGEL: Diese Abhandlung beschäftigte sich mit dem Großsprengversuch am Steirischen Erzberg, an dem neben Dienststellen des BMLV zwei Institute der Montanuniversität LEOBEN, das Institut für Angewandte Geophysik des Joanneum Research LEOBEN, die VOEST Alpine Erzberg GesmbH und das Norwegian Defense Construction

Service (NDCS) beteiligt waren. Die Darstellung der angewandten geophysikalischen Messungen dokumentierte die dabei erfolgreich eingesetzten Vorgehensweisen und Verfahren, die aus dem Projekt „Stoß- und Druckwellenausbreitung" hervorgegangen waren.

Nutzenstiftung entsteht auch dadurch, dass beide Partner durch die gemeinsame Kommissionstätigkeit quasi „dazulernen", d. h. **Know-How-Zugewinn für das BMLV und die ÖAW:** Für diesen Bereich wurden geostrategische Fragen und die Analysen zur Erreichbarkeit schon im Zusammenhang mit der Österreich- und Europakunde behandelt. Darüber hinaus soll ein anderes, signifikantes Beispiel dargestellt werden:

- „Die österreichischen Gletscher 1998 und 1969, Flächen- und Volumenänderungen" (WIEN 2008) von Michael KUHN, Astrid LAMBRECHT, Jakob ABERMANN, Gernot PATZELT und Günther GROSS: Durch dieses Forschungsprojekt erfolgte die Inventarisierung aller österreichischen Gletscher auf der Basis von Luftbildern aus dem Zeitraum 1996–2002, die Neuauswertung des Inventars von 1969 und die Berechnung der Flächen-, Höhen- und Volumenänderungen von 1969 bis 1998. In den Sommern 1996 bis 1998 wurden von der Luftbildkompanie des Bundesheeres 70% der Gletscherflächen aufgenommen und da die Aufnahmen einiger Gebiete zur photogrammetrischen Auswertung nicht geeignet waren, wurden Ergänzungsflüge bis zum Sommer 2002 durchgeführt. Die Daten der Aufnahmen von 1996 bis 2002 wurden mit einem Massenhaushaltsmodell einheitlich auf das Jahr 1998 umgerechnet, in dem der größte Flächenanteil aufgenommen worden war. Die berechneten Daten stellen das Gletschereis als wichtigen Rohstoff dar, der für Energie- und Wasserwirtschaft, Tourismus sowie Land- und Forstwirtschaft Bedeutung hat. Das Gletscherinventar ist darüber hinaus eine Grundlage für die Klima- und Klimafolgenforschung und steht für wissenschaftliche Untersuchungen an den Universitäten und anderen Forschungseinrichtungen in ÖSTERREICH zur Verfügung.

- „Ausweisung ökologisch sensitiver Flächen im Bundesgebiet: Pilotstudie" (WIEN 1998) von Georg A. JANAUER, Reinhard MANG, Michael WALLISCH, Hans WALLNER, Norbert HARY: Mit dieser Pilotstudie des Fachbereiches „Umwelt und Ökologie" wurde die Möglichkeit der Ausweisung ökologisch sensitiver Flächen im Bundesgebiet im Maßstab 1:50.000 in digitalisierter Form anhand typischer Referenzflächen (9 ausgewählte Kartenblätter der ÖK 50 aus unterschiedlichen Landschaften Österreichs) geprüft. Von Anfang an bestand die Absicht, die Pilotstudie so auszurichten, dass eine Ausdehnung auf das ganze Bundesgebiet unter Beteiligung potentieller Anwender erfolgen kann. Dies war dann nicht der Fall, obwohl eine solche ÖK 50 – ÖSF für verschiedenste Bundes- und Landesdienststellen sowie für die Gemeinden eine wertvolle Grundlage im Planungsbereich hätte sein können.

Ein wichtiger Bereich der Nutzenstiftung ist auch der **Image-Zuwachs in der Öffentlichkeit, der zivilen und militärischen Fachwelt:** Die Stellungspflicht der männlichen Staatsbürger erschließt für die Medizin ein weit reichendes Untersuchungsterrain – darauf wurde mit der Studie WICK/KNOFLACH schon hingewiesen. Ein anderes Beispiel der Kommissionstätigkeit für diesen Bereich kommt aus der Psychologie:

- „Neue Wege in der Leistungsdiagnostik" (WIEN 1998, teilveröffentlicht) von Giselher GUTTMANN und Ernst FRISE. Dabei wurde eine experimentelle Möglichkeit gefunden und untersucht, unabhängig von der Motivation der Probanden menschliches Raumvorstellungsvermögen auf der Basis „reflexartiger" Probanden-Raumreiz-Antworten zu objektivieren und hirnelektrische Messungen und deren Interpretation zum menschlichen Raumvorstellungsvermögen durch neue, wesentlich verbesserte Tests aussagekräftiger und zuverlässiger zu gestalten. Damit konnte eine psychodiagnostische Untersuchung entwickelt werden, die sich lediglich auf physiologische Reaktionen stützt und von Reaktionsstrategien und Motivationsaspekten weitgehend unabhängig ist. Die praktische Anwendbarkeit dieser objektiven Bewertungsverfahren der Raumvorstellung liegt beispielsweise in der Pilotentestung oder der Auswahl von Fachkräften (z.B. Artilleriebeobachter), die über ein ausgeprägtes Raumvorstellungsvermögen verfügen sollten. Neben dem anwendungsorientierten Aspekt dieser Arbeiten ist mit dem erstmaligen Nachweis der Lokalisation der Erregungsquellen auch ein beachtlicher Beitrag zur Grundlagenforschung verbunden, so dass damit die Grundlage für einen neuen Weg zur Leistungsdiagnostik erschlossen worden ist.
- Zu diesem Bereich gehört auch die Vorstellung der Kommission durch den Vizepräsidenten der ÖAW, Otto HITTMAIR, beim Symposium der „Wissenschaftskommission beim BMLV" im November 1996.
- In diesen Bereich fällt weiters die internationale wissenschaftliche Festveranstaltung anlässlich des zehnjährigen Bestehens der Kommission im Juni 2004. Im Verlauf der Veranstaltung wurden wissenschaftliche Kooperationsergebnisse präsentiert, die europäische Umfeldentwicklung verteidigungs- und sicherheitsbezogener Forschung beleuchtet und nationale Optionen für eine Erfolg versprechende Einbindung in europäische verteidigungs- und sicherheitsrelevante Forschungsstrukturen vorgestellt. Vortragende waren u. a. Jan RYLANDER (Chairman WEAG Panel II), Joachim ROHDE (SWP, BERLIN), Göran ROOS (Intellectual Capital Services Ltd., UK), René EGGENBERGER (Planungsstab der Schweizer Armee, BERN), Bengt ANDERBERG (former Director-General and Head of Swedish Defence Research Agency), w. M. Herbert MANG (Präsident der ÖAW) und der österreichische Verteidigungsminister Günther PLATTER.

Die Kooperation zwischen der ÖAW und dem BMLV bringt auch wesentliche **Impulse für den Vertragspartner:**

- So hat die Kommission als wichtige Voraussetzung der Zusammenarbeit dem ressortinternen Projekt einer geeigneten EDV-Kommunikationsstruktur für die Bereiche Forschung und Lehre der LVAk samt Anbindung an die EDV-Forschungseinrichtungsnetze des Landes [„Wissenschafts- und Informationsnetz / LVAk (WissNet/LVAk)"] mit Nachdruck zugestimmt und damit ausdrücklich die unumgänglich notwendige Anpassung der EDV-Struktur der LVAk an den diesbezüglichen österreichischen Wissenschafts- und Forschungsausstattungsstandard unterstützt. [Nur zur Erinnerung: dies geschah in der 5. Kommissionssitzung am 8. März 1996! Wer weiß, ob ohne Unterstützung durch die Kommission die Einführung eines offenen elektronischen Forschungsnetzes im Bundesheer parallel zum verschlüsselten Netzwerk (3.VE) erfolgt wäre?]
- Im Jahre 1995 stand die ÖAW im Rahmen der „Regenwald-Kronendach-Forschung" vor dem Problem, im venezolanischen Regenwald am SUROMONI, einem Schwarzwasser-Nebenfluss des ORINOCO, einen Forschungskran aufzustellen. Der persönliche militärisch-diplomatische Einsatz des damaligen Generaltruppeninspektors, General Karl MAJCEN, vermittelte erfolgreich eine kurzfristige Helikopter-Spezialflugausbildung für venezolanische Luftwaffen-Hubschrauberpiloten in der SCHWEIZ. Über die dann erfolgreiche Kranaufstellung im Regenwald und die Forschungsarbeit unter der Leitung von Prof. Dr. Wilfried MORAWETZ (ÖAW-Forschungsstelle für Biosystematik und Ökologie) wurde auch eine UNIVERSUM-Dokumentation des ORF aufgenommen und gesendet.
- Die gemeinsame Initiative des Institutes für Weltraumforschung der ÖAW und der Ukrainischen Akademie der Wissenschaften bezüglich des europäischen Radioteleskop-Projektes LOFAR ermöglicht eventuell zukünftig Kooperationsvorhaben im Bereich Ionosphären- bzw. Weltraumforschung.

Die Zusammenarbeit zwischen der ÖAW und dem BMLV wurde und wird ausländischen Delegationen gegenüber als nachahmenswertes **Kooperationsmodell** dargestellt. Dazu einige Beispiele aus dem Jahre 1997:

- Im Juni 1997 stattete der italienische General CUCCHI (Direktor des Centro Militare di Studii Strategici/Centro Alti Studii di Difesa, ROM) der Kommission einen Besuch an der ÖAW ab. Für die Kommission empfingen Vizepräsident HITTMAIR und w. M. PLASCHKA den Gast.
- Im Oktober 1997 veranstaltete die LVAk gemeinsam mit der Kommission das Symposium „Perspektiven einer neuen europäischen Sicherheitsordnung – Die Mitverantwortung Österreichs". Vortragende dieser Veranstaltung waren u. a. der schwedische Verteidigungsminister VON SYDOW, der ungarische Staatssekretär Dr. GYARMATI, der stellvertretende Verteidigungsminister Tschechiens, Dipl.-Ing. NOWOTNY und der österreichische Verteidigungsminister Dr. FASSLABEND.

- Im November 1997 besuchte eine Delegation der belgischen Verteidigungsakademie die Kommission an der ÖAW und wurde vom Kommissionsobmann HITTMAIR empfangen.
- In den letzten Jahren hat die Kommission, als aktive Begleitung des Europäisierungsprozesses im Wissenschaftsbereich und als Impulsgebung für die beiden Vertragspartner, begonnen, internationale Vortragende (z. B. von der EDA, vom ISL) zu den Kommissionssitzungen einzuladen.

Nach eingehenden und mehrmaligen Informationsbesuchen ist mittlerweile die Ungarische Akademie der Wissenschaften dem österreichischen Beispiel gefolgt und hat mit den ungarischen Streitkräften einen Kooperationsvertrag abgeschlossen.

Es würde den Rahmen sprengen, hier noch auf die vielfältige Einbindung der Akademiemitglieder in den Lehrbetrieb des BMLVS oder deren Vorträge bei den verschiedensten Veranstaltungen des Ressorts einzugehen, aber auch das gehört zur Nutzenstiftung der Kommission.

Es sei gestattet, hier zwei Randbemerkungen anzufügen: Die Buchpräsentation der Länderkunde Österreichs von w. M. Elisabeth LICHTENBERGER fand 1997 im Theatersaal der Akademie statt; Präsentator war der damalige Nationalratspräsident Dr. Heinz FISCHER. Im selben Saal fand im April 1998 die konstituierende Kommissionssitzung zur zweiten Funktionsperiode statt, bei der w. M. LICHTENBERGER zum Kommissionsobmann gewählt wurde und ihr Vorgänger in dieser Funktion, w. M. Otto HITTMAIR, sich mit dem Hinweis meldete, die Sitzung hätte in einem der Kommission besonders angemessenen Akademiesaal stattgefunden, trägt doch der Theatersaal das Motto *„Litteris et Armis"* an einer Wand. Bei der wissenschaftlichen Festveranstaltung 2004 (im Theatersaal!) schlug der Vorsitzende der Wissenschaftskommission beim BMLV, Univ.-Prof. Dr. Wolf RAUCH, im Hinblick auf den schwierigen und langen Namen der Kommission vor, sie doch in „Litteris et Armis – Kommission" umzubenennen. Im Jahre 2005 führte der jährliche Akademieausflug für wirkliche Akademiemitglieder und Ehrengäste der *Feierlichen Sitzung* (ausländische Akademiepräsidenten und Präsidiumsmitglieder bzw. Delegierte) an die Theresianische Militärakademie in WIENER NEUSTADT, wo der Fachhochschul-Diplomstudiengang „Militärische Führung" die Schriftenreihe „Litteris et Armis" herausgibt.

Der ehrwürdige Festsaal der Akademie der Wissenschaften war Schauplatz militärischer Feiern: im Juni 1994 wurden die Teilnehmer des 13. Generalstabslehrganges (Kommandant: Johann FORSTER) in Anwesenheit höchster Repräsentanten der Republik, der ÖAW und des BMLV hier ausgemustert. Unter ihnen befand sich August REITER, der dann den 17. Generalstabslehrgang als Kommandant führte und dessen Kurs sich ebenfalls für die Ausmusterung (2006) im Festsaal der Akademie entschied.

Auch umgekehrt funktioniert das: Die „Sala Terrena" (mit der Darstellung der „Sieben Freien Künste" in den Medaillons) der Landesverteidigungsakademie wurde schon öfters für Buchpräsentationen genutzt: z. B. stellte Frau Dr. Daniela ANGETTER, Mitarbeiterin des Institutes Österreichisches Biographisches Lexikon und biographische Dokumentation der ÖAW, ihr Buch über General Wilhelm ZEHNER im September 2006 in der Sala Terrena vor. Und im Oktober 2009 beispielsweise präsentierte die Kommission für die Geschichte der Habsburgermonarchie der ÖAW das Buch von Catherine HOREL „Soldaten zwischen nationalen Fronten: Die Auflösung der Militärgrenze und die Entwicklung der königlich-ungarischen Landwehr (Honved) in Kroatien-Slawonien 1868–1914" mit einem Vortrag der Autorin (Univ.-Prof. und Forschungsdirektorin) an der LVAk.

Mit diesen abschließenden Ausführungen zur Nutzenstiftung der Kommissionsarbeit nach 15-jähriger Tätigkeit der gemeinsamen Kommission ist hoffentlich zu zeigen gelungen, dass die jahrzehntelang gepflogene „Zusammenarbeit im Staatsinteresse" zwischen der Österreichischen Akademie der Wissenschaften und Streitkräften erfolgreiche Fortsetzung in der Zweiten Republik gefunden hat und auch im 21. Jahrhundert sinnvoll fortgeführt werden kann. Mit dem Titelbild „Fregatte NOVARA auf hoher See" soll jedenfalls unser stetes Bestreben veranschaulicht werden, gemeinsam unser Wissen und unser Verständnis bis zu den Grenzen unserer Welt, und darüber hinaus in den Kosmos, unablässig zu erweitern.

6 Danksagung

Es ist den Autoren dieses Berichtsbandes sehr daran gelegen, an dieser Stelle allen Mitwirkenden am Zustandekommen des vorliegenden Bandes den gebührenden Dank auszusprechen.

Alle überlebenden Kommissionsmitglieder und Mitarbeiter der Kommission für die wissenschaftliche Zusammenarbeit mit Dienststellen des Bundesministeriums für Landesverteidigung und Sport seit Kommissionsgründung haben persönliche Bilder und Angaben zur Verfügung gestellt sowie deren Veröffentlichung schriftlich gestattet.

Die Heeres-Bild- und Filmstelle (HBF), das Heeresgeschichtliche Museum (HGM), die Landesverteidigungsakademie (LVAk) und die Österreichische Akademie der Wissenschaften (ÖAW) haben Bilder zur Verfügung gestellt und deren Wiedergabe freundlich genehmigt.

Namentlich sei Frau MMag. Heidemarie LENZ (Sprachinstitut des Bundesheeres SIB/ LVAk) für die Übertragung des Vorwortes in das Englische („Summary") und Herrn Dr. Walter F. KALINA (HGM) für seine fachkundige Beratung bei der Suche und Auswahl des Titelbildes „Die Fregatte Novara auf hoher See" herzlich gedankt.

7 Quellenhinweise

Johann Christoph ALLMAYER-BECK & Erich LESSING, 1990: Die k.(u.)k. Armee 1848–1914. Verlag Carl Ueberreuter, Wien.

Daniela ANGETTER, 2006: Gott schütze Österreich. Wilhelm Zehner (1883–1938). Porträt eines Österreichischen Soldaten, ÖBL-Schriftenreihe Bd. 10, Wien.

Daniela & Ewald ANGETTER, 2008: Gunther Burstyn (1879–1945). Sein „Panzer" – eine bahnbrechende Erfindung zur falschen Zeit am falschen Ort. ÖBL-Schriftenreihe Bd. 11, Wien.

Siegfried J. BAUER, 1993/94: Hans E. Suess. In: Almanach 144, S. 367–373.

Friedrich BECKE, 1914: Eduard Suess. In: Almanach 64, S. 356–362.

Friedrich BECKE, 1916: Albert Edler von Obermayer. In: Almanach 66, S. 334–337.

Friedrich BECKE, 1926: Carl Kupelwieser. In: Almanach 76, S. 175–179.

Bundesministerium für Landesverteidigung (Hrsg.), 1968: Traditionspflege im Bundesheer – Allgemeine Einführung. Wien.

Bundesministerium für Landesverteidigung (Hrsg.), 2008: Festschrift anlässlich des 200-jährigen Jubiläums der Österreichischen Militärischen Zeitschrift. ÖMZ Sonderheft 2008, Wien.

Bundesministerium für Landesverteidigung & Landesverteidigungsakademie (Hrsg.), 1997: Festschrift 30 Jahre Landesverteidigungsakademie. Druck- und Reprostelle LVAk, Wien.

Tillfried CERNJASEK, Peter CSENDES, Christoph MENTSCHL & Johannes SEIDL, 1999: „… hat durch bedeutende Leistungen … das Wohl der Gemeinde mächtig gefördert." Eduard Sueß und die Entwicklung Wiens zur modernen Großstadt. ÖBL-Schriftenreihe Bd. 5, Wien.

Eva-Marie CSÁKY, 1997: 150 Jahre Österreichische Akademie der Wissenschaften. ÖAW, Wien.

Felix CZEIKE, 1992–1997: Historisches Lexikon Wien. Verlag Kremayr & Scheriau, 5 Bde., Wien.

Ludwig EBERT, 1955: Ansprache an Prof. H. Mark zur Verleihung der Ehrenmitgliedschaft und des Goldenen Ehrenzeichens der Universität Wien. (Redemanuskript, Wien).

Ludwig EBERT & Otto KRATKY, 1955: Hermann Mark zum 60. Geburtstag. In: Österreichische Chemiker-Zeitung, Heft 9/10, Wien.

Wolfgang ETSCHMANN, 2008: Österreich und die Anderen unter deutschem Expansionsdruck, in: ÖMZ Ausgabe 4, S. 419–430.

B.W. FEDDERSEN & A.J. von OETTINGEN (Hrsg.), 1898: J.C. POGGENDORF's biographisch-literarisches Handwörterbuch zur Geschichte der exacten Wissenschaften. Bd. 3, Leipzig.

Rudolf HECHT, 1983: Forschungsorganisation in Österreich. In: ÖMZ Ausgabe 3, S. 193–197.

Friedrich HESSEL, 2005: Die Strukturentwicklung des Bundesheeres der Zweiten Republik. In: ÖMZ, Ausgabe 2, Wien.

Heeresgeschichtliches Museum, 1985: Ein Heer für jede Jahreszeit. Österreichischer Bundesverlag GesmbH, Wien.

Manfred GÄNSDORFER (Hrsg.), 2002: 250 Jahre Alma Mater Theresiana (Festschrift). Heeresdruckerei, Wien.

Otto HITTMAIR, 1966: Lebenslauf (Manuskript), Wien.

Otto HITTMAIR & Herbert HUNGER, 1997: Akademie der Wissenschaften – Entwicklung einer österreichischen Forschungsinstitution. Österreichische Akademie der Wissenschaften, Denkschriften der Gesamtakademie 15, Wien.

Herbert KARNER, Artur ROSENAUER & Werner TELESKO, 2007: Die Österreichische Akademie der Wissenschaften – Das Haus und seine Geschichte. Verlag der ÖAW, Wien.

Wolfgang KUMMER, 1994: Otto Hittmair – Leben und Werk. Festrede anlässlich der Emeritierung von Hittmair an der TU WIEN. Redemanuskript, Wien.

Viktor LANG, 1906: Hermann Nothnagel. In: Almanach 56, S. 308–309.

Landesverteidigungsakademie (Hrsg.), 2003: VIRIBUS UNITIS – Die Landesverteidigungsakademie Wien. Heeresdruckerei, Wien.

Landesverteidigungsakademie (Hrsg.), 2007a: Aspekte zur Vision BH 2025. Schriftenreihe der LVAk Nr. 7/2007. ReproZ, Wien.

Landesverteidigungsakademie (Hrsg.), 2007b: VIRIBUS UNITIS – Die Landesverteidigungsakademie Wien seit 1967. Vehling Medienservice und Verlag GmbH, Graz.

Kurt LEUCHS, 1945: Franz Eduard Sueß. In: Almanach 95, S. 319–323.

Elisabeth LICHTENBERGER, 1997: Österreich – Geographie, Geschichte, Wirtschaft, Politik. Wissenschaftliche Buchgesellschaft, Darmstadt.

Elisabeth LICHTENBERGER, 2000: Austria – Society and Regions. Verlag der ÖAW, Wien.

Elisabeth LICHTENBERGER, 2005: Europa – Geographie, Geschichte, Wirtschaft, Politik. Primus Verlag, Darmstadt.

Elisabeth LICHTENBERGER, 2006: Die Stellung Europas im Prozess der Globalisierung. In: Mitteilungen der Österr. Geogr. Gesellschaft, 148. Jg., Wien, S.151–169.

Josef LOSCHMIDT, 1875: Anton Schrötter Ritter von Kristelli. In: Almanach 25, S. 216–233.

Ernst MACH, 1898: Moritz Freiherr von Ebner-Eschenbach. In: Almanach 48, S. 327–328.

Heinz MAGENHEIMER, 1978: Zur Entwicklung der Streitkräfte und Rüstungspotentiale 1933 bis 1938. In: ÖMZ Ausgabe 2, S. 116 ff.

Hermann MARK, 1937: Die Chemie als Wegbereiterin des Fortschrittes. In: Almanach 87, S. 353–371.

Herbert MATIS, 1997: Zwischen Anpassung und Widerstand – Die Akademie der Wissenschaften in den Jahren 1938–1945. Verlag der ÖAW, Wien.

Richard MEISTER, 1947a: Die Geschichte der Akademie der Wissenschaften in Wien 1847–1947 (Festvortrag). In: Almanach 97, S. 196–216.

Richard MEISTER, 1947b: Geschichte der Akademie der Wissenschaften in Wien 1847–1947. Österreichische Akademie der Wissenschaften, Denkschriften der Gesamtakademie 1, Wien.

Österreichische Akademie der Wissenschaften (ÖAW) (Hrsg.): Österreichisches Biographisches Lexikon 1815–1950 [ÖBL], Bd. 1, GRAZ-KÖLN 1957; Bd. 2, GRAZ-KÖLN 1959; Bd. 3, GRAZ-KÖLN 1965; Bd. 4, WIEN-KÖLN-GRAZ 1969; Bd. 5, WIEN-KÖLN-GRAZ 1972; Bd. 6, WIEN 1975; Bd. 7, WIEN 1978; Bd. 8, WIEN 1983; Bd. 9, WIEN 1988; Bd. 10, WIEN 1994; Bd. 11, WIEN 1999; Bd. 12, WIEN 2005.

Österreichische Akademie der Wissenschaften (ÖAW) (Hrsg.), 1998: Tätigkeitsbericht der ÖAW-Kommission für die wissenschaftliche Zusammenarbeit mit Dienststellen des BMLV. Fa. Grasl, Bad Vöslau; Wien.

Österreichischer Rundfunk (ORF) & Österreichische Akademie der Wissenschaften (ÖAW), 1999: Wissenschaft/Wissen entdecken/alltägliches Bild österreichischer Forschung. Grasl Druck & neue Medien, Bad Vöslau.

Harald PÖCHER, 2009: 140 Jahre offizielle Beziehungen zwischen Japan und Österreich. In: ÖMZ Ausgabe 6, S. 707–714, Wien.

Helmut RAUCH, 2002/2003: Otto Hittmair. In: Almanach 153, S. 405–411.

Wolf RAUCH, Christoph TEPPERBERG & Hans WALLNER, 2009: Feldzeugmeister Anton Galgotzy (1837–1929) zum 80. Todestag. In: ÖMZ Ausgabe 4, S. 474–480.

Manfried RAUCHENSTEINER, 1978: Zum „operativen Denken" in Österreich 1918–1938 – Pazifismus- statt Kriegstheorien. In: ÖMZ Ausgabe 2, S. 107 ff.

Manfried RAUCHENSTEINER, 1980: Staatsvertrag und bewaffnete Macht – Politik um Österreichs Heer 1945–1955. In: ÖMZ Ausgabe 3, S. 185 ff.

Heinrich SIEGEL, 1884: Bernhard Freiherr von Wüllerstorf-Urbair. In: Almanach 34, S. 149–158.

Heinrich SCHALK, 1967: 250 Jahre militärtechnische Ausbildung in Österreich. Verlag Erwin Metten, Wien.

Erwin A. SCHMIDL, 2008a: Ein hoher Preis. 70 Jahre nach dem Anschluss an Hitler-Deutschland. In: Der Soldat, Nr. 6, S. 3.

Erwin A. SCHMIDL, 2008b: Gott schütze Österreich – das Bundesheer durfte es nicht! In: ÖMZ Ausgabe 4, S. 431–438.

Anton SCHRÖTTER-KRISTELLI, 1856: Johann Joseph Prechtl. In: Almanach 6, S. 77–107.

Christian STADLER, 2005: Vom Wesen und Wert der militärischen Landesverteidigung im Herzen Europas. In: ÖMZ Ausgabe 1, Wien.

Josef STEFAN, 1875: Anton Schrötter. In: Almanach 25, S. 177–180.

Josef STEFAN, 1878: Andreas Freiherr von Ettingshausen. In: Almanach 28, S. 154–159.

Josef STEFAN, 1882: Franz Uchatius. In: Almanach 32, S. 276–280.

Josef STEFAN, 1883: Franz Ritter von Hauslab. In: Almanach 33, S. 211–213.

Eduard SUESS, 1885: Ferdinand Ritter von Hochstetter. In: Almanach 35, S. 175-182.

Othmar TAUSCHITZ, 1987: Bundesheer und Forschung. In: ÖMZ Ausgabe 1, S. 6-8.

„Viertel mit Vergangenheit … und Zukunft", 1990: Öffentliche Vorträge 1987 der Österreichischen Akademie der Wissenschaften. Verlag der ÖAW, Wien.

Otto VOGL, 1992/93: Hermann Franz Mark. In: Almanach 143, S. 349–356.

Hans WALLNER, 2003: Die Wissenschaftskommission beim BMLV. In: ÖMZ Ausgabe 2, S. 197–200.

Wolfgang ZENKER, 1973: Lorenz Böhler. In: Almanach 123, S. 312–315.

8 Abbildungsverzeichnis

Anmerkung: *Bilder der Kommissionsmitglieder und Kommissionsmitarbeiter sind ohne Abbildungsnummerierung*

9 Tabellenverzeichnis

Brigadier Dr. Hans Wallner

Geb. 1948 in Köppling / Steiermark; 1954 bis 1958 Volksschule in Voitsberg; 1958 bis 1966 Oeverseegymnasium in Graz, Matura; 1966 bis 1967 EF (Artillerie); 1967 bis 1972 Lehramtsstudium (Geographie, Geschichte) an der Karl-Franzens-Universität in Graz; 1972 bis 1982 Offizier auf Zeit (Artilleriebataillon in der Hackher-Kaserne in Gratkorn), Doktoratsstudium und Medienkundlicher Lehrgang an der Karl-Franzens-Universität in Graz; ab 10.01.1983 im BMLV als Offizier des höheren militärtechnischen Dienstes, zuständig für die Aufgabenbereiche Wissenschaft & Forschung, Gesamtinfrastruktur, Raumordnung/Raumplanung; Mitglied der Staubeckenkommission beim BMLF (1986 bis 2003);

Ressortvertreter in den Gremien der Österreichischen Raumordnungskonferenz (1983 bis 2003); Ressortvertreter in den Gremien des Österreichischen Statistischen Zentralamtes (1983 bis 2003); Generalsekretär der Wissenschaftskommission beim BMLV (1992 bis 2003); Familienstand: verheiratet, zwei erwachsene Söhne; seit Oktober 2003 im Vorruhestand.

Hon.-Prof. Dipl.-Ing. Dr. techn. Alfred VOGEL, MBA (IMD),
Oberst des Höheren Militärtechnischen Dienstes im Österr. Bundesheer

Geb. 1955 in St. Pölten, NÖ. 1974/75 EF (Infanterie, Panzer). 1975 bis 1979 Physikstudium, Technische Universität Wien (TUW), Dipl.-Ing. (1979), Dr. techn. (1986). 1980 bis 1986 Universitätsassistent (TUW). 1986 bis 1988 Postdoctoral Fellow, Eidgenössische Technische Hochschule Lausanne (EPFL), Schweiz. 1989 MBA-Studium, International Management Development Institute (IMD), Lausanne, Schweiz. 1990 bis 1991 Amt für Wehrtechnik, Österreichisches Bundesheer (ÖBH). 1992 bis 1995 Aktuar der Mathematisch-naturwissenschaftlichen Klasse, Österreichische Akademie der Wissenschaften (ÖAW). 1996 Institut für Strategie und Sicherheitspolitik, Landesverteidigungsakademie (LVAk). 1997 bis 1999 Leitungsfunktionen in der wehrtechnischen Industrie (Steyr-Daimler-Puch-Spezialfahrzeug AG & Co KG sowie Finanzdirektor der ASCOD A.I.E.). 1998 bis 2003 Mitglied im Board of Directors, European Defence Industry Group (EDIG), Brüssel, Belgien, sowie Vertretungs- und Konsulententätigkeit für die Wirtschaftskammer Österreich in sicherheitsbezogenen Wirtschaftsfragen. 2003 bis 2006 Präsidialdirektor der ÖAW, gleichzeitig Initiierung und Leitung des nationalen österreichischen Projektes *Sicherheitsforschung – Begriffsfassung und Vorgangsweise für Österreich*. 2007 bis 2008 Abteilung Militärische Gesamtplanung (MGP), Bundesministerium für Landesverteidigung (BMLV); seit 2008 Abt. Wissenschaft, Forschung und Entwicklung (WFE), Bundesministerium für Landesverteidigung und Sport (BMLVS).

1998 Absolvent SERA 10 (Strategische Rüstung), École Militaire, Paris, Frankreich.
2001 Oberst des Höheren Militärtechnischen Dienstes (MO) im ÖBH.
2004 Absolvent 1. Strategischer Führungslehrgang der Österreichischen Bundesregierung.
2006 Ernennung zum Honorarprofessor (Sicherheitsforschung; *Vasyl Stefanyk* Vorkarpaten-Nationaluniversität Ivano-Frankivsk, Ukraine).
2007 Wissenschaftliche Projektleitung *Aspekte zur Vision BH 2025*, BMLV und LVAk.
2009 Mitarbeit am Konzept „Universität Österreich 2025" (Physik, Astronomie, Erdwissenschaften) des Österreichischen Wissenschaftsrates.
1994 bis dato Generalsekretär, ÖAW-Kommission für die wissenschaftliche Zusammenarbeit mit Dienststellen des Bundesministeriums für Landesverteidigung und Sport.
1994 bis dato Mitglied der Wissenschaftskommission des BMLVS, 2003 bis 2007 Vorsitzender des Strategie- und Sozialwissenschaftlichen Beirates dieser Kommission.
Seit 1998 österreichisches Mitglied des Studienbeirates der Session Europeenne des Responsables d'Armement, SERA, an der École Militaire in Paris, Frankreich.

Prof. Dr. phil. Friedrich Firneis

Geb. 1940 in Wien; Realschule Wien XIX, Matura (Ausz.); Zweijähriges Studium an der Universität für Musik und Darstellende Kunst (Orgel: Prof. Heiller), danach Studium der Elektrotechnik (TU-Wien), 1. Staatspr. (sehr gut). Aufenthalt am klin. Rechenzentrum an der Stanford Univ. / Calif., USA. Wien: 1. Staatspr. Techn. Math. (sehr gut). 1969 Allgem. Rigor. Techn. Math. (Ausz.), danach UNESCO-Stip. am klin. Rechenzentrum der Universität Stanford bei Nobelpreisträger Kornberg. Nach kurzer Anstellung am TU-Institut für Num. Math. Mitarbeiter am ÖAW-Institut für Informationsverarbeitung bei Dir. Edmund Hlawka, w. M. Am Institut für Theoret. Astronomie der Universität Wien:

Adaptierung eines Computerprogramms des Max-Planck-Instituts für Astrophysik zur Simulation eines Sternes mit 12 Sonnenmassen.

Vertreter des ÖAW-Rechenzentrums am Interuniv. EDV-Zentrum. Bis 2004 Leiter des Akademierechenzentrums. Teilnahme an der Sonnenfinsternis-Expedition der Universität Wien im nordwestlichen Afrika. Lehrtätigkeit für Mathematik und Physik an der Oberstufe des Gymnasiums Maria Regina in Döbling. 1978 Abschluss der astrophys. Dissertation „Endphasen der Sternentwicklung im mittleren Massebereich" bei Prof. Ferrari d'Occhieppo, w. M. Gewähltes Mitglied der Internat. Astronom. Union (IAU). Teilnahme an der Sonnenfinsternisexpedition gemeinsam mit slowakischen Wissenschaftlern zur irregulären Drehung der Schwingungsebene des Foucaultpendels. Mehrere Vortragsreihen über Numerische Mathematik, Mathematische Statistik und Computeralgebra. Seit 1995 Mitglied der ÖAW-Kommission für die wiss. Zusammenarbeit mit Dienststellen des BM für Landesverteidigung. Gegenwärtig: Wiss. Mitarbeit am TU-Institut für Mechanik der Werkstoffe und Strukturen (Altpräs. Prof. Mang, w. M.) und am Institut für Tierernährung an der Agraruniversität Nitra / Slowakei zu Fragen der Statistik.

In Österreich: Verleihung des Berufstitels Prof. für besondere Forschungserfolge.

VERLAG DER ÖSTERREICHISCHEN AKADEMIE DER WISSENSCHAFTEN
WIEN 2009

Folgende Publikationen sind inzwischen erschienen:

- **Projektbericht 1:**
  Elisabeth Lichtenberger: Geopolitische Lage und Transitfunktion Österreichs in Europa. Wien 1999.

- **Projektbericht 2:**
  Klaus-Dieter Schneiderbauer und Franz Weber (mit einem Beitrag von Wolfgang Pexa): Stoß- und Druckwellenausbreitung von Explosionen in Stollensystemen. Wien 1999.

- **Projektbericht 3:**
  Elisabeth Lichtenberger: Analysen zur Erreichbarkeit von Raum und Gesellschaft in Österreich. Wien 2001.

- **Projektbericht 4:**
  Siegfried J. Bauer (mit einem Beitrag von Alfred Vogel): Die Abhängigkeit der Nachrichtenübertragung, Ortung und Navigation von der Ionosphäre. Wien 2002.

- **Projektbericht 5:**
  Klaus-Dieter Schneiderbauer und Franz Weber (mit einem Beitrag von Alfred Vogel): Integrierte geophysikalische Messungen zur Vorbereitung und Auswertung von Großsprengversuchen am Erzberg/Steiermark. Wien 2003.

- **Projektbericht 6:**
  Georg Wick und Michael Knoflach: Kardiovaskuläre Risikofaktoren bei Stellungspflichtigen mit besonderem Augenmerk auf die Immunreaktion gegen Hitzeschockprotein 60. Wien 2004.

- **Projektbericht 7:**
  Hans Sünkel und Alfred Vogel (Hrsg.): Wissenschaft – Forschung – Landesverteidigung: 10 Jahre ÖAW – BMLV/LVAK. Wien 2005.